中国古代女子体育

ZHONGGUO GUDAI NUZI TIYU

陈小蓉
李重申 著

读者出版传媒股份有限公司
甘肃教育出版社

图书在版编目（CIP）数据

中国古代女子体育 / 陈小蓉，李重申著．-- 兰州 ：
甘肃教育出版社，2023.6
ISBN 978-7-5423-5335-1

Ⅰ．①中… Ⅱ．①陈… ②李… Ⅲ．①古代体育一女
子项目一研究一中国 Ⅳ．① G812.92

中国版本图书馆 CIP 数据核字（2021）第277214号

中国古代女子体育
ZHONGGUO GUDAI NÜZI TIYU
陈小蓉　李重申　著

责任编辑　伏文东　马体娟
助理编辑　谢修平
书籍设计　张小乐

出　版　甘肃教育出版社
社　址　兰州市读者大道 568 号　730030
电　话　0931-8439931（编辑部）　0931-8773056（发行部）
传　真　0931-8773056

发　行　甘肃教育出版社　印　刷　山东新华印务有限公司
开　本　889 毫米 ×1194 毫米　1/16　印　张　24　插　页　4　字　数　450 千
版　次　2023 年 6 月第 1 版
印　次　2023 年 6 月第 1 次印刷
书　号　ISBN 978-7-5423-5335-1　定　价　198.00 元

前言

女性是人类文明的开创者、社会进步的推动者，在各行各业书写着不平凡的成就。在中国历史发展进程中，中华民族先人的血汗滋养了古老的中华土地，女性发挥着不可估量的作用。但在中国几千年历史所留下的浩如烟海的史籍墨稿中，除了少数名媛后妃、烈妇贞女留下淡淡痕迹之外，大多数女性已被历史遗忘。中国历代的史学著作以研究男性为主，历朝历代的史学家很少记录女性的社会地位、生活状况、休闲娱乐及其对社会发展的影响。事实上，即使被历代封建王朝列为正史的“二十四史”，也鲜有女性的事迹记载。同样，中国体育史学界也常常忽略了对女性体育史学应有的关注和研究。

随着近现代中国史学界对中国妇女史学研究的日益重视，中国古代女性的历史地位、社会角色、生活风俗、娱乐方式等领域渐渐为当代学者所关注。被隐藏在历史典籍中的中国古代女性鲜活的生活场景，渐渐浮现在人们的视野之中。可以看到，虽然中国古代女子生活在男权社会的体制下，受到封建礼教的束缚，但不同朝代、不同地域、不同民族和不同阶层的女子，仍然有着特色鲜明的生活情趣和娱乐方式。中国古代女子按照自己的身心需求，也创造出了丰富多彩的竞技、游戏和娱乐活动。在这些形式多样的体育活动中，古代女子摆脱了世俗的束缚，追求着快乐理想的生活，获得了身心的健康和愉悦。

近年来，在我国体育史研究领域，也有少数学者开始对中国古代女性的休闲方式、运动形式和体育文化进行研究，但研究数量少且研究成果零散。本书以中国历朝历代的社会历史、人文变迁和民间风俗为背景，从大量的民俗史料和女子生活史料研究入手，在整理和综合古代文献的基础上，全面梳理了中国不同朝代女性的民俗文化和休闲娱乐方式等生活状况，对中国古代女子体育的基本特征和活动形式进行了系统性整理，力求对中国古代女子参与体育活动的状况有一个较为全面的阐述，以期将一些被遗忘的古代女子体育活动，从历史的尘埃中挖掘出来，从不同角度展现古代女性丰富多彩的娱乐活动，从而呈现出中国古代女子体育活动的真实画卷。

值得说明的是，“体育”一词是近现代西方文化的“舶来品”。本书对中国古代女子体育活动内容和形式的梳理，未采用近现代西方体育的概念加以界定，故而不能以现代的体育概念来理解古代妇女的各种体育活动。本书以具有体育性质的身体运动形式和娱乐身心的活动来界定中国古代女子体育。

关于史学研究，胡适先生曾说:“史料的来源不拘一格，搜采要博，辨别要精，大要以‘无意于伪造史料’一语为标准。杂记与小说皆无意于造史料，故其言最有史料的价值，远胜于官书。”在中国浩瀚的史料中，要想寻找出古代女子体育的资料非常艰难，我们除了引用古代典籍、民俗文献、地方志中的资料外，还采用了大量汉赋、唐诗、宋词、元曲及明清小说中的资料。同时，还充分发挥实物史料的佐证作用，对画像砖(石)、壁画、石刻、雕塑、绘画、陶俑、瓷器、铜镜等考古发现的大量文物中，有关女性参加体育活动的文字和图像进行了搜寻和整理。本书共收录了500余幅历史图像资料，用以佐证文字叙述。这些珍贵文物上的文字和图像资料，生动地记录了我国历朝历代女子的社会生活和娱乐活动，为我们留下了大量古代女性从事体育活动的真实写照，并体现出中国古代女性的运动爱好和竞技风采，勾勒出了中国古代女性在日常生活和岁时节庆中参与各种形式的竞技、游戏等体育娱乐活动的历史画卷。

“述往事而思来者。”我们耗时7年时间来编著本书，为的是更好地了解中国古代女性的日常生活、娱乐方式和体育活动。本书共分七个部分，描述了中国古代女子民俗文化、古代女子竞技运动、古代女子武术与养生、古代女子休闲弈棋、古代女子民俗游戏、古代女子乐舞和古代女子节日体育活动等。

本书内容丰富翔实，插图精美，文字和实物史料充足，具有较高的文献价值和历史价值。本书的撰写与出版，是我国女性史学和女性体育史学领域的一个新的尝试，将在一定程度上填补我国古代女性体育研究领域的空白，为学界了解中国古代的女性体育文化提供一个窗口。

陈小蓉　深圳大学　　李重申　兰州理工大学

目录

第一章 中国古代女子民俗文化

第一节 中国古代女子概述 002

一、中国古代女子的社会地位 024

二、不同朝代的中国古代女子 025

三、不同地域的中国古代女子 030

四、中国古代女子的人格特征与审美 032

第二节 中国古代女子生活风俗 034

一、婚姻习俗 034

二、服饰习俗 035

三、女子缠足习俗 037

第三节 中国古代女子的休闲文化 038

一、古代女子文艺娱乐 038

二、古代女子游艺竞技 048

第二章 中国古代女子竞技运动

一、蹴鞠、马球、驴鞠、步打球、捶丸 062

二、击壤、射术、摔跤、拔河 086

三、水嬉、竞渡、垂钓、马术 100

第三章　中国古代女子武术与养生

第一节　中国古代女子武艺　130

一、独具特色的女子武艺　130

二、剑舞飞动，以剑抒情　134

第二节　中国古代女子养生　143

一、导引术　144

二、五禽戏　148

三、脐密功　148

四、禅　定　149

第四章　中国古代女子休闲弈棋

一、六博　153

二、樗蒲　156

三、双陆　157

四、围棋　161

五、象棋　183

六、其他棋牌游戏　185

第五章　中国古代女子民俗游戏

一、登高、投壶、藏钩、斗鸡、斗草　192
二、秋千、风筝、踢毽子、绳技　214
三、竿技、跟斗、舞狮、抖空竹　238
四、抛球、踏球、扑蝶、踩高跷　253
五、中国古代少数民族女子游戏　262

第六章　中国古代女子乐舞

一、原始社会的舞蹈　270
二、夏商和秦汉时期的乐舞　275
三、唐宋时期的胡旋与柘枝舞　278
四、明清的乐舞　287

第七章　中国古代女子节日体育活动

一、我国岁时节庆的起源与发展　306
二、我国古代女子岁时节庆体育活动　307

参考文献　354
图版目录　357
后　记　375

第一章　中国古代女子民俗文化

ZHONGGUO GUDAI NÜZI MINSU WENHUA

第一节　中国古代女子概述

“女子”一词在中国是对全体女性的通称。除“女子”外，中国古代也以“妇女”“妇人”“女人”和“美人”来称呼“女”这一性别群体。

天道为乾，地道为坤；乾为阳，坤为阴；阳成男，阴成女。

在中国数千年的历史长河中，女性承担着人类繁衍和物质生产的双重任务。然而，历史中有关女性的记载十分稀少，在记载数千年封建正史的“二十四史”中，有数个朝代竟无女性事迹记载。中国古代对女性社会地位、生活方式、休闲娱乐活动，以及其对社会发展历程的影响也很少记述，对女性群体缺乏应有的关注。

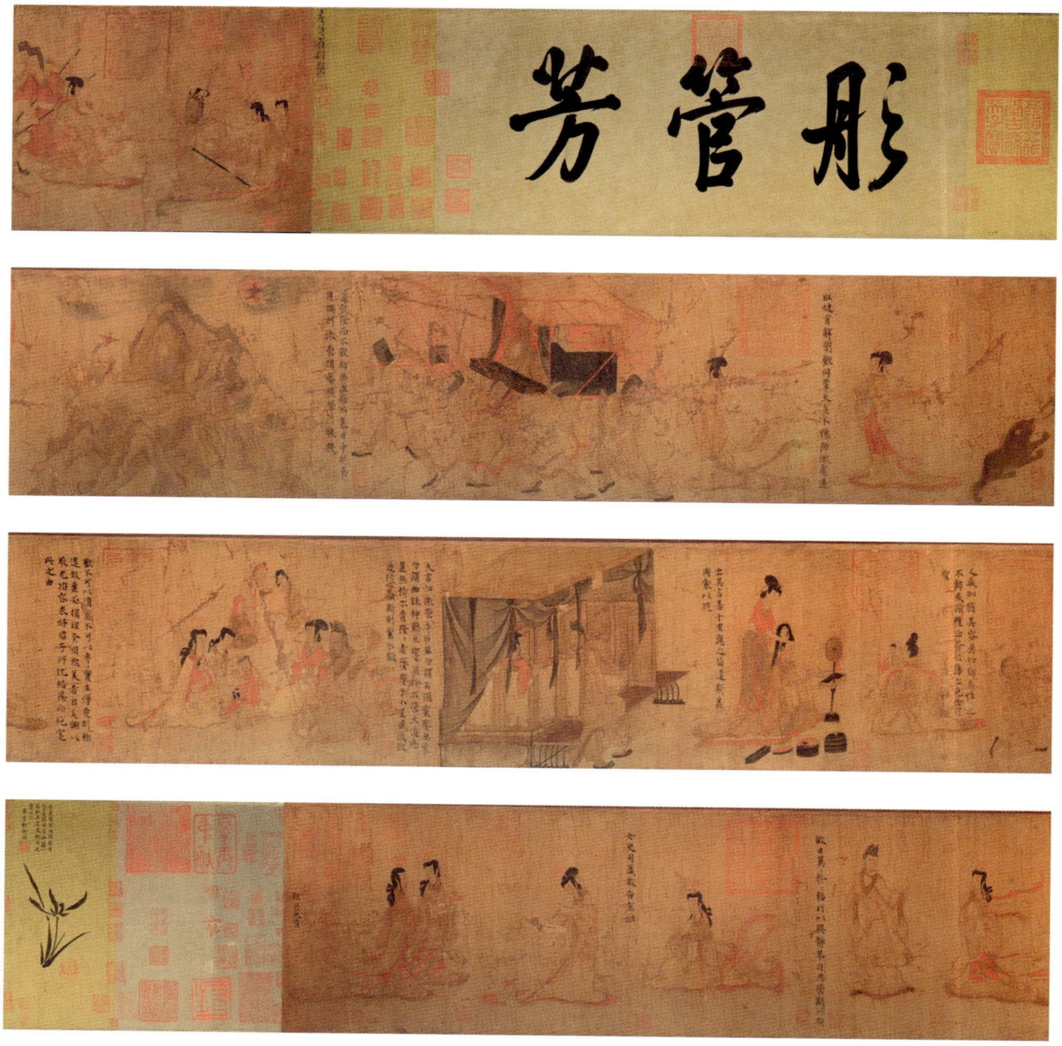

女史箴图卷　绢本设色
纵 24.8 厘米　横 348.2 厘米
大英博物馆藏　东晋

虢国夫人游春图（宋摹本） 张萱 绢本设色 纵 51.8 厘米 横 148 厘米 辽宁省博物馆藏 唐

捣练图（赵佶摹） 张萱 绢本设色 纵 37 厘米 横 147 厘米 美国波士顿艺术博物馆藏 唐

簪花仕女图 周昉 绢本设色 纵 46 厘米 横 180 厘米 辽宁省博物馆藏 唐

挥扇仕女图 周昉 绢本设色 纵 33.7 厘米 横 204.8 厘米 故宫博物院藏 唐

仕女琴棋图卷 佚名 绢本设色 故宫博物院藏 清

狩猎图卷　仇英　绢本设色　纵 53 厘米　横 261.5 厘米　中华珍宝馆藏　明

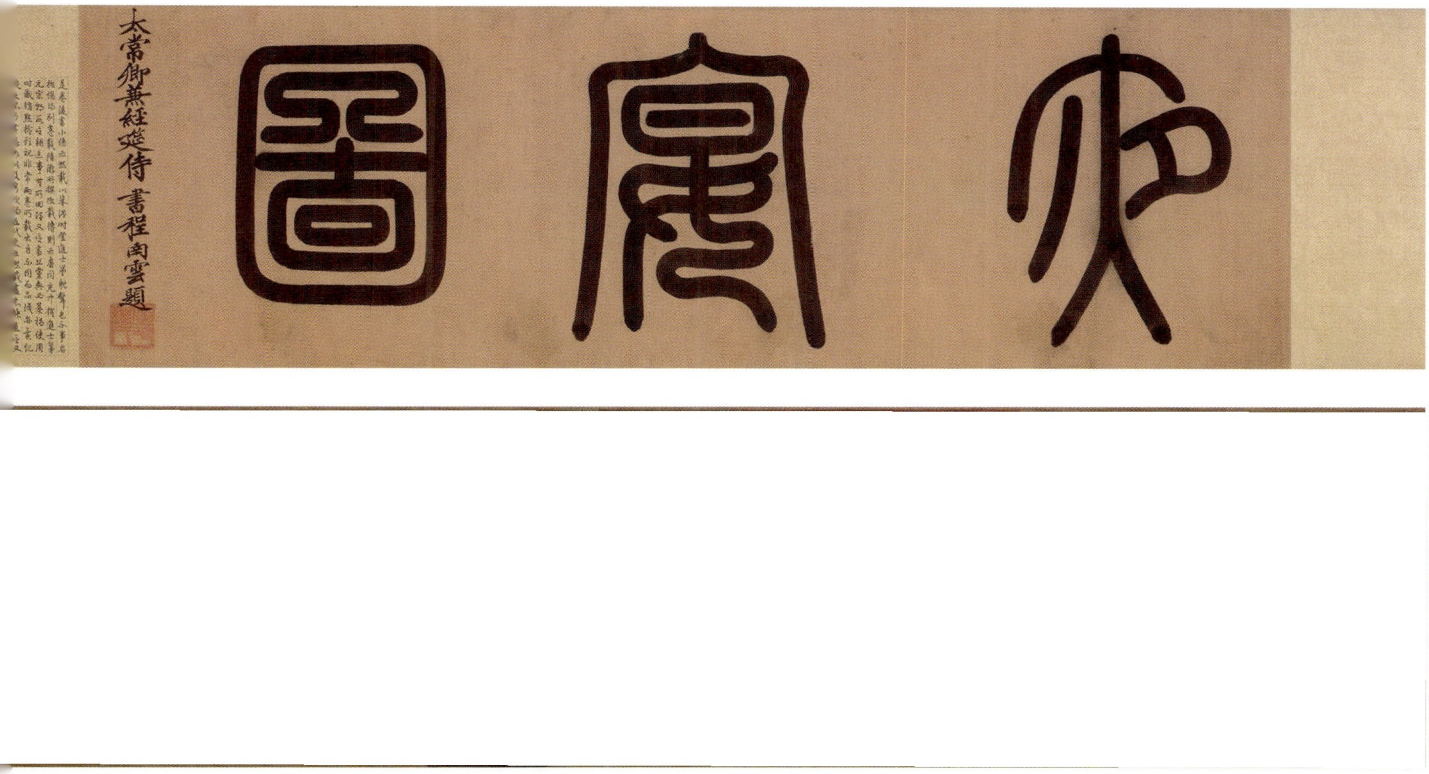

韩熙载夜宴图 顾闳中 绢本设色 纵 28.7 厘米 横 335.5 厘米 故宫博物院藏 五代

宫中图（南宋摹本） 周文矩 绢本设色 纵 28.3 厘米 横 168.5 厘米 美国克利夫兰艺术博物馆藏 五代

丽人行　李公麟　绢本设色
纵 33.4 厘米　横 112.63 厘米
台北故宫博物院藏　宋

十八学士图　佚名　绢本设色　纵 28 厘米　横 437.03 厘米　宋

千秋绝艳图　佚名　绢本设色　纵 29.5 厘米　横 667.5 厘米　中国国家博物馆藏　明

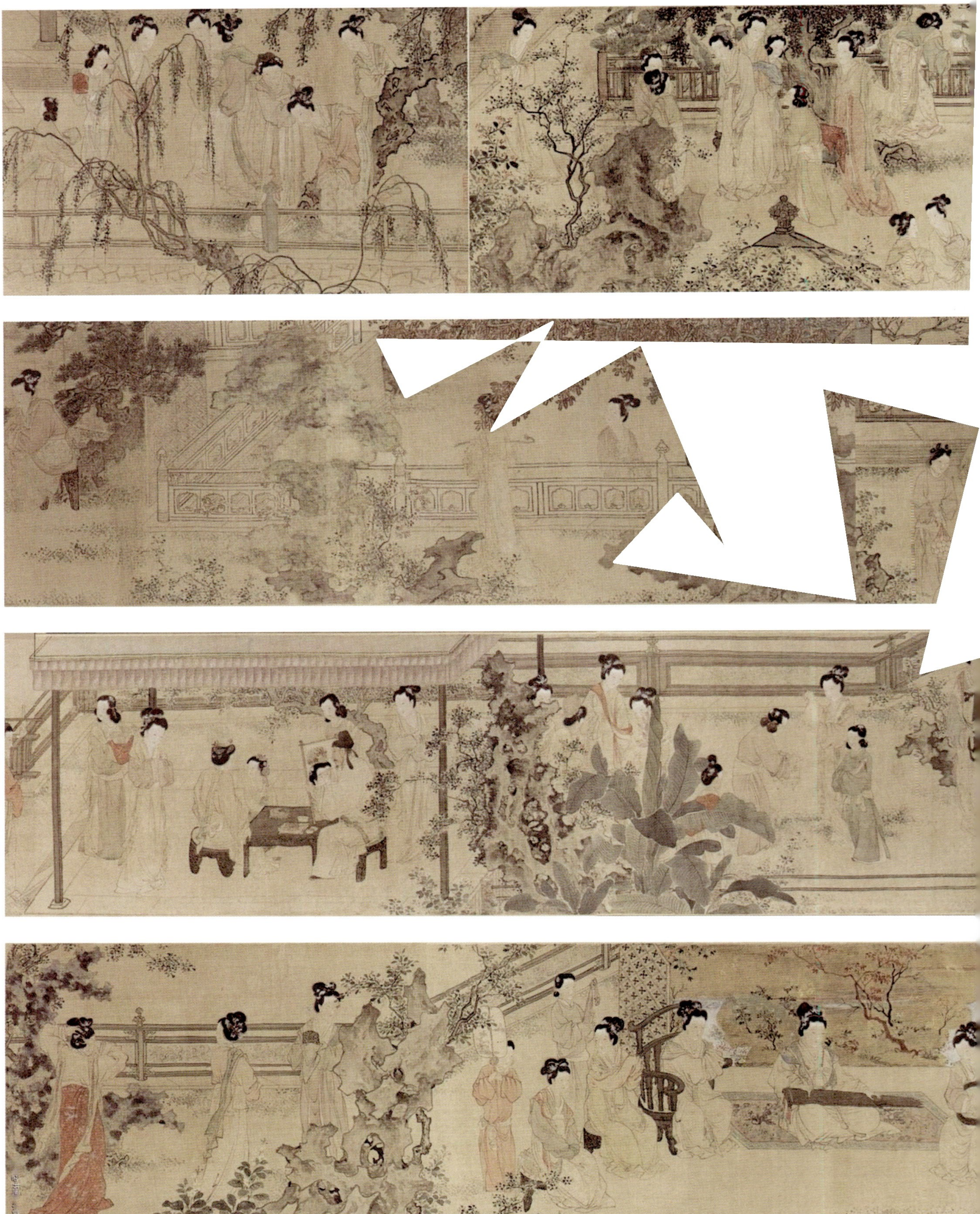

仕女图（局部） 杜堇 绢本设色 纵 30.5 厘米 横 168.9 厘米 上海博物馆藏 明

汉宫春晓图 仇英 绢本设色 纵 30.6 厘米 横 574.1 厘米 台北故宫博物院藏 明

百美图　唐寅　绢本设色
纵 140 厘米　横 60 厘米
台北故宫博物院藏　明

宫妃游园图　仇英　绢本设色　美国弗利尔美术馆藏　明

屏风画　仇珠　绢本设色　故宫博物院藏　明

仕女屏风画　陈宇　绢本设色　纵 158 厘米　横 45 厘米　清华大学美术学院藏　清

汉宫春晓图（局部） 吕焕成 绢本设色 香港佳士得拍卖公司

一、中国古代女子的社会地位

近代社会学家认为，人类早期社会是母系社会，可推证母系社会时代的主要特征——“民只知其母，不知其父”。《春秋公羊传》中，远古“圣人皆无父，感天而生”的说法，也可作为母系社会的佐证之一。

原始社会后期，母系氏族逐渐被父系氏族所取代。同时，随着生产工具的不断改进，社会生产力不断发展，私有制开始萌芽，男子开始掌握社会生产的权力。社会生活中渐渐出现“男主外，女主内”的现象。所谓“男主外”，即男性参与和管理公共事务，负责与“外”有关的事务，男性的职责是治国、政事与农耕;而“女主内”则意味着女子的职能已经不再具有公共事务的性质，只是私人领域的家务劳动而已，同时“女主内”并不意味着女性在家里具有权威，而是意味着女子的活动范围只能局限于家里，无权过问公共事务。从此，女子被排斥在重要的社会生产之外，女性的职能已经不再具有公共服务的性质。

南宋画家所绘《蚕织图》是有关南宋风俗人物的杰作，该画卷共由二十四个场景组成，画面人物以劳动女子形象为主，涉及人数也比较多，共有七十四人左右。描绘的是江浙一带蚕织户养蚕、织帛的整个过程。画面对人物神态举止的刻画非常生动，具有很强的写实性，详尽地描绘了宋代女子生产劳作的场景。

由于男女两性在社会生产中的地位变更，女子在社会生产生活中原有的优势地位发生逆转，女子社会性的弱化，使得女子的地位发生了根本性的变化。妇女必须将“三从四德”作为行为准则。所谓三从，在《礼记》《穀梁传》和《左传》中均有解释，即“未嫁从父，既嫁从夫，夫死从子”;而四德在《礼记》中指“妇德、妇言、妇容、妇功”，是专门为丈夫和夫家所设立的对女性的规范。在相当长的一段时间内，女子不仅失去了先前所拥有的权利，而且自身也沦落为男子的附庸品，从而产生男权至上、男尊女卑的社会观念。

史籍中先秦思想家荀子最早提出“男尊女卑”观，他在《君道》一文中提出君臣、父子、兄弟、夫妻几种关系之间的道德和行为准则，为男尊女卑的女子社会观奠定了理论基础。荀子的弟子韩非子则明确了“三纲”的基本内涵:“臣事君，子事父，妻事夫。三者顺则天下治，三者逆则天下乱，此天下之常道也。”汉代董仲舒在此基础上进一步将这三种关系概括为“王道之三纲”，使之成为封建纲常理论的核心，明确提出了“男尊女卑”的思想。

男尊女卑观否认女子个体价值的存在，认为女子的价值主要体现于从夫、事夫之中。“夫者，妇之天也”，即女子只是听凭别人任意处置的从属者。在事夫方面，对女子的要求是从一而终。《周易》中称“妇人贞吉，从一而终也”。

男尊女卑观在中国的确立与宗族制度和宗法制度有密切的关系。宗族是由同一父系祖先所出，世世代代相传而又自成单位的血亲团体。在宗族之内，有一定的主从等级关系和相应的行为准则，其主要体现在身份和财产的继承上。宗族中嫡庶长幼传递的系统，在古代有一定的法则，这便是人们通常所说的宗法。宗法的核心是嫡长子继承制，这种父系血缘关系以尊卑有别的继承形式在古代法律中确立下来。

事实上，宗法社会中有一个最特殊而不平等的观念，便是妇人非“子”。子是滋生长养之意，是男子的尊称，是指能够传宗接代的人。古代的妇人无名，系男子之姓以为名，社会地位低下。由于这种继承制度否定了女子的继承权，女子便因不具有继承权的价值而在社会上遭到歧视，最终促成了男尊女卑观的形成。在经济上，财产均为男子所把持，女子没有财产支配权和财产继承权，《礼记》中载:“子妇无私货，无私畜，无私器，不敢私假，不敢私与。”

封建礼教对女子的思想束缚体现在三个方面。一是家庭活动，包括婚姻生活、家庭关系等。在封建的家庭伦理观念中，成为贤妻良母是女子一生的准绳和目标，女子的独立和自主思想得不到重视。二是理学思想，包括强调“三从四德”的封建伦理观念和道德教育，借此塑造社会的女性典范。宋代的理学思想对元、明以来的中国社会产生了广泛和深刻的影响，并具体表现于风俗习惯和日常生活之中。三是社会风俗，例如强迫女子守节和缠足等陋习，以及个人活动方面，都说明女子受到了极大的人身束缚，导致社会地位的低下。

中国古代社会并没有大规模成体系的女性教育。但全社会十分注重对女子的道德教化，将相关理念渗透于女子的日常教化之中。例如，社会对“妻德”的规定为“柔顺”“清洁”“不妒”“俭约”“恭敬”“勤劳”。相关的教育内容通过《列女传》《女诫》《女孝经》《内训》等儒家女训读本来实施与传播。

《列女传》是中国历史上第一部为女性立传的专史，具体分为母仪、贤明、仁智、贞顺、节义、辩通、孽嬖等七个类别，以历史上真实存在的女性人物为例，对具有美德的女性给予赞扬。这种人物传记，通俗易懂，容易被广大妇女所仿效，是中国古代女性洁身修性的必读之书。同时，古代社会充分利用各种方式对女子进行三从四德的教化，通过封建伦理性图画故事的宣讲，对女子灌输男尊女卑的理念。

山东嘉祥武梁祠后壁和左壁画像石上的烈女图像，讲述了楚昭贞姜、梁寡高行、京师节女、梁节姑姊等七个真实存在的女性历史故事。这七个人物故事都是从《列女传》选出来的，以具体历史人物故事教育妇人对丈夫和家庭的义务，烈女们作为女性楷模教化各阶层女子。再如，东晋画家顾恺之所作，现存于故宫博物院的《列女仁智图》，描绘了《列女传》“仁智”章中的女性，采用绘画的形式对女子进行传统礼教的教化。

班昭的《女诫》是中国历史上第一部系统完整的女子教育理论专著。全书分为卑弱、夫妇、敬慎、妇行、专心、曲从和叔妹等七篇，这是一部从女性的角度约束女性的条规专著，问世之后被奉为女子教育的经典。

除了《女诫》之外，对古代女子教育影响最大的就是《女孝经》和《内训》。《女孝经》以孝为总纲，被推为明朝之前最重要的女教著作。《内训》为明成祖仁孝文皇后所撰写的正统女子教育读本。明万历八年（1580 年），明神宗命人将《内训》《女诫》《女论语》以及《女范捷录》，一起合刻为《闺阁女四书》，此书在中国女性教育史上占有非常重要的地位。

这些女子教育论述以规劝告诫的方式诱导女性言谈举止要符合封建礼教的规范，从内心到行为要做到对父权、夫权的驯服和尽忠。这种将观念习俗化的做法，使男尊女卑观深入到古代女子的心灵深处。例如，现藏于大英博物馆的东晋画家顾恺之所作《女史箴图》，其主题都是对女性的道德训诫。绘画中的人物以“女史”的口吻，以优美的形象和精妙的绘画技艺，向女性发出了道德训谕。

可见，在中国长达 2000 余年的封建社会中，男尊女卑观之所以能够承袭且难以动摇，是由于它在法律化、社会习俗化的过程中不断得到强化的结果。

二、不同朝代的中国古代女子

在中国古代的不同时期，女子的生存环境也有所不同，社会对于女子的关注点及女子自身的关注点也会有所差异。通过对历朝历代的女性社会地位和社会生活角色的分析，可以了解女性性别角色形成及变化的大致脉络。

在母系氏族社会时期，人类以母系血统来计算世系。在远古时代，女性地位尊崇，母权至上，社会对女性重视和尊重，但不存在女性对男性的占有与压迫。在我国古代的文献记载中保存了不少关于母系氏族的传说。女娲补天的神话展示了远古时代的女性形象，女娲在一定程度上代表了母系时代的伟大女性人物。

到了商代，虽然已经进入男权社会，但由于距远古时代较近，当时社会的女性地位还是很高的。据记载，商王武丁的配偶妇好不但有自己的封地，可以带领军队出征打仗，而且还拥有祭祀的权利。

在东周时期，仍保存着部分原始婚姻的遗存。男女之间的界限并不严格，青年男女拥有恋爱自由的机会。《诗经》传云:“三十之男，二十之女，礼未备则不待礼。”《周礼》有:“仲春之月，令会男女，于是时也，奔者不禁。”但在周朝残留的文献中也发现“男女有别”的观念开始初步形成，同时也产生了与之相关联的“夫妇有别”迹象。

最早的女性教育始于周王室，也是“三从四德”中“四德”的起源。《周礼·天官冢宰》:“九嫔掌妇学之法，以教九御妇德、妇言、妇容、妇功，各帅其属而以时御叙于王所。”而《礼记·昏义》中记载有女子婚前三个月，要到祖庙或宗室进行三个月的强化教育:“古者妇人先嫁三月，祖庙未毁，教于公宫，祖庙既毁，教于宗室，教以妇德、妇言、妇容、妇功。”并随之出现了一套严格规范的男女有别及夫妇有别的礼节规则，对中国妇女的社会地位产生了深远影响，并成为封建社会中男女自我约束的行为准则。这种对男女有别意识的强化，使女子能够更自觉地接受卑者的角色。同时，社会对男女服饰、举止、劳动分工的种种限定，也具有性别符号的功能，要求必须严格遵循，不得违背。

先秦诸子在前人和古礼规定的基础上，为女性精心设计了以“柔顺”为代表的德行标准，并归纳总结了古礼所规定的养成教育方法和途径。根据各个朝代和社会治理的需要，对女性的尊严和地位予以极端贬低，体现了作为封建父权时代思想家的本质，先秦诸子从生产劳动、政治参与、接受教育与家庭生活等诸方面对女性地位进行了全方位的界定与规范。

在秦代，秦始皇更加注重对女性的宗法组织管理，几次出巡刻石，都曾提及重视贞节及男女防范等。其中泰山刻石有云:“男女礼顺，慎遵职事，昭隔内外，靡不清净。”封建社会这种两性角色的社会定位，达到了更为深刻的心理认同和道德自觉的层面。夫为妻纲的社会意义，实质就在于弱化妇女在社会上的地位，压低女性角色的地位和意义。

汉代的家庭继承秦代以来比较典型的小家庭结构，形成以家庭为本位的社会结构。家是国家和社会的基础与核心环节，家庭的作用至关重要。在汉代小家庭结构之中，家庭成员之间有一种相对独立而平等的经济关系。由于小家庭中缺乏劳力，妇女劳动也是家庭经济的重要组成部分，因而夫妻关系较为平等，具体表现在双方的结合比较自由，离婚再嫁与夫死改嫁的现象也十分普遍。东汉时期，养蚕、纺织、剪裁、缝纫被认为是培养女子节俭、克己等德行的必要手段。从江苏徐州洪楼出土的汉画像石中，可以看到三名女性正在从事纺织劳作的场景。但汉代也是封建礼教形成的重要时期，西汉刘向所著的《列女传》通过简单传记的方法，为女子的生活内容制定了标准。班昭的《女诫》系统地把压抑妇女的思想理论化。这些女训学说，影响了2000多年封建时期的女性观。

魏晋南北朝时期，战乱频仍，民无宁日。当时的社会中婚姻重门第，流弊很多，如早婚、劫婚、溺女婴、婚嫁论财、声伎之盛等。同时，人们重视对幼儿的启蒙教育和家庭教育，不仅重视男孩的家庭教育，希望他们能做好官吏，对得起朝廷，而且对女孩的家庭教育也十分重视，唯恐她们没有一定的知识和教养，有辱自己的宗族。《颜氏家训》是南北朝时的北齐文学家颜之推的传世代表作，书中记载:“妇主中馈，惟事酒食衣服之礼耳，国不可使预政，家不可使干蛊;如有聪明才智，识达古今，正当辅佐君子，助其不足，必无牝鸡晨鸣，以致祸也。”中心思想就是，妇女主持家务，只要负责将酒食衣服做得合乎礼数就行了。

唐代妇女是中国古代妇女中的幸运儿。唐朝是中国古代盛世，加之丝绸之路畅通，中外贸易发达，东西方文化交流频繁，以及“胡风”盛行等原因，使得唐朝形成了它独特的“闺门不肃，礼教不兴”状况。唐朝男女地位比较平等，女性具有不同于其他时代妇女的独特风貌。她们接受教育的机会比较多，思想也比较自由。由于唐代妇女在中国古代历史上所处的特殊社会环境、文化氛围，使得妇女地位大为提高，进而社会上“妇强夫弱、内柔外刚”的现象也颇为常见。所以，女皇武则天出现在唐朝，并不是孤立的政治现象，而是有着深刻的时代背景、深厚的社会基础，或者说是与整个妇女群体的社会地位及精神面貌有着密不可分的关系。

唐代张萱的《捣练图》通过多个图像单元的形式描绘了女子居家劳作场景——四名女子围绕长方形捣衣石以木杵捶打白练，两名女子纺线、引针，以及四名女子拉直和烫平一匹打开的白练。长卷为我们展示了唐代普通女子生产劳作和日常生活的细节。

唐代是一个文学大繁荣时期，是诗歌大兴盛、大普及的时代，妇女也普遍熏染了重文好诗之风。当时的社会自后宫妃嫔、贵妇仕女到小家碧玉，尼姑女冠、姬妾娼优中多有读书识字、能诗善吟者，女子习文好诗蔚然成风，使唐代涌现出为数众多的才女诗人，仅《全唐诗》收录的女作者就有100多人。她们不仅人数众多，而且遍及社会各个阶层，为中国妇女文学史留下了浓墨重彩的一笔。

唐代女子可以抛头露面外出活动，到郊外、集市、娱乐场所游玩。每年春季，她们还可以和男性一起野游踏青、赏玩美景，在郊外露营野餐，不少唐诗生动地描绘了仕女游春的生动情景。唐代女子有着“胡服骑射”的爱好与风气，喜欢着胡服戎装或女扮男装，跃马扬鞭，还常常参加打马球、射猎等活动。唐代画家张萱所绘《虢国夫人游春图》，描绘了杨贵妃的姐姐虢国夫人及随行者在春天骑马出游的景象。

在唐代，女子体育运动非常广泛，上至后宫的妃嫔公主和贵族仕女，下至广大的平民女子和优伶伎女等，而且女性参与的体育运动种类繁多，有骑马、射箭、蹴鞠、打马球、拔河、赛舟等。尤其是上层女性，由于经济上的富足，她们拥有更多的时间和精力参与到体育运动中去。同时，受北方少数民族“尚武”风气的影响，唐代女性骑马非常普遍，常常有贵族女性骑马出行。嫔妃公主们跟随皇帝出去狩猎，也都是身着戎装，骑马随行。唐代骑马女子的形象也见于唐代各种绘画、陶塑等文物中。

与唐代前后的社会相比，唐代母亲的社会地位和家庭地位都非常高。唐前期，父在，子仅为母服丧一年；父死，子为母服丧三年。但是无论母在或不在，子为父服丧都是三年。唐代母亲社会地位变化的另一个特点是对“夫死从子”的低调处理。从唐代的文献来看，母子关系的重点是“子对母”而不是“母对子”的遵从。

宋代是中国古代学术思想及女子风俗制度转变的时代，先秦时期所萌芽的理教，经宋儒的推崇推广，产生了巨大的威力，对妇女的思想与生活产生了巨大冲击与严重影响。宋代理学的形成，代表着男女双重道德观念正式确立，其主要表现为女子不可再嫁，男子可以出妻，使得女子在婚姻、家庭及个人生活方面，受到极大的束缚。

宋代的社会教育侧重使女子成为贤妻良母，成为以男性为中心的社会的附庸。女子贞节观逐渐被强化，节女

纺车图　王居正　绢本彩墨　纵 26.1 厘米　横 69.2 厘米　故宫博物院藏　北宋

烈妇成为社会对女子的“最高评价”。宋儒理学所强调的伦理观念对中国社会产生了广泛和深刻的影响，使宋代以后的妇女社会地位及家庭生活发生了很大转变。

但这一情况在不同的区域，也存在着较大差异。例如，在宋代的福建，女性在家庭中的地位不可忽视。之所以出现这种情况，与宋代南方妇女从事体力劳动和经商有关。由于宋代福建妇女下田劳动、上街经商，而且精明能干，在家产分配方面，得以体现她们的贡献。当时的中原地区，实行的是“诸子均分制”，继承人只限于男性。但在南方，女性也有一定的继承权。事实上，南方妇女的财产继承权甚至还得到官府的承认，当时的官府规定：“父母已亡，儿女分产，女合得男之半。”可见宋代部分女性也有财产继承权。

到了元代，蒙古族本是游牧民族，对于女子没有传统的礼教束缚，但后来也稍受影响。元代的汉族家庭多为一夫一妻制，以纳妾作为补充婚姻形式，基本承袭了前代的婚姻观念。元代女子的社会地位呈现多元化，元代的蒙古人实行一夫多妻制。妻子的多少，由家庭的财产状况决定。由于财产状况不同，蒙古男子的妻子数目相距很大，有的人可以有十几个甚至几十个妻子，有的人只有一妻甚至无妻室。蒙古族和其他北方游牧民族一样，有着传统的收继婚风俗。实行收继婚的一个重要原因，是保证家庭和家族财产的稳定性，不至于因寡妇再嫁使财产流向其他家庭或家族。平辈收继和异辈收继的形式都存在。有少数蒙古妇女，受汉族贞节观的影响，夫死守志不嫁，反抗收继婚。

成吉思汗规定蒙古人的言行，需受“约孙”和“札撒”的约束。在“约孙”中，对妇女的约束是比较严格的，人们根据妻子的美德来判断丈夫的德行。用这样的道德观念教育出来的蒙古族妇女，往往具有顺从、勤劳的品质。

蒙古族的家庭，生产和家务劳动主要由妇女承担。由于妇女在生产劳动中占据着比较重要的地位，所以蒙古族妇女在家庭中的地位较汉族妇女高，在一般的社会交往

寄锦图　内蒙古赤峰市宝山 2 号墓壁画　辽

中不需要回避，在家庭事务的处理上也有较多的发言权。在一夫多妻制的家庭中，诸妻之间一般能够和睦相处，即使有多位妻子，亦较少发生矛盾。

元代汉族家庭的传统分工方式为男子主要从事生产劳动，妇女主要从事家务劳动。但是有些地区已经出现了妻子与丈夫共同生产劳动的现象，如浙西盛行“妇女自理生计，直欲与夫相抗”的风俗，“或其夫与亲戚乡邻往复馈之，而妻亦如之”。在南方城镇中，亦经常看到妇女坐肆贾卖。对有些重男轻女的做法，官府是要出面干涉的。为此，元朝统治者忽必烈还特别下旨，禁止溺女婴。

明代是奖励女子贞节最多的朝代。在二十四史中，《明史》中的节烈妇女最多。当清朝人修《明史》时发现节烈传记，竟然“不下万余人”。在明代，“守节要守得苦，尽节要尽得烈”的观念盛行，竟然不提倡普通人家女子识字。吕坤曾说：“今人养女多不教读书认字，盖亦防微杜渐之意。”可以看出，当时社会已经有不教女子读书认字的趋势。

明代中后期，中国的社会、经济、文化等领域都发生了较大的变化，商品经济的发展，改变了明代社会诸多方面的风气。社会的发展，物质生活的富裕，岁时节日生活的丰富，使得传统社会纲常对女子的压抑和束缚也渐渐弱化。尤其到了明末，一些女子的纺织劳动收益在家庭经济中占到了一定的比例，所以她们在家庭中的经济地位也随之发生了变化。

清人家庭大多从事农业生产，收获主要是自家食用，少量的投入市场，换回食盐、农具等生产生活资料。一小部分家庭从事手工业生产。这些农业和手工业家庭生产基本靠自家劳动力来进行，极少数人家兼有雇工。因此家庭组织农业和手工业生产，是清代家庭的基本功能。农家不仅从事粮食作物生产，还兼营副业，特别是女子从事纺织。康熙时山东即墨人杨文敬说，“南方妇女多工织衽，北方惟事纺绩，皆最善事”。他热忱赞扬南方女子养蚕缫丝、织挽绸缎。

到了清代，已有开明学者对女性的压抑和束缚等问题提出了质疑。康熙五十年（1711 年），毛奇龄在《禁室女守志殉死文》中提出，根据传统道德，女子未嫁不成为妇，应不守志、不合葬、不殉死。此外，李汝珍和俞正燮还对缠足、多妻、强迫妇人守节、室女守贞等传统规范极为反对，并承认男女智慧平等，主张女子参政等。

康熙时的宫廷画家焦秉贞的《耕织图》根据节气描绘农民从耕地播种到颗粒归仓的整个过程，每幅画都有康熙皇帝御笔题句。册页中，也详尽描绘了女子劳作和生活的场景，充满田园气息。

事实上，清代虽盛行“女子无才便是德”的风气，但读书的女子还是很多的。《训学良规》有一段讲到女子入塾读书的教学方法：“有女弟子从学者，识字，读《弟子规》，与男子同。”戊戌变法前夕，梁启超在《变法通议》中提出“欲强国，必由女学”，提倡女子教育是女子经济独立的手段，最终目的在富国富民、强国保种。

清人绘《女子骑车图》，画面上的女子身穿旗袍，头戴瓜皮帽，悠然地骑着自行车。画上的自行车没有轮心和链条，也没有支架，钢丝的组合像一片片花瓣，车把上画了一个龙头。很显然创作这幅画的艺人只是听别人讲过自行车，并未见过，全凭自己的想象创作的。

清代晚期，经济发展和城市化进程加快，随着西方文化涌入中国，中国妇女生活也有了明显的改变，部分女性有一定的财政权，女性对外有相对独立的身份，当时社会对于女性参与社会活动也有一定程度的认可，不少地方还开展了妇女不缠足运动和兴女学运动。据林乐知统计，光绪二十八年（1902 年），除全国初等蒙学堂不计外，全国教会学校共有学生 10158 人，其中女生占总数 43%。光绪三十三年（1907 年），江苏留洋学生考试，女子也可录取，并有官费留洋资格。

在女子文化生活方面，明清时期江南地区的女子写作、出版等活动较为丰富。清末，江南的女子诵读、创作诗文、绘画刺绣等，已成为社会风尚。女子可凭借自身的才华和声名而自立，反映了当时才女文化的发展。此时，女诗人辈出，清人陈维崧所撰《妇人集》收录近 100 条明末清初妇女诗词者的轶事。清嘉庆初年，许夔臣选辑《香咳集》录入道光以前清代女诗人几百人。晚清时期，“女权”一词已经在各类报刊中频繁出现，社会越来越重视对女性权益的尊重和宣传。从关心女子的教育，一直延伸到对女子参政的讨论，女权思想得到了广泛的弘扬。

三、不同地域的中国古代女子

我国幅员辽阔，自古以来就是一个多民族的国家，各民族的生活习俗、宗教信仰、文化传承都存在较大差异，不同地域间的女子在社会地位和生活方式等方面也存在不同。除中原和黄河、长江中下游地区的女子群体外，分布在东北的契丹、女真，西北的党项、裕固、吐蕃、回族及西南的苗族、土家族等少数族群与中原地区女子的生活习俗各异。

事实上，无论是哪个朝代，边疆少数民族女子都较中原女子有着更多的自由。如宋朝由于理学的盛行，对妇女的教化非常严苛，但在宋朝周边的少数民族地区，较少受到儒家男女有别理论的影响，辽、西夏、金、大理辖区及宋辖少数民族居住区妇女的社会地位较高，对社会的贡献也较大。

契丹社会长期保留母权制痕迹。按照契丹习俗，丈夫死后，妻子可以再嫁。在军事上，契丹妇女的才能与作用尤其突出。契丹女子如男子一样，可从军参战。《辽史·后妃传》论曰：“辽以鞍马为家，后妃往往长于射御，军旅田猎，未尝不从。”辽建立之初，便尊崇孔子并建孔庙。契丹受中原儒家文化影响，开始讲究妇道，建立命妇制度，提倡节烈观念，从侧面反映了契丹妇女的社会地位开始下降。

女真社会保留母权制痕迹。女真妇女在一定程度上享有财产支配权和离婚改嫁权。如《大金国志·婚姻》载：“妇家无大小，皆坐炕上，婿党罗拜其下，谓之男下女。”这就是女真的“男下女”习俗，颇有女尊的意味。金朝建立后，女真受中原文化影响，妇女社会地位呈下降趋势。

孟蜀宫伎图 唐寅 绢本设色

纵 124.7 厘米 横 63.6 厘米 故宫博物院藏 明

党项妇女以彪悍著称，具有“敢战斗”“喜报仇”和“好参政”三种禀赋。如《金史》称：“民俗强梗尚气，重然诺，敢战斗。”男性固然如此，女性也不例外。西夏军队中有“麻魁”，即女兵。可见，党项妇女中不乏善战者。《辽史·西夏外记》称：“喜报仇……有力小不能复仇者，集壮妇，享以牛羊酒食。趋仇家纵火，焚其庐舍。”

南方的少数民族女子也同样活跃于社会。在壮族传统观念中，普遍承认女性社会地位较高，在生活中发挥较大的作用。岭南地区，“男子身形卑小，颜色黯惨；妇人则黑理充肥，少疾多力”。少数民族地区的社会性别分工，也往往与中原的男外女内相反，“城郭虚市，负贩逐利，率妇人也”。此外，男子“终日抱子而游，无子则袖手安居”。女子外出做生意，男人则于家中育子，靠妻子外出劳作供养生活。

除了男女社会分工与中原有所差异外，南方少数民族女性与中原女性的角色比较中，我们可以看到两者权利方面的巨大差异，以及与之相关的婚姻、离异、再嫁等方面的不同。在南方少数民族女性群体中，婚前社交活动的自由，对象的选择和拒绝都是自然普遍的现象。壮族婚恋较为自由开放，青年男女可以通过对歌择偶或绣球传情等多种方式寻找婚恋伴侣。“不落夫家”是南方少数民族特有的社会风俗。同时，在南方少数民族中，离异与再嫁也是极普通、极自然的事情。

彝族妇女的家庭及社会地位较高。据法国传教士的调查，19世纪后期，彝族妇女在家庭会议上，“有决定权，她对卖房、卖地、卖牲口直至卖家禽都拥有否决权。她的决定任何人也不敢违抗”。

壮族主要从事农业，在水利资源充足地区兼营渔业，很少有人从事工商，妇女兼纺纱织布，属于自给自足的自然经济。壮族婚姻方面最具特色的是妇女婚后“不落夫家”的风习，即妇女过门后，仍回娘家长住，以后每逢农忙或节日，才回夫家住几天。这样长住娘家，短住夫家，等怀孕或生下孩子后才离开娘家，在夫家长住下来。

但宋代以后，随着汉朝文化的传播，理学在南方少数民族中的影响渐渐加大，女性地位下降，封建伦理道德对壮族女性的束缚增加。宋元明清各代，旌表寡妇的贞节牌坊数量激增，表明封建礼教对女性婚姻的干预加深，所谓的“贞洁”思想对女性造成了极大伤害。

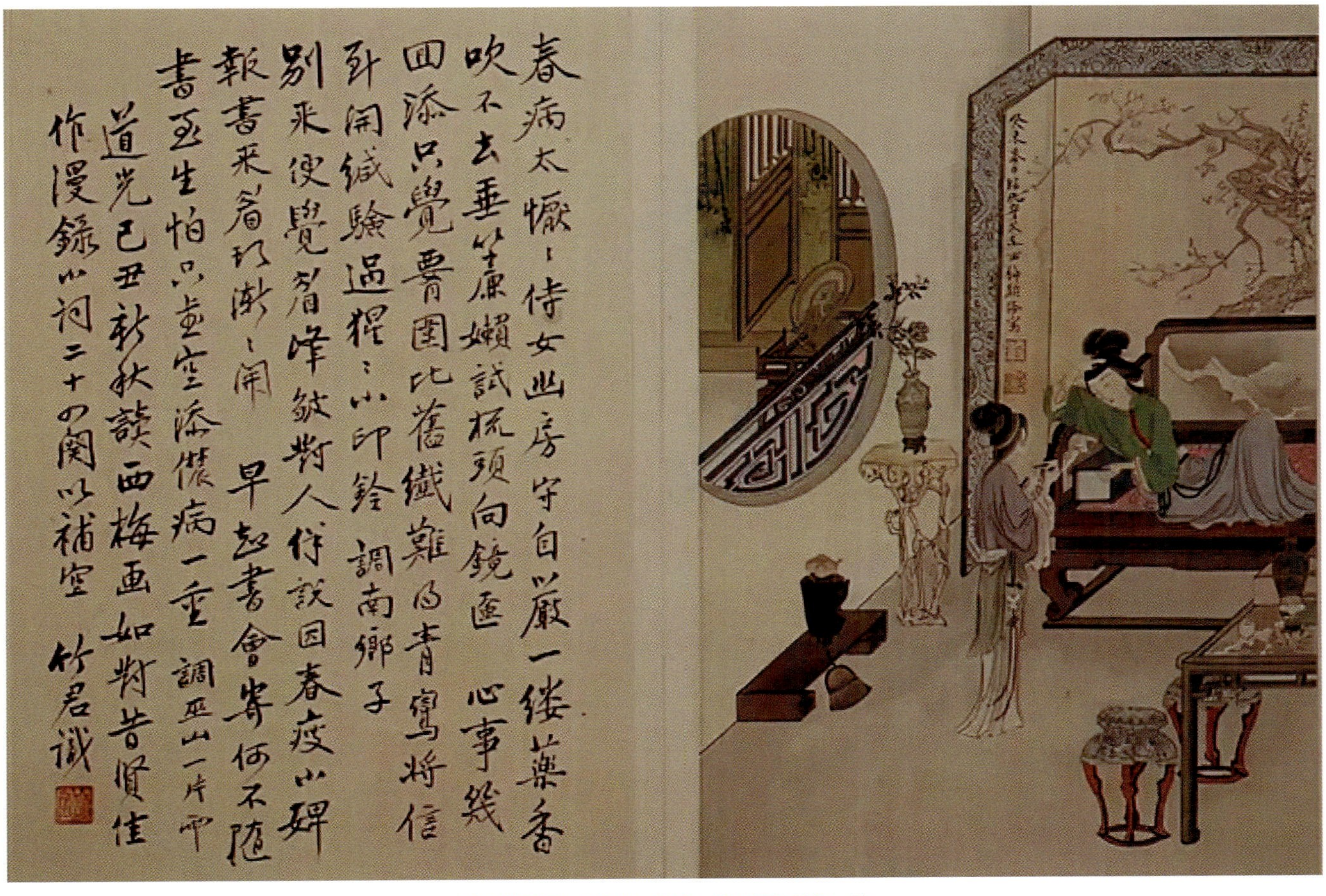

临仇英写古人词意册　顾洛　苏州博物馆藏　清

四、中国古代女子的人格特征与审美

数千年的封建社会，中国女性囿于家庭，处于依附地位，对女性美和品行的标准均由男性来界定。女性的美在中国人的审美观念之中，除了容貌美以外，还包括了美好品德。在中国古代，人们常以“沉鱼落雁”“羞花闭月”用来形容女子容貌的外形美，以“温柔顺服”“贤妻良母”等伦理价值取向来评判女性的内在美。中国古代女性的审美观几乎完全与女德教育相重合，男权统治下所倡导的女性美，则成了社会审美的主流价值观。中国古代女子为求得生存，往往主动按男性编写的各种女训教材所教授的内容进行借鉴和模仿，以适应社会环境和文化。

（一）中国古代女子的人格特征

在古代中国教育中，男子读书做官被认为是天经地义的，而对女子却以“无才便是德”相要求。汉代班昭《女诫》曰：“夫云妇德，不必才明绝异也。”可见班昭是“女子无才便是德”的始作俑者。据考证，真正明确表述“女子无才便是德”思想的是明末吕坤在《闺范》中所说的一段话：“今人养女多不教读书识字，盖亦防微杜渐之意。然女子贞淫，却不在此。果教以正道，令知道理……”清朝初年，流传至今的《女四书》的编纂者王相，其母在《女范》（或称《女范捷录》）“才德篇”说过：“男子有德便是才，斯言犹可，女子无才便是德，此语诚非。”从而也影响了女子自身价值观念的形成并制约着女子文化的发展。

虽然中国古代在不同时期对女子品行的要求各有侧重，但大多以“柔”“卑”二字为历代女训的主基调。以“孝顺和慈”“谦敬贞淑”和“勤励节俭”为伦理道德规范的核心内容。早在《周易》一书中就赋予女性以阴、柔、退、卑、下、贱等意义。汉代《女诫》提倡女子“卑弱”，宣扬“男以强为贵，女以弱为美”，并以自觉为丈夫和家庭奉献一切的女人才是“美”的女人。

1. 孝顺和慈

中国历朝历代均认为孝女、贤妻、良母的形象为理想女性。其中“孝”在明《女范捷录》中被推崇到女德的核心地位，认为“夫孝者，百行之源，而犹为女德之首也”。“顺”即“妇顺者，顺于舅姑，和于室人，而后当于夫，以成丝麻布帛之事”（《礼记·昏义》）。“和”指女性性情的温和，及处理人际关系的目标、行事原则。“孝”“顺”“和”是女性对长辈和同辈的伦理道德规范。“慈”则是待幼的态度和准则，要求女子要以去私的慈爱养儿育女。《女论语·训男女》中指出“年已长成，教之有序，训诲之权，亦在于母。”《内训·母仪》中更进一步要求女子养育后代必须“导之以德义，养之以廉逊，率之以勤俭，本之以慈爱，临之以严烙，以立其身，以成其德”。

2. 谦敬贞淑

“谦”是历代女训十分推崇的女德之一。认为女子应“自卑而尊人”，即所谓的“谦则德之柄”（《后汉书·列女传》），具体的道德要求体现在诸多礼仪之中。“敬”即为妇需恭敬于夫。“敬”不只是对丈夫的态度，同时还要求在心里恭敬父母、舅姑，即所谓为人子，就要“敬爱而致恭”（《荀子》）。“贞”即贞节，是传统女德最重视的内容，早在先秦时期便有此词。《礼记》中就有：“一与之齐，终身不改，故夫死不嫁。”自秦汉以来，要求女子崇尚贞节的道德规范逐步强化，班昭《女诫·专心》宣扬男尊女卑的贞节观，主张“夫有再娶之义，妇无二适之文，故曰：夫者，天也。天固不可逃，夫固不可离也。”元明清时期进一步把女子贞节观推到了极致。“淑”也是封建女德倡导的重要规范。明孝仁皇后《内训·德性章》中就将女子的德行概括为“贞静幽闲，端庄诚一”，旨在极力塑造“妇德尚静正，妇言尚简婉，妇功尚周慎，妇容尚闲雅”的形象。

3. 勤励节俭

封建社会“男主外，女主内”的性别角色定位，把女性的主要活动范围限制在家庭中。《女论语》提出，为使家族兴旺，“凡为女子，须学女工”，“营家之女，唯俭唯勤”。班昭《女诫·卑弱》中对“勤”的界定是：“晚寝早作，勿惮夙夜，执务私事，不辞剧易，所作必成，手迹整理，是谓执勤也。”《女训》在倡导“勤励”的同时，还强调应将“节俭”作为女德的内容，即财物的开支上要节用有度，养成生活节俭、淡泊的习惯。历代女训中的勤励节俭不仅是对庶民女子的要求，统治阶级官宦世家女训中对女性也有“敦廉俭之风”“敦节俭，以率其家”（《内训·节俭章》）的要求。

（二）中国古代女子审美标准

“美人”是古代对美貌女子的概称。在中国传统中，“美人”一词指兼具美丽的容貌外表和美好的品德才能的女子。《礼记》有“称人之美”之句，指赞许人的优秀品德及才华，凡是让人听觉、视觉、嗅觉、味觉及心灵感到愉悦的，就是美。女性美的标准大多是男子眼中所要求的美，女子重视妆容也多是为了吸引男子的关注与喜爱。

中国古代女子形体美的观念也是一个渐进的过程。春秋时期，美的观念清纯质朴，无雕琢装饰的意义。《诗经·硕人》云：“手如柔荑，肤如凝脂。领如蝤蛴，齿如瓠犀，螓首蛾眉。巧笑倩兮，美目盼兮。”宋玉《神女赋》写女子之美，“襛不短，纤不长”，“其状峨峨，何可极言。貌丰盈以庄姝兮，苞温润之玉颜”。

东晋画家顾恺之的名画《洛神赋图》中深入描绘了古代美貌女子的音容笑貌，“翩若惊鸿，婉若游龙”的身姿和“荣曜秋菊，华茂春松”的气质。从“襛纤得衷，修短合度”的身材到“云髻峨峨，修眉联娟”的眉发，再到“丹唇外朗，皓齿内鲜”的面容和金碧玉翠的衣饰。可见，当时对女子的美，注重眉，注重齿，注重肌肤，注重眼眸、体态和腰身。从这些字句中可以了解和推断古人对女子外形美貌的审美观。

汉魏以后对美的观念更为精进，蔡邕《青衣赋》有云：“盼倩淑丽，皓齿蛾眉。玄发光润，领如蝤蛴。纵横接发，叶如低葵。修长冉冉，硕人其颀。”“和畅善笑，动扬朱唇。都冶妖媚，卓跞多姿。”可见，汉时的美，已经开始重视装饰。古代女子的审美观念由质朴渐渐转向富丽。

东晋画家顾恺之在《女史箴图》中，为后人描绘了“上古既无，世所未见”的美女，其中最优美并反复出现的人物形象是一个徐徐而行的女子。画中妇人装束艳丽，长裙曳地，昂首而行，面色略喜悦。此时女子形象虽丰腴，却不似唐朝女子的肥硕。她有着典雅、柔韧的身躯，总是以四分之三的半侧面出现，其腰腹处略微挺出，以此微妙的姿势加强缓步前行的印象。她挺直的上身化为重叠四散的雍容衣饰，包括飘荡的衣襟，垂坠的广袖以及大大加宽的拖地长裙，但她最引人注目的特征还是那些蔓延的飘带，随风在身后缓缓舒卷，令观者感到她轻盈无声的游步。

到了唐代，对女性的审美要求是：丰满体态、容貌美丽。唐代妆饰蛾眉之术又有大进步，髻有十髻，画眉也有十种之多。唐末点唇花样也极多，唐代诗人温庭筠的《菩萨蛮》载：“小山重叠金明灭，鬓云欲度香腮雪，懒起画蛾眉，弄妆梳洗迟。照花前后镜，花面交相映。新帖绣罗襦，双双金鹧鸪。”全诗以女性梳妆生活场景为描写对象，对唐代女性的妆容、衣饰和姿态予以详细的描述。历朝历代艺术作品中的美人谱和美人图，为后人留下了中国古代女子的图像志。

第二节　中国古代女子生活风俗

在数千年漫长的历史岁月中，不同朝代的女子是如何度过一生的，后人不得而知。只能从各种古代文献史料、出土的文物中，特别是历代画家的各种绘画作品中，如墓葬绘画、宗教壁画、宫廷绘画、女性题材绘画等，寻找各个朝代宫廷女子或寻常人家女子的世俗活动情况，以及各阶层女子生活文化的佐证资料。

一、婚姻习俗

中国古代婚姻实行一夫一妻多妾制，最早来自先秦时期的媵妾制度。秦汉之后，媵和妾逐渐不分，唐宋之后，媵逐渐消失，一妻多妾制正式形成。古代这种婚姻制度非常普遍，即便穷人家也是要纳一个妾，而对于贵族来说，妾的数量越多越有面子，子嗣也更多。

古代两性关系在“饿死事小，失节事大”观念的影响下，强调“男女授受不亲”的道德规范，女子不得与家人、丈夫之外的其他男性接触，使女子的活动空间囿于闺阁之中。中国农耕社会时期一般都是男耕女织的生活方式。女性大都专心在家纺织，这些纺织既可满足家人所需，亦可作为商品出售来贴补家庭生计。

在中国古代历史中，大多数女性的活动范围，无论出嫁前或出嫁后都以家庭为主。古代女子在婚姻大事上不能自己做主，要听从他人的安排，即“父母之命，媒妁之言”。一旦家人将婚事决定之后，女子也不得反对，只能听从，即“嫁鸡随鸡，嫁狗随狗”。女子在婚姻大事上都是听从父母安排。

女子出嫁后，夫为妻纲、夫唱妇随是夫妻关系的纲领，女子要从一而终、坚贞守节。婆媳关系是家庭生活的重要内容，媳妇对婆母要守侍奉孝敬之责，要听从公公婆婆的差使，全心全意服侍翁姑。

中国古代民间婚俗的程序极为复杂，也是中国古代婚俗文化的一大特征。自汉唐以来，婚姻必须遵照“三书六礼”。“三书”是指结婚的三种文书，即“聘书、礼书、迎书”。“六礼”是指“纳采、问名、纳吉、纳征、请期、迎亲”。直到近代，我国民间依然还有提亲、合八字、过大帖、送彩礼、算日子、娶媳妇的习俗。从社会文化的角度出发，这些婚俗礼仪也体现了我国古代婚俗高度的文明性。

在古代，夫妻离婚通常有两种形式。其中，由官府出面判决的离婚，称之“义绝”，也称“判离”。另一种为双方“协议离婚”，也称之“和离”或称“两愿离”。事实上，古代离婚的主动权大多在男方。敦煌遗书中的唐代离婚书，俗称为“放妻书”，给我们揭示了不同于其他朝代的夫

衣襟　甘肃省秦安县出土　天水市博物馆藏　清

素纱直裾式禅衣 衣长 128 厘米 通袖长 190 厘米
湖南长沙马王堆汉墓出土 湖南博物院藏 汉

“信期绣”茶黄罗绮绵袍 衣长 155 厘米 通袖长 243 厘米
湖南长沙马王堆汉墓出土 湖南博物院藏 汉

妻离婚方式。这些“放妻书”客观展现了唐代社会的文明程度和时人的素养。

二、服饰习俗

服饰的起源可以追溯至旧石器时代晚期。中国服饰在其发展过程中，经历了千变万化，但服饰款式基本是上衣下裳和上下连属两种。服饰随着历史的变迁，经济和文化的发展，形成了不同历史时期的不同审美意识和特点。如商的威严庄重、周的秩序井然、战国的清新、汉的凝重、魏晋的清瘦、唐的丰满华丽、宋的理性美、元的粗犷豪放、明的敦厚繁丽、清的雍容朴素，无不体现出中国古人的审美设计和文化内涵。从附图可以看出我国历代女子服饰的名称和款式样式的变化。

夏、商、周三代的基本服饰为上衣下裳（衣裳），即上身为衣，下身为裳，腰间束巾。

到了秦汉，曲裾深衣成为女子常服。袍式服装最早出现在春秋战国之际，上下相连，古代称为深衣。随后，深衣逐渐演变为衫（衫子），又称大衫、大袖，其后成为女子常服之一。

汉唐时期流行服饰为短襦长裙（襦裙），上襦下裙，其中“襦”即短衣。下服多配以长裙，而将襦的下端束于裙内。唐代女子穿襦裙时，常在外面罩以“半臂”，类似现时的短袖衫。襦裙服饰经五代而至明清，一直是汉族女子的常服之一。

宋朝时，背子（褙子）流行于宋廷贵妇间，后来逐渐

引路菩萨图 敦煌绢画 大英博物馆藏 五代

流向民间。背子由深衣演变而来，与衫子相似，但不及其宽松。女子穿着背子更为普遍，其款式多为直领、对襟、小袖。

“比甲”在元、明之际及其后很长时期内，一直是广大女子普遍穿着的服饰。比甲与背子相似，无袖，前后两片；合领对襟，下摆开叉；呈长方形，衣长至膝。

元末熊梦祥记载了贵族妇女的礼服式样：“其制极宽阔，袖口窄，以紫织金爪，袖扣才五寸许，窄即大，其袖两腋摺下，有紫萝带拴合于背，腰上有紫纵系，但行时有女提袍，此袍谓之礼服。”

旗袍原为满族人服饰，八旗女子都喜穿旗袍。圆领窄袖，衣体宽大，腰部平直，衣长至足，流行于清代。由于满族人又称旗人，故称旗袍。民国以来多为女子服饰的一种。清代女子多缠足，鞋子以窄小为贵，鞋面多用金线绣花，还有装上珠翠的。

仕女图　张匡正墓后室北壁壁画　辽

裤装在不同时期有不同的表现形式。春秋之际称为胫衣，战国时称为绲裆裤，其中“绲”是绳带之意。唐代女子喜欢穿裤装，宋、明时期有膝裤、开头裤，清代有套裤。

蒙古族女衣多红绿，富者衣绢，贫者衣布。衣服式样为窄袖长袍，长带束腰，冬天则穿羊皮袄，女围头巾。男女皆穿皮布制式的长短靴子　妇女“蓄辫二条，垂于左右，饰以珊瑚珍珠，耳悬圈环，手套钏镯，若已嫁者，则发辫唯一，头戴珊瑚银板”。

壮族女子发型常为髻，项饰银圈，镇安府归顺的女子用茜草染齿。女子喜穿长裙，也有“花帛兜肚，裤仅蔽膝”的。衣裳俱绣五色花纹，所镶花边，方言叫作“阑干”，这是其服饰的特点。部分女子穿绣花鞋。

数百年来，随着社会的变迁，经济、科技、文化繁荣与交流，回族女子服饰逐渐走向成熟，从款式到颜色及文化内涵，形成了具有回族特色的服饰文化。回族女子在服饰方面的基本原则是顺应自然，讲究简朴、洁净、美观，不追求式样的奇特、色彩的艳丽和材料的高档豪华。在服饰的颜色上，回族女子往往以白、黑、绿为主。回族妇女常戴盖头，老年妇女戴白色的，显得洁白大方，中年妇女戴黑色的，显得庄重高雅，未婚女子戴绿色的，显得清新秀丽。

维吾尔族妇女的着装以裙装为主，多是红、绿、紫等鲜艳颜色，主要包括裙子、长外衣、短外衣、坎肩、背心、衬衣、长裤等。维吾尔族妇女的头饰有花帽、头巾和面纱。维吾尔族妇女常把与她们生活密切相关的植物绣在服饰上，如葡萄、石榴花、巴旦木、月季、苜蓿等，常见的纹样有联珠纹、菱形纹、羊头纹等。图案主要集中在领、袖、衣襟、裤边和衬胸等部位。

多姿多彩的服饰是苗族文化最鲜明、最具体的表现，其中又以苗族妇女的服饰最具代表性。据不完全统计，苗族服饰多达200多种样式。苗族服饰蕴含苗绣、银饰、蜡染、织锦、剪纸等传统技艺。服饰图案大多取材于日常生活中各种物象，有表意和识别族类、支系及语言的重要作用，这些形象记录被专家学者称为“穿在身上的史诗”。

三、女子缠足习俗

妇女缠足是自五代以来的中国封建社会特有的现象，是一种摧残妇女身心健康的陋习。五代时期，缠足还只是在宫廷中流行。北宋中晚期，缠足在上层贵族妇女中较为普遍。南宋时期，女子缠足现象增多，女子皆以脚小为美，宫中女子、官宦之妻、士人妻妾等都缠足，尤其是歌舞伎缠足者更多。南宋词人赵令畤作《浣溪沙》，词中称颂“稳小弓鞋三寸罗”，另赞“刘平叔出家妓八人，绝艺，乞词赠之。脚绝、歌绝、琴绝、舞绝”。后来，妇女缠足风俗逐渐由北方传到南方，缠足在两宋时期还仅仅限于歌舞伎等女子，到元代遍及全国，缠足之风迅速流行，并成为社会时尚，下层普通人家的女子，如不缠足，就要遭受来自社会舆论的压力，甚至婚嫁都成问题。

缠足要从幼年女童四五岁起开始裹束脚掌，通过人为挤压，甚至折断脚掌骨使之变形，方能达到“三寸金莲”的标准。缠足过程十分痛苦，缠足后一双小脚还给生活带来极大不便。民间“小脚一双，眼泪一缸”的说法就是缠足的痛苦写照。缠足对女子而言，是一种生理和心理上的双重摧残。为何缠足之风能够流行数百年之久，究其原因：一是缠足可以把女性禁锢在闺阁之中，缩小女性的生活行动范围，使之与外人不发生接触；二是满足许多文人士大夫病态的审美观，他们认为脚小女子步态轻盈优美，婀娜多姿，并以玩赏小脚成为癖好；三是女性自身缺乏独立的人格，为了取悦男人，心甘情愿争相缠足，并以小脚为荣。

清朝初年，因为满族无缠足习俗，曾一度禁止缠足，但汉族妇女依然缠足如故。太平天国时期，也曾一度禁止妇女缠足，但也没能阻止这种社会陋习。五四运动之后，反对缠足一直成为妇女解放的重要内容。中华人民共和国成立后，妇女缠足这一陋习终于销声匿迹。

第三节　中国古代女子的休闲文化

中国古代女子的社会文化生活被限定在封建礼教的藩篱内，故而参与休闲娱乐活动的形式与内容都局限在很小的范围内。从古代妇女的社会阶层上看，生活在宫廷中的皇后嫔妃，条件非常优越，但是常常过着冷清寂寞的生活，她们只能以各种娱乐来打发大量的闲暇时间。生活在贵族官宦家庭中的女子，由于受着封建社会中礼教的束缚，严格的闺房戒条，使得贵族妇女们很少外出，只能在家以各种娱乐形式求乐。众多平民女子平时要参加生产劳动，家庭事务也十分繁忙，但是每逢劳动之余，特别是在节日期间，她们也经常参与各种游戏活动，以此来驱逐疲劳，放松心情。

总之，我国古代女子休闲娱乐方式具有它自身发展的特殊轨迹，与古代的社会文化、社会生活、社会活动密切相关。由此才能了解不同时代我国女子的精神和物质生活，展现社会各阶层女子的情趣、爱好和追求。

中国古代女子的休闲娱乐活动大致分为三种类型：一是文艺活动，包括诗词歌赋，书法绘画，舞蹈音乐等；二是日常游戏与竞技活动，包括下棋、踢毽、秋千、蹴鞠等；三是节庆娱乐活动，包括春节看社戏、清明踏春、端午观龙舟、七夕乞巧、重阳登高等。

一、古代女子文艺娱乐

在中国古代女子生活中，诗词歌赋，书法绘画，音乐舞蹈是最能代表女子文化素养的生活方式。琴棋书画流行于闺阁，是女子文化内涵的外在表现形式。明末诗人李渔在《闲情偶寄》中写道："以闺秀自命者，书、画、琴、棋四艺，均不可少。"历朝历代许多女子多才多艺，琴棋书画无所不能。"琴棋书画"与古代女子远离社会、远离人群的生活方式非常吻合。

琴，是中国古老的拨弦乐器，古代称之"瑶琴""丝桐"等，其标准形制是七条弦，所以又称"七弦琴"。古琴在文人阶层中占有较高的地位，称之"国乐之父"，在古时文人心中视为高雅代表。白居易在《琵琶行》中生动描绘了女子抚琴技艺："大弦嘈嘈如急雨，小弦切切如私语。嘈嘈切切错杂弹，大珠小珠落玉盘。间关莺语花底滑，幽咽泉流冰下难。冰泉冷涩弦凝绝，凝绝不通声暂歇。"

明末清初李渔曾有："丝竹之音，推琴为首，古乐相传至今，其已变而未尽变者，独此一种，余皆末世之音也。妇人学此，可以变化性情，欲置温柔乡　不可无此陶熔之具。"这段话的意思是：丝竹之音，以琴为首。女子学琴，可变化性情，陶冶情操，两性相处，也可增加情趣雅致。因此，琴是女子闺房不可或缺的组成部分，也是大家闺秀的修身养性的必备之物。古代女子在悠扬悦耳的琴声中寄托着对精神自由的追求，致使女子更具风采，生活更富情趣。古代女子以琴为友，以琴传情，以琴励志，充分展示了音乐的魅力。

棋是中国古代女子不可或缺的休闲活动之一，"闲敲棋子"是闺房女子的高雅娱乐游戏，深受各阶层女子所喜爱。围棋的高雅格调与古代女子那种深居简出的生活方式非常协调。月窗前，经纬密布，玉枰平铺，输赢且在其次，关键是闺中知己间的交流。古人眼中的女子下围棋最美，是深闺里最迷人的风景。托腮、冥想、落子，静而娴静端然，动则步步紧逼，纤纤玉手，灿灿金钏，云鬓斜坠，环佩叮当。唐代诗人王建有一首《夜看美人宫棋》："宫棋布局不依经，黑白分明子数停。巡拾玉沙天汉晓，犹残织女两三星。"描述了宫中美人下围棋的水平较高，不拘常法定式，对围棋情有独钟，通宵达旦不知疲倦。

妆靓仕女图 苏汉臣 绢本设色 纵 25.1 厘米 横 26.7 厘米 美国波士顿艺术博物馆藏 宋

中国书法艺术历史悠久，源远流长。早在原始社会晚期，先人就在陶器上刻画或彩绘符号，由简单的横、直、斜线条到多种线条结合在一起，由单纯的方或圆到方圆的结合，成为人类文字艺术才能最早的实证。从甲骨文到金文，从大小篆书到隶楷行草，基本形成了中国书法艺术富有生命力、象形文字、线条造型的美。书法艺术从对外在客观世界的表现转向人的内在精神世界的抒发，书法艺术中就出现了追求"韵"的审美情趣。

习练书法也是中国古代仕女阶层休闲生活的主要形式。我国历史上也出现了许多女书法家，如晋代著名女书法家卫夫人。卫夫人留下的名帖有《名姬帖》《卫氏和南帖》，后成传世精品。其所著《笔阵图》中云：横如千里之阵云、点似高山之坠石、撇如陆断犀象之角、竖如万岁枯藤、捺如崩浪奔雷、折如百钧弩发、钩如劲弩筋节。一笔一画皆成一家，笔法气势，均为当时楷模。唐代才女薛涛出身名门，不仅擅长诗词，书法也清朗秀逸。然而，作为

仕女读书图　佚名

绢本设色　纵 17.1 厘米　横 19.7 厘米

故宫博物院藏　明

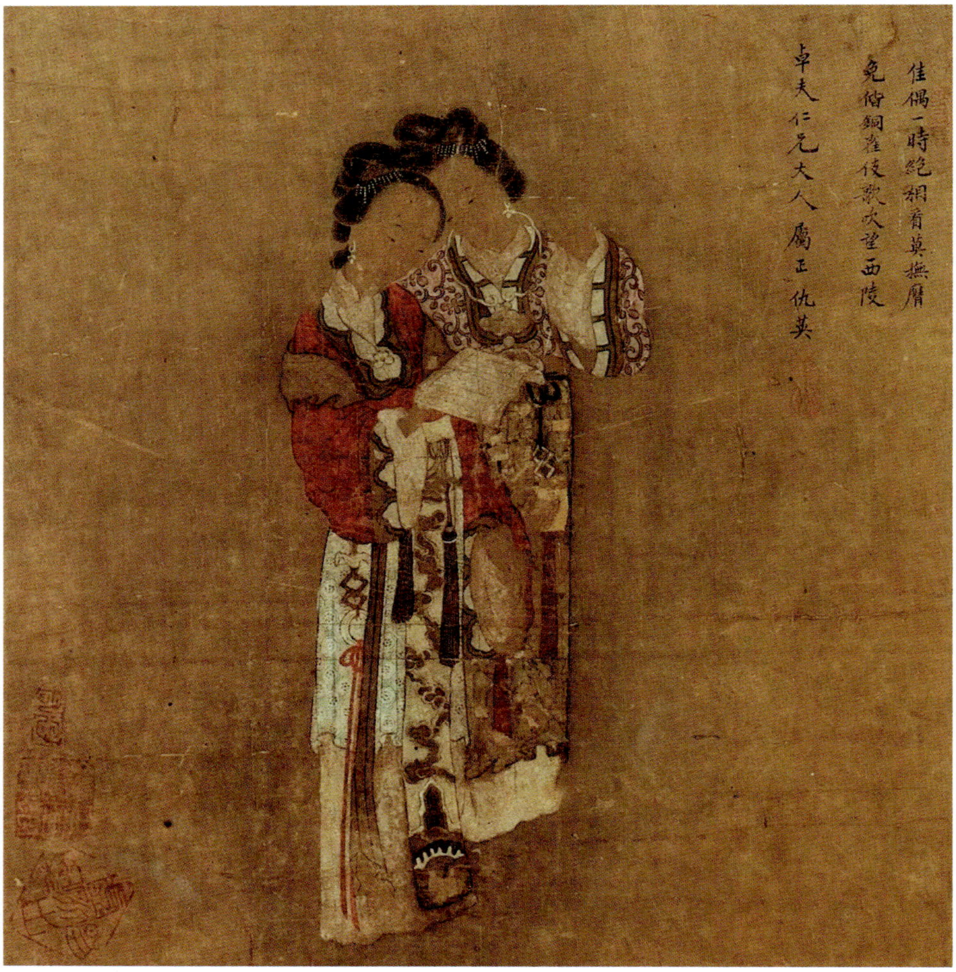

二乔图　仇英

绢本设色　台北故宫博物院藏　明

芭蕉美人图 明

鲜明的装饰风格。此后，秦汉的绘画得到了空前的发展，汉代皇室不仅将绘画作为文化艺术扶持推广，还将绘画作为表彰功臣，激励人心的宣传工具。到南北朝时期，绘画艺术发展已经达到了很高的水平，开始分科学习研究，表明中国绘画开始走上独立发展的道路。隋唐时期，中国的绘画进入了人才辈出、佳作无数的鼎盛时期。纵观历史，历朝历代均出现了不少著名的女画家。

中国古代闺阁女子大都喜爱绘画，她们认为丹青妙笔是最能体现感官的功能。她们以休闲、养性为目的，用绘画来表达自己的感情，抒发内心的情绪，以及对理想人格的赞美与追求。她们可以随心所欲地泼墨挥毫，为闺房生活增添了许多情趣。如唐代郑谷《海棠》云："春风用意匀颜色，销得携觞与赋诗。秾丽最宜新著雨，娇饶全在欲开时。莫愁粉黛临窗懒，梁广丹青点笔迟。朝醉暮吟看不足，羡他蝴蝶宿深枝。"

元代大才女管道昇是一位女画家，她诗词歌赋画，样样精通，并擅长画墨竹，笔意清绝，不落俗套，毫无闺阁脂粉之气。她留下的画作很多，《墨竹谱》《水竹图》《深秋贴》《山楼绣佛图》《长明庵图》等，被后人誉为是中国绘画史上不可逾越的一个里程碑。明代文豪文徵明的玄孙女文俶，也是一位画工精妙的才女。她喜欢画花鸟虫蝶，一生都钟情于这些属于大自然的美丽生灵。明代"秦淮八艳"之一的马守真，诗画皆修，潇洒重义，以画兰而闻名，专而且精。她笔下的兰花，婀娜多姿，摇曳不俗，自有一股清气。应该说，女子画画，彩袖轻提，玉手纤纤，一点一染，无不婉转秀气，加上女子感情丰富细腻，表现出的草木风物，亦是钟灵毓秀，神韵悠然。

中国古代女子，无论你有多大的才学和抱负，属于女子才华的驰骋天地，却只有闺房斗室之地。

绘画是人类的共同喜好。先秦时期，中国绘画带有

理妆图　汪乔

绢本设色　纵 100 厘米　横 58 厘米

美国明尼阿波利斯艺术博物馆藏　清

仕女书写图　禹之鼎

纸本设色　上海博物馆藏　清

赏画 顾洛 绢本 上海博物馆藏 清

胤曼清游图（围炉博古） 陈枚 绢本设色 纵 37 厘米 横 31.8 厘米 故宫博物院藏 清

仕女图八帧　康焘　绢本设色
纵 22 厘米　横 24 厘米
民间藏　清

昭君出塞图　倪田　立轴纸本设色

纵 105 厘米　横 51.6 厘米　故宫博物院藏　清

元女授经图　任熊　天津人民出版社藏　清

二、中国古代女子游艺竞技

游艺，游戏娱乐活动。民间游戏娱乐活动长期活跃于古代社会各个阶层，以通俗的形式存在和发展。值得一提的是，游艺活动的许多内容与体育同源，它与体育的不同之处主要体现在游艺强调娱乐休闲，而不以竞赛为目的。我国自东汉就出现有“体育”一词，文献《潜夫论》中就有记载。古代体育活动极为丰富，民俗节庆和民俗体育繁多。尤其是汉唐以来，民间的游艺、娱乐与竞技文化得到了蓬勃发展。

不论哪个朝代，无论男性还是女性，人们都具有“游戏”“娱乐”和“竞技”的本能和心理需求。这是人类共有的行为。因此，男性或女性参与体育活动的权利应该是平等的。中国古代妇女的游戏、娱乐与竞技体育活动，由于受到时代环境及各种因素的限制和影响，如政治、经济、法律、礼仪、宗教、身体、社会制度和风俗习惯等，古代女子游艺竞技活动作为一种社会文化现象，经历了不断传承、变化和发展的过程。

在漫长的历史长河中，中华民族创造出了丰富的游艺文化，形成了鲜明的时代特色与文化性格，具有独特的中华文化表现方式和人文色彩。大多数游艺项目蕴含着丰富的文化内涵，体现了“寓教于乐”的游艺理念，集休闲、娱乐、健身和教化等功能为一体。

中国古代女子长期生活在封建礼教的压抑之下，活动空间受到束缚。女子的社会地位决定了她们较少承担政治、经济责任，较少参与社会活动，也较少与社会上各种人物接触，因此她们比男子有更多的空闲时间来进行各种各样的游戏娱乐及竞技活动。游戏、娱乐、竞技是古代女子主要的休闲方式，女子参与各种形式的身体运动，也是她们放松身心、增强体魄、追求幸福快乐生活的主要途径。随着社会的演进，有些活动不断注入新的因素

彩绘出行图夹纻胎漆奁　战国

和活力而趋于丰富和普及，有些活动却被冷落而遗忘，因此失传。

中国古代女子在各种休闲游艺活动中都具有相当的自主性，不但能够参与各类休闲游艺活动，而且在参与种类上更具多样化。如长距离的妇女进香活动，游览各地景观“笙歌笑语，填山沸林，终夜不绝”。其活动主要分为三种类型：

一是女子闺中日常竞技游戏活动，包括导引、弈棋、投壶、秋千、蹴鞠、舞蹈、踢毽、抛球、斗草、放风筝、习武、戏水、击鞠、捶丸、步打、驴鞠、射术、剑术、马术等等，反映了女子对于快乐生活的追求。

二是宋代之后，市井瓦肆的繁荣，游艺成为市井民生的重要文化娱乐。同时，一些女艺人参与体育行业组织，如齐云社（蹴鞠）、角抵社（相扑）、雄辩社（小说）、绘艺社（游戏）等成为女子充分展示自己才艺的场所，展现了当时女子的智慧、爱好和风采。

三是古代不同阶层的女子都热衷于各种岁时节庆的户外活动，享受自然、享受悠闲和享受游戏竞技的愉悦，如踏春、登高、击壤、竞渡、拔河、摔跤、相扑、藏钩、百戏等。此外，在中国传统岁时节庆中，还有一些专门属于女性的节庆，如七月初七是七夕节，也称乞巧节，各地民间常常举办“赛巧会”和“水上浮”等妇女比赛的活动。各地都流行妇女结伴走桥的习俗，也称“走百病”或“走月亮”。

乐舞　陕西礼泉县李勣墓墓室东壁壁画　唐

由此可见，我国古时女子体育活动内容丰富，女子参与体育活动具有一定的自主性，活动空间的自由度较大。中国古代女子通过直接参与或观赏各种体育活动，追求自在悠闲的生活境界，表达自己快乐、热情的精神气质，并获得了身心愉悦。

玉勒雕鞍寵太真年、秋後幸華清
開元四十萬疋馬何事騎騾蜀道行
吳興錢選舜舉

太真上马图　周文矩　绢本设色　纵 29.7 厘米　横 108 厘米　民间藏　五代

杨贵妃上马图　钱选　纸本设色　纵 29.5 厘米　横 117 厘米　美国弗利尔美术馆藏　元

舞狮图　苏汉臣　绢本设色　北京故宫博物院藏　宋

秋千　仇英　明

纺织　仇英

绢本设色　纵 30 厘米　横 51 厘米

中国嘉德国际拍卖有限公司藏　明

明妃出行图　仇英

台北故宫博物院藏　明

游春　仇英

绢本设色　南京博物院藏　明

读书缝衣图　唐寅　美国纽约大都会艺术博物馆藏　明

红叶题诗图　唐寅　台北故宫博物院藏　明

贵妃上马图　仇英　绢本设色　纵 25 厘米　横 26.3 厘米　南京博物院藏　明

刺绣　仇英　绢本设色　故宫博物院藏　明

仕女垂钓　冷枚　绢本设色　民间藏　清

弈棋图　改琦　苏州博物馆藏　清

纺线　冯箕　绢本设色　民间藏　清

春游　费丹旭　民间藏　清

豳风图·八月剥枣　吴求　绢本设色
纵 26.5 厘米　横 23.6 厘米
南京博物院藏　清

游春 仇英 绢本设色

南京博物院藏 明

随园湖楼请业图 尤诏 汪恭 民间藏 清

第二章　中国古代女子竞技运动

ZHONGGUO GUDAI NÜZI JINGJI YUNDONG

《现代汉语词典》中关于“竞技”的释义为“体育竞赛”。中国古代女子竞技的内涵与当今所指体育竞技的概念有所不同。古代女子竞技虽然也有技艺竞赛的含义，但古代竞赛以娱乐为主要目的，重点不在于提高或发展某项技艺水平，主要是为了通过竞技比赛活动身体，并达到心理和情绪上的满足。

中国古代的女子体育竞技活动十分丰富，广泛存在于当时的各个社会阶层。体育竞技活动是中国古代女子文化娱乐生活的重要组成部分，展示了古代女子充满活力的生活方式，从现存的文物和文献中能够看到，在我国不同朝代，女子竞技体育活动均有不同程度的开展。

中国古代女子的竞技体育活动主要是以某一方胜负为评判标准的体育项目，例如马球、捶丸、步打、摔跤、射箭、竞渡、蹴鞠等。如许慕羲《宋代宫闱史》中描绘女子体育与娱乐的场景时写道：“时或联辔出游；或射猎；或比箭；或击球；或蹴鞠；甚至呼驴喝雉，樗蒲六博，无所不为。”“看她们斗草评花，投壶蹴鞠，好生快乐！”展示了我国古代女子体育活动的场景。

一、蹴鞠、马球、驴鞠、步打球、捶丸

（一）蹴鞠

关于蹴鞠的起源有众多说法，综括起来，主要是两种：一是起源于黄帝时代，据西汉刘向《别录》载：“蹴鞠者，传言黄帝所作。”二是起源于殷商时代，蹴鞠的雏形在商代是一种民间求雨的巫术舞蹈。殷商用来占卜的甲骨文字中，就有关于蹴鞠之事的记录。

据《史记·苏秦列传》记载：“临淄甚富而实，其民无不吹竽鼓瑟，弹琴击筑，斗鸡走狗，六博踏鞠者。临淄之涂，车毂击，人肩摩，连衽成帷，举袂成幕，挥汗成雨，家殷人足，志高气扬。”关于蹴鞠的比赛规则及其玩法，东汉人李尤在《鞠城铭》中有关于蹴鞠的描述：“圆鞠方墙，仿象阴阳。法月衡对，二六相当。建长立平，其例有常。不以亲疏，不有阿私。端心平意，莫怨其非。鞠政由然，况乎执机。”

敦煌文献 P.2619　蹴鞠　唐

早在汉代，女子蹴鞠就以不同的形态出现在女子娱乐生活中。从汉代画像石砖上，还可看到汉代已出现了“蹴鞠舞”，分单、双人，有男有女，有音乐伴奏，全身可触球，与舞蹈相结合，属于娱乐性的蹴鞠活动，具体形制规则不详。河南南阳汉画馆今保存一块汉代画像砖，砖上刻有一女子蹴鞠的情景。这是世界上最早的女子蹴鞠的形象，图中的女子细腰、头挽高髻、身穿长袖舞衣。她左臂上举、右臂下摆，右脚运球，体态十分优美、矫健。河南嵩山启母阙上的“蹴鞠图”同样描绘了女子蹴鞠的画面：

启母阙蹴鞠画像石拓本 汉

蹴鞠女两臂摆动，双足跳起，弯腰躬身踢球，舞动的长袖轻盈飘动，后片罗裙向上翻卷，形态优美，栩栩如生。女子旁站立两人，击鼓伴奏。女子蹴鞠在汉画像石出现，表明我国古代女子在2000多年前就开展了蹴鞠活动。

三国魏晋时期，蹴鞠得到发展。据《三国志》卷三《魏书·明帝记》注云："桂性便辟，晓博弈、蹹鞠，故太祖爱之，每在左右，出入随从。"魏明帝在许昌建造了蹴鞠场，供宫内皇亲国戚和仕女们玩乐。

隋唐之际，突厥人的体育、音乐以及歌舞艺术，对中原地区人民的社会生活都产生了深刻的影响。北方游牧民族的蹴鞠更具有竞争性。据《北史》《隋书》等史书中的突厥本传记载："男子好樗蒲，女子踏鞠，饮马酪取醉，歌呼相对。"

唐代是我国古代社会高度发展的时期，经济、文化、社会生活各方面都有很大的进步。唐代也是蹴鞠运动发展的重要时期，主要对蹴鞠进行了重要的改良。首先是对球进行了改造，通过创新制作工艺，使得球体充满弹性且轻便，增加了运动的激烈程度，也使其更具趣味性和观赏性；其次是对场地进行了改良，变鞠室为球门，并使用了高球门；第三是在玩法上进行了创新，蹴鞠新玩法分为有球门和无球门两类。有球门玩法主要有双球门和单球门两种形式。不用球门玩法主要有白打、趯鞠和筑球三种：白打可以两人或多人对踢，以比赛球技为主；趯鞠以比赛踢高为主；筑球（也称筑球鞠），主要是比赛踢球技巧，参加者可用足、膝、肩、背、胸等不同部位触球，以球先落地者为输。这些玩法不拘场地，随处都可以进行。可见，蹴鞠多方面的改良，为女子广泛参与蹴鞠提供了条件。

唐代是我国女子体育空前繁荣的时期，社会文化生活吸收少数民族风情，妇女以健壮为美，当时尚无缠足之风，这给妇女蹴鞠创造了条件。蹴鞠受到唐代女性的普遍喜爱。女子蹴鞠活动普及到社会的各个阶层。

唐诗中有许多关于民间女子蹴鞠的生动描述。王维《寒食城东即事》云："蹴鞠屡过飞鸟上，秋千竞出垂杨里。"韦庄《丙辰年鄜州遇寒食城外醉吟五首》云："永日迢迢无一事，隔街闻筑气球声。"李白《古风》云："斗鸡金宫里，蹴鞠瑶台边。"储光羲《贻王侍御出台掾丹阳》云："天街时蹴鞠，直指宴槿柢。"白居易《洛桥寒食日作十韵》云："上苑风烟好，中桥道路平。蹴球尘不起，泼火雨新晴。"薛能《寒食有怀》云："村球高过索，坟树绿和花。"

唐代时期，涌现出许多蹴鞠技艺高超的女子。唐人康骈《剧谈录》记载："时春雨初霁，有三鬟女子，年可十七八。衣装褴褛，穿木屐，立于道侧槐树下。值军中少年蹴鞠，接而送之，直高数丈。于是观者渐众，超独异焉。"讲的是一个十七八岁的女孩子，就能够轻松地接住少年军士踢来的球，并把球踢至数丈高，可见女子蹴鞠技艺非常高超。不过，唐代女子蹴鞠时，参与球场上追逐射门的比赛比较少，主要是以比赛蹴鞠技巧为主，如踢高、踢花样，所以不用球门的踢法白打球在女子中非常流行。

蹴鞠在唐代宫廷女子中也很受欢迎。张蠙在《宫词》中描写了宫女们争抢踢球的热闹场面："六宫争逐百花球。"韦庄《长安清明》诗曰："内官初赐清明火，上相闲分白打钱。"王建在《宫词一百首》中描写了宫中女子天亮就玩白打球游戏，参加者先获赐金钱的场景："宿妆残粉未明天，总立昭阳花树边。寒食内人长白打，库中先散与金钱。"

蹴鞠也是唐代女子岁节时庆的重要活动内容，经常与秋千同时开展，尤其在寒食、清明时节。因而诗人常把秋千与蹴鞠连缀写入诗句之中。杜甫《清明二首》："十年蹴鞠将雏远，万里秋千习俗同。”韦应物《寒食》：“彩绳拂花去，轻球度阁来。”李隆基《初入秦川路逢寒食》：“公子途中妨蹴鞠，佳人马上废秋千。”韩愈《寒食直归遇雨》云：“不见红球上，那论彩索飞。”温庭筠《寒食日作》：“彩索平时墙婉娩，轻球落处晚寥梢。”裴说《句》：“画球轻蹴壶中地，彩索高飞掌上身。”唐代诗人的优美佳句，生动地反映了唐代寒食节和清明节人们蹴鞠和荡秋千的热闹情景。

宋代女子蹴鞠依然盛行不衰。在宫廷和民间，蹴鞠都是女子闲暇时十分喜爱的娱乐活动。宋代诗词中关于女子蹴鞠的描述十分丰富，从不同的视角展现了宋代女子蹴鞠的真实画面。

《钦定四库全书》中记载了宋代张舜民《东湖春日》：“湖外红花闲白花，湖边游女驻香车。秋千对起花阴乱，蹴鞠孤高柳带斜。”赵文《凤凰台上忆吹箫》：“疑是弓靴蹴鞠，刚一踢，误挂花间。”陈耆卿《鹧鸪天》云：“艳朵珍丛间舞衣，蹴球场外打红围，小舆穿入花深处，且住簪花醉一卮。”宋人徐梦莘《三朝北盟会编》记载过一个球技超人的“筑球郭老娘”。宋人陈元靓《事林广记》中有一首曲子描绘宋代女子蹴鞠盛事：“花前。并月下，全身绣带，偷侧双肩。更高而不远，一搭打秋千。球落处，圆光肷拐，双佩剑，侧蹑相连。高人处，翻身佶料，天下总呼圆。”

中国国家博物馆和湖南博物院各收藏一件宋代的蹴鞠纹铜镜，描绘了年轻男女进行球赛的情景。湖南博物院

蹴鞠铜镜　宋

蹴鞠图 佚名 绢本设色 民间藏 宋

女童蹴鞠图 苏汉臣 绢本设色 台北故宫博物院藏 宋

蹴鞠图陶枕 长 24.8 厘米 横 22.5 厘米 故宫博物院藏 宋

少女蹴鞠图白瓷枕 河北磁州窑出土 河北博物院藏 金

的宋代蹴鞠纹铜镜呈圆形，镜背以浮雕图案，展示了宋人蹴鞠的场景。中国国家博物馆的宋代蹴鞠纹铜镜与湖南博物院的宋代蹴鞠纹铜镜图案基本一致。可见，女子蹴鞠在宋时的普及和兴盛。

宋代蹴鞠的盛行，使得市井之中出现了专门咏唱蹴鞠之戏的歌曲，如《事林广记》所载，有《好儿女》等九支曲牌来歌唱女子蹴鞠。随着蹴鞠的盛行和广泛开展，商人专门开设了“蹴鞠茶坊”，供蹴鞠爱好者一边品茶，一边论鞠，还出现了民间的社团组织如“齐云社”和“仕女圆社”等。

在宋代寒食和清明时节，荡秋千和蹴鞠并列为女子最重要的娱乐活动之一。陆游曾在《春晚感事》与《感旧四首末章盖思有以自广》中分别写道：“寒食梁州十万家，秋千蹴鞠尚豪华”“路入梁州似掌平，秋千蹴鞠趁清明。”此外，陆游还有《三月二十一日作》：“蹴鞠墙东一市哗，秋千楼外两旗斜。”《晚春感事》：“蹴鞠场边万人看，秋千旗下一春忙。”万俟咏《恋芳春慢》：“寒食近，蹴鞠秋千，又是无限游人。”无名氏《西江月》：“蹴鞠场中年少，秋千架上佳人。”夏竦《寒食》：“尘微蹴鞠人将散，雨细秋千索半垂。”

宋代时期，女子蹴鞠不但在中原盛行，而且在中原之外的其他地区也十分流行。河北邢台出土的金代瓷枕，

蹴鞠图　绢本镜心

纵 133 厘米　横 45 厘米　中国嘉德国际拍卖有限公司藏　明

枕上的蹴鞠图所绘就是一个北方女孩形象，上身穿花布掩襟衫，系着腰带，下穿裙，正在踢球。

到了元代，蹴鞠更为普及。元曲中有不少对市民蹴鞠的描写，如石君宝杂剧《李亚仙花酒曲江池》第一折："［混江龙］你看那王孙蹴鞠，仕女秋千，画屧踏残红杏雨，绛裙拂散绿杨烟。"元曲中有很多关于女子蹴鞠的详细描述。邓玉宾《［仙吕］村里迓古·仕女圆社气球双关》中生动地描绘了一位英姿勃勃、技艺高超的女校尉蹴鞠的精彩表演："包藏着一团儿和气，踢弄出百般可妙。""身段儿直，掖袢儿娇，挺拖更妖娆。""回避着鸳鸯拐，堤防着左右抄。跷跟儿掩映着真圈套，里勾儿藏掖着深窟窍，过肩儿撒放下虚笼罩。挑尖儿快似点钢枪，凿膝儿紧似连珠炮。""解卸了一团儿娇，稍遍起浑身儿俏。似这般女校尉从来较少。随圆社常将蹴鞠抱抛，占场儿陪伴了些英豪。"读此曲文如同亲眼观看了一场元代女子蹴鞠表演，蹴鞠在女校尉的脚下变化无穷，千姿百态，令人眼花缭乱。其中鸳鸯拐、左右抄、跷跟、里勾、过肩等动作，均是蹴鞠高难度的技巧动作，可见当时女子蹴鞠技艺性强，技能水平高。

杰出戏曲作家关汉卿的散曲《［越调］斗鹌鹑·女校尉》："散闷消愁，惟蹴鞠最风流。"他的另一部作品《［越调］斗鹌鹑·蹴鞠》中描绘了蹴鞠场上女子蹴鞠的动态美和比赛进球情景："蹴鞠场中，鸣珂巷里，南北驰名，寰中可意。夹缝堪夸，抛声尽喜。那唤活，煞整齐。款侧金莲微那玉体。唐裙轻荡，绣带斜飘，舞袖低垂。""［圣药王］甚旖旎，解数儿希，左盘右折煞曾习。甚整齐，省气力，旁行侧脚步频移，来往似粉蝶儿飞。""［尾］不离了花畔柳影闲田地，斗白打官场小踢。竿网下世无双，全场儿占了第一。"元曲中大量的女子蹴鞠场景描绘，不仅展示了我国元代女子体育竞技中的蹴鞠文化和蹴鞠的技巧，还真实再现了女子参与蹴鞠时的欢快心情。

元代时还出现了训练女子蹴鞠技巧的专业机构"仕女圆社"。如邓玉宾《［仙吕］村里迓古·仕女圆社气球双关》描写，"仕女圆社"可以看作是从"齐云圆社"中分离出来，专门培养女子蹴鞠的组织。而在萨都刺《［南吕］一枝花·妓女蹴鞠》中可以看到当时女子蹴鞠者在圆社中的训练情况和生活特色："毕罢了歌舞花前宴，习学成齐云天下圆。受用尽绿窗前饭饱茶余，拣择下粉墙内花阴日转。"可见女子踢球者在仕女圆社中的训练是十分认真和刻苦的，甚至从早到晚都不能懈怠。

蹴鞠图　佚名　绢本设色　民间藏　明

明代女子蹴鞠也十分风行，得到了广大妇女的喜爱。多人蹴鞠活动较多，主要是比花样、赛技巧。尤其是在妇女儿童中间，蹴鞠活动较为盛行。明代女子蹴鞠成风，文人又极爱观赏女子蹴鞠，并在诗文中赞咏。明人袁华《蹴鞠篇》描绘女子踢球的风韵："冶家女儿髻偏梳，教坊出入不受呼，蹙金小袜飞双凫，飞双凫，曳双袂，玉围腰，珠络臂。"明代钱福《蹴鞠》生动逼真地描绘了两个女子蹴鞠的情景："蹴鞠当场二月天，仙风吹下两婵娟。汗沾粉面花含露，尘扑娥眉柳带烟。翠袖低垂笼玉笋，红裙斜曳露金莲。几回蹴罢娇无力，恨煞长安美少年。"

明代蹴鞠游戏在宫中最为盛行，嫔妃宫女蹴鞠不疲。王誉昌《崇祯宫词》中描绘崇祯皇帝的宠妃田贵妃和宫女蹴鞠情景："锦罽平铺界紫庭，裙衫风度压娉婷。天边自结齐云社，一簇彩云飞便停。"由此可见，田贵妃球技高出宫女一筹，技压群芳，球踢得很高，很有水平。

杜堇绘制的《仕女图》中，就有一幅表现仕女蹴鞠的画面。图中几个仕女在蹴鞠游戏，其中一人正腾身以足踢球，两边的伙伴在聚精会神地盯着被踢起的鞠球，画面生动有趣。

女子蹴鞠图　佚名　绢本设色　民间藏　明

在明代，民间还有专业蹴鞠女艺人，据明人陈继儒《太平清话》记载：明初彭云秀"以女流清芬，挟是技游江海，叩之，谓有解一十有六，詹同文赠之以滚弄行。"讲述了这位名叫彭秀云的女艺人会16种蹴鞠踢法，所谓"滚弄"就是一人表演，全身触球而不坠地。据明人詹同文《滚弄行》：明初有一个著名的女艺人彭云秀十分擅长蹴鞠，她挟技云游江湖，表演起蹴鞠来，只见

女子蹴鞠图　仇英　绢本设色　民间藏　明

球在身上左右滚动，上下颠簸，一身是球，旋转纵横，无施不可，但球就是不落地。明朝女诗人马如玉在《蹴鞠》诗中写下了自己观看女子蹴鞠比赛的感受：“腰支袅袅力微微，滚滚红尘拂羽衣。掩月鬓边星独坠，石榴裙底凤双飞。”

从当时的《蹴鞠谱·做蹬十三解》中记载的一些如表（妇女）、膟儿（女）、用表（使女）、苍老（老妇）、水表（娼妓）、嗟表（少女）、五角表（村妇）之类的圆社行话来看，当时的蹴鞠游戏已经广泛普及于广大妇女之中。可见，在明代不仅仕女擅踢，老妇能踢，少女亦爱踢，就连村妇也喜欢踢球游戏，这种现象十分罕见。由于明代女子缠足之风盛行，为女子参加蹴鞠活动带来不便。因此，女子蹴鞠只能作为女子的休闲娱乐方式而已，很少出现激烈的竞技比赛情形。

清代小说中也有许多关于蹴鞠活动的记载。如《红楼梦》第二十八回、《金瓶梅》第十五回、《聊斋志异·汪士秀》等。

蹴鞠自唐代传入日本。日本的一部古代足球专著《游庭秘抄》引《口传集》说：“蹴鞠者，起自沧海万里之异域，遍于赤县九陌之皇城。”另一本日本古籍《蹴鞠九十九条》则明确指出“蹴鞠始于唐”。

洒线绣蹙金龙百子戏女夹衣图案（局部）　明

女子蹴鞠　清

仕女图（局部） 杜堇 绢本设色 上海博物馆藏 明

仕女蹴鞠　佚名

绢本设色　民间藏　清

女子蹴鞠图　中国国家图书馆藏　清

吴姬百媚图　中国国家图书馆藏　清

（二）马球

马球是一项古老的运动。乘畜挥杖击球称“击鞠“，又称打马球。在中国古籍中，马球又称击鞠、击球、打球，自汉唐一直传衍到明末清初，其名称不一。乘马击球叫大打，通常实行双球门制；乘骡、驴击球叫小打，一般实行单球门制。球用木料制成，体积如拳头，表面涂漆，或素色，或彩绘。球杖长数尺，前端弯曲，呈半月形。参赛者平分为两队，所着球衣颜色不同，进行集体对抗。击球入球门即得筹，先赢三筹者获胜。

马球在中国何时兴起，学术界有不同的看法，但古人在论述马球时，多追溯及蹴鞠。从汉唐伊始，马球已成为人们文化生活中的一部分。尤其在唐代，马球不仅是军队训练的主要项目之一，也已成为宫廷皇族与权贵日常生活的重要内容。

在我国东汉时期就有马球运动。东汉人李尤《鞠城铭》载：“圆鞠方墙，依象阴阳……”这说明此球场三边设墙，应是马球场。文中还记述了打马球的规则。另外，敦煌发现的文献中有一篇《捉季布传文》和《史记》中记载季布打马球和习武的情况。尚无汉代女子打马球的记载。

唐代的中国是当时世界上国力最为强盛的封建帝国之一，经济的繁荣为马球发展提供了物质条件，而国家的

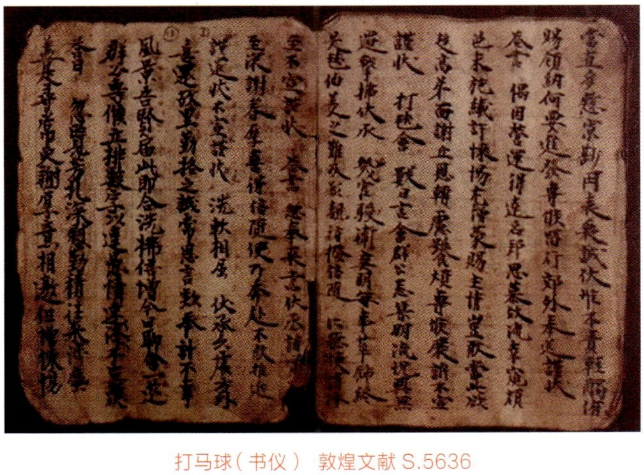

打马球（书仪） 敦煌文献 S.5636

打马球画像砖 汉

统一，中外民族文化的交流，使马球的发展有着更广泛而坚实的基础。加上皇亲贵族、官吏豪门普遍参与或欣赏马球，使马球运动在唐代非常兴盛。唐代上自帝王权贵，下至平民百姓，都十分喜欢，有的人甚至为之痴狂，许多女性也参与进来，使马球运动更加精彩。唐代都城长安是全国球场最多的地方，皇家殿前宫后、苑内楼侧修建了不少马球场。

唐代统治者政策开明，女性社会地位提高，生活在那个时代的妇女所受压抑束缚较少，因而形成了独立勇敢、自信奔放、开朗活泼的精神面貌，为女子参与马球活动提供了社会条件。唐代女子打马球非常流行，女性经常跃马上场、击球娱乐，甚至后宫的嫔妃和宫娥也常以打马球消遣时光，还创造出骑驴击鞠（即驴鞠）及步打球等竞赛方式。李公麟画卷《唐明皇击球图》描绘了唐玄宗带领众大臣妃嫔骑马打球时的情形。整幅画卷充满动感，线条灵动而飘逸，洋溢出欢快的气息。众妃子打马球形象活泼，动作轻盈，生动地展现了女子打马球的英姿。

唐代宫廷女子非常喜爱马球运动，如张籍《寒食内宴二首》：“廊下御厨分冷食，殿前香骑逐飞球。”王建《宫词一百首》：“新调白马怕鞭声，供奉骑来绕殿行。为报诸王侵早入，隔门催进打球名。”诗中描写打马球的宫女婀娜于马上，飘然击打飞球。她们在争逐中俯仰迎球，彰显出

绞胎马球 陕西历史博物馆藏 唐

高超的球技。

敦煌遗书中也有宫女马球比赛的诗作，如S.6171《宫词·水鼓子》：“先换音声看打球，独教菊部在春楼。不排次第排恩泽，把板宫人立上头”“寒食两朋坊内宴，朝来排□为清明。飞龙更取□州马，催促球场下踏城。”这些诗句描写了宫廷女子马球运动的盛况，描绘了她们挥杖争逐、击打马球的英姿。

唐代女子打球的技艺也颇为高超，还出现了打背身球的高难度动作。王建《宫词一百首》：“对御难争第一筹，殿前不打背身球。”杨皇后《宫词五十首》亦云：“牵缰绝尾施新巧，背打星球一点飞。”所谓“背身球”就是骑在马上反手抽击球的动作。这种打法比较惊险，具有相当大的难度，但唐代宫廷女子却能挥洒自如，可见其身手不凡。

王建《送裴相公上太原》诗有“十对红妆妓打球”，指的是每队十人，二十人对阵，反映了教坊女妓打马球的

打马球铜镜 故宫博物院藏 唐

打马球的仕女俑 法国巴黎集美博物馆藏 唐

情形。《新唐书·郭知运传》载:“又教女伎乘驴击球，钿鞍宝勒及它服用，日无虑数万费，以资倡乐。”

唐代墓葬壁画和出土的马球图和马球俑等文物对马球历史提供了形象的实物资料。从中能够看到唐代女子骑马打球的姿态。陕西长安南里五村唐韦炯墓出土了4件造型生动的白陶彩绘女子打马球俑。骑在马上击鞠女子均头梳双髻，身姿娇柔刚健，身着红色和绿色紧身坎肩，足踏黑靴，表现出各种击鞠姿态，生动地再现了唐代女子进行马球比赛时的勃勃英姿。

上海博物馆藏有一件唐代女子击鞠俑，高23.3厘米，长37.8厘米，女俑正骑在奔马上做击球动作。

美国纳尔逊艺术博物馆藏有4件女子击鞠俑，高25.4厘米，女俑骑在奔驰的马上做俯身击球形态。

法国人罗杰·阿森博格藏有一套唐代彩绘6件女子击鞠俑，高30厘米，6位女子身着彩衣，头梳单髻，脚蹬黑靴，正在奔驰的马上挥杆击球。

今藏于故宫博物院的唐代青铜镜上，铸造有4个姿态矫健的妇女骑在马上打球的图案。在许多唐代的墓葬中，也出土过侧身俯击形态的打马球女俑，它们都反映了唐代妇女参加这项游戏活动的风貌。但是与男子相比，妇女的马球游戏风格则显得较为柔弱和纤美。

晚唐五代后蜀宫中亦盛行马球，后蜀主孟昶的贵妃花蕊夫人不仅文才飘逸，而且马球技艺出众，她不但常陪君王打球，还亲自教宫女打马球。她写的诗词读起来

侍女持球杖图（摹本） 唐

打马球陶俑

高 8.5 厘米　长 14 厘米　临潼唐墓出土　陕西历史博物馆藏　唐

彩绘描金击球俑　民间藏　唐

三彩马球仕女俑　陕西历史博物馆藏　唐

女子马球俑　新加坡博物馆藏　唐代

仕女打马球俑　唐

赋彩绘打马球俑　台北故宫博物院藏　唐

打马球俑　陕西历史博物馆藏　唐

彩绘陶打马球女俑　唐

加彩马球手女俑　唐

击鞠俑　美国克利夫兰艺术博物馆藏　唐

让人身临其境。花蕊夫人《宫词》中有:“殿前宫女总纤腰，初学乘骑怯又娇。上得马来才欲走，几回抛鞚抱鞍桥。”诗中描写了宫女初学骑马击鞠时的胆小娇羞之状。再有:“自教宫娥学打球，玉鞍初跨柳腰柔。上棚知是官家认，遍遍长赢第一筹。”将宫娥初学骑马击球时的纤弱娇态和聪明狡黠的心思刻画得活灵活现。还有:“小球场近曲池头，宣唤勋臣试打球。先向画楼排御幄，管弦声动立浮油。”由此可见皇家击鞠极为奢华讲究，马球赛时有丝竹管弦奏乐。

唐代以后，马球依然盛行。宋代皇帝大多喜好马球，从宋太宗起，马球就成为宫中传统的娱乐节目。《宋史》中记载了宋太宗赵光义率领马球队进行比赛的情形，对马球场地、设施和相关规则和礼仪等记述颇为详细。而且当时还有宫廷女子马球队，无论乘骑、服饰都很豪华，球场也变为铺草坪的场地。

宋代，文学作品中也出现了许多描写女子打马球的诗词。宋白《宫词》中写道:“昨日传宣唤打球，星丸月杖奉宸游。上阳宫女偏趫捷，争得楼前第一筹。”

据宋人周辉《清波杂志》记载，政和五年(1115年)四月，宋徽宗率辅臣在崇政殿，观看五百禁军卫士打马球。毕事赐坐，召宫女们出来跃马击球，但见驰逐追赶，球飞杖闪。宫女们个个身手不凡，球技绝妙无比，众禁军卫士看得皆有愧色，正所谓:跃马据鞍夺击鞠，羽林扭头愧红装。之后，宋徽宗还专门写了一首《宫词》:“控马攀鞍事打球，花袍束带竞风流。盈盈巧学儿男拜，惟喜先赢第一筹。”可见当时宫女们身着花袍锦带，跃马击球，盈盈柔美之态，让人赏心悦目。

北宋由于北方及燕云十六州为契丹人盘踞，西北为西夏党项人占据，而东北又为后崛起的金国女真人占据，几乎丧失了汉唐以来的全部北方牧场，中原之地的马球运动也因此日渐衰落。由于马匹来源的缺失，民间的“步打球”开始取代了马球运动。

在与北宋相邻的辽国，马球堪称“国球”，上自皇亲贵族，下至普通百姓，无不喜爱马球运动，打马球俨然成为辽国一项主要的娱乐与军事体育项目。据《辽史》记载，辽郡王萧撒八“善球马，驰射”，辽道宗朝的耶律塔不也“以善击鞠，幸于上，凡驰骋，鞠不离杖”，辽兴宗朝的萧乐音仆“善骑射击鞠”。

在内蒙古敖汉旗多座辽代契丹人墓室中，发现有描绘墓主人生前打马球的马球图。金灭辽后，金承辽俗，也喜爱打马球运动。《金史》载:“已而击球，各乘所常习马，持鞠杖。杖长数尺，其端如偃月。分其众为两队，共争击一球。先于球场南立双桓，置板，下开一孔为门，而加网为囊，能夺得鞠击入网囊者为胜。”此文详细介绍了金代

彩绘击鞠俑 -1　高 32 — 36 厘米　中国国家博物馆藏　唐

彩绘击鞠俑 -2　高 32 — 36 厘米　中国国家博物馆藏　唐

马球器具、比赛规则及场地要求。

金元统治者重视骑射，打球就是他们热衷的一项活动。元代打马球更为盛行，成为元朝举国上下开展的一项竞技活动。同时，元宫廷戏曲将打马球活动描绘得活灵活现，使人产生身临其境之感。无名氏杂剧《阀阅舞射柳蕤丸记》第四折中也有关于打球游戏的描写：“［梅花酒］呀，你可便看我结束头巾砌珍珠，绣袄子绒铺，闹妆带兔鹘。扑冬冬鼍鼓凯，骨剌剌锦旗舒，您可也众称许。款款的骤龙驹，轻轻的探身躯，杓棒起月轮孤，彩球落晓星疏。”通过这些曲词描绘，我们感受到元代女子打马球的精彩和激烈。

明代马球虽不及元代盛行，但明成祖却酷爱马球，把元代马球制度都尽数保留了下来，每当举行大典时，都要举行马球活动。明代民间马球也颇为流行，明人吴宽《戊申燕九日》中描写庙会时京师庶民玩马球情景：“京师胜日称燕九，少年尽向城西走。白云观前作大会，射箭击球人为吼。”明人王世贞在《正德宫词二十首》中描绘了女子打马球的场景：“蜀马分骝对打球，纤腰帖地涴青油。金牌银碗从渠爱，谁敢争先第一筹。”明人高启《击球》：“跃骑晓场平，流珠逐杖轻。众禽疑弹落，花外一齐鸣。”由此可见，马球赛场上依然显现着女性的身影。明末，有关马球的记载日渐稀少，说明马球运动在明代中后期已淡出了宫廷及民间的体育竞技活动。

清初，由于清王室严禁民间习武及养马，马球遂难觅其踪。直到康熙年间，随着清王朝统治趋于稳固，严禁民间养马的禁令有所松弛，北京的民间祭社骑射活动中，偶尔又出现马球表演。康熙三十二年（1693 年），清戏曲作家孔尚任一行在北京西郊白云观庙会上，偶然观看了一场女子马球表演，并将此事记录在《燕九竹枝词》里：“谁家儿郎绝纤妙，马上探丸花里笑。翠袖妖娆得得来，星眸偷掷输年少。”“金丸绿帻富平侯，击球走马幽燕客。”另外，从《北京风俗杂咏》和《清代北京竹枝词》中，我们仍

打马球仕女俑　河南洛阳王雄延妻魏夫人墓出土　高 36 一 39 厘米　洛阳市考古研究院藏　唐

明皇击球图（局部） 李公麟 纵 32.1 厘米 横 230.5 厘米 纸本水墨 辽宁省博物馆藏 宋

马球图　仇英　台北故宫博物院藏　明

能看到有关清代初期一些马球运动的记载。到了清中期之后，马球运动在古籍中就完全绝迹了。

我国古代马球运动在平安时代传入日本后，成为日本贵族和平民都非常喜爱的游戏项目。日本最早的一部诗集《万叶集》载：神龟四年（727年）正月，数王子及诸臣子等集于春日野，而作打球之乐。据《类据国史》载：弘仁十三年（822年），正月戊申，御丰乐殿，宴五位以上及蕃客，奏踏歌，渤海国使王文矩等打球。嵯峨天皇还满怀激动地写下了《早春观打球》诗以记其盛："芳春烟景早朝晴，使客乘时出前庭。回仗飞空疑初月，奔球转地似流星。左承右碍当门竞，群踏分行乱雷声。大呼伐鼓催筹急，观者犹嫌都易成。"这首诗成了一份一千多年前国际赛事的记录。

（三）驴鞠

驴鞠是一项骑驴打球的体育竞技活动，是随着马球运动的风行而派生出来的。由于驴体型较小，动作缓慢，不易磕碰致伤，且驴鞠击球的动作难度和激烈程度比骑马击球要弱，参与者轻盈灵活的球技却比马上击球更能充分展现，更加适合女子的身体和心理特点，因此，古代女子通常较多参与骑驴击鞠活动，驴鞠也因此深受女性的喜爱。

《旧唐书》卷十七记载了唐代女子驴鞠的场景："上御三殿，观两军、教坊、内园分朋、驴鞠、角抵。"唐代《全史宫词》记载："马球驴鞠两棚支，翟画轻衫漾晚飔。三殿灯光明似昼，归来已是夜深时。"王稚登《赠翟丈四首》中记载："齐姬善击鞠，燕姬善樗蒲。"由此说明，女子巾帼不让须眉，能打球的不在少数。相传，唐代剑南节度使郭英乂又专门组建了女子驴鞠队，亲自教女伎乘驴击球。

宋人还称驴鞠为小打，以区别于马球的大打。驴鞠在宋代也有发展，宋代还出现了一种特别的裤子，便于乘驴打球。北宋时期，欧阳修、宋祁等合撰的《新唐书》载："又教女伎乘驴击球，钿鞍宝勒及它服用，日无虑数万费，以资倡乐。"宋代宫中也经常举行女伎驴鞠表演，宋人李攸《宋朝事实》记载："跨驴击球，供奉分朋戏，在御前以为乐。"

宋代以后，驴鞠在典籍中再无记载，看不到女子打驴鞠的踪影了。

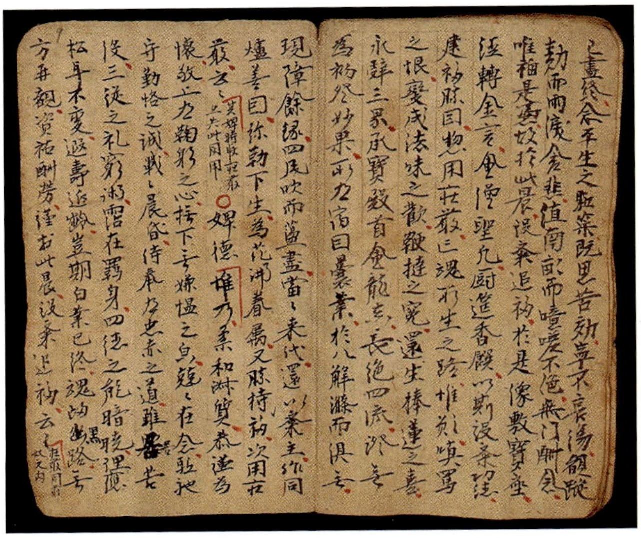

祭驴文　敦煌文献 S.5637　唐

（四）步打球

步打球，又称步打或步击，是一项徒步持杖击球的体育活动。步打球由马球演变而来，其打法和规则都类似马球，只是球场小些。竞赛规则是：分两队比赛，参赛者手持球杖，在赛场上奔跑、追逐和拼抢，以将球击入门为胜。步打球类似现代的曲棍球。

步打球在唐初开始流行于宫廷和民间。据《新唐书》记载，按唐代习俗，每年寒食节，由少府监在宫中组织献球的娱乐活动，包括各种球戏，如蹴鞠、击鞠、驴鞠、步鞠等。

唐贞观年间，大臣魏徵奉命制作《打球乐》舞曲，据《唐音癸签》卷十四《杂舞曲》载："舞衣四色，窄绣罗襦，银带簇花，折上巾，顺风脚，执球杖。"即宫女们打球时，有乐曲伴奏，还有专门的《打球乐》舞。作为"打球乐"伴奏的舞曲，到唐玄宗李隆基时，"其调犹存"。王建《宫词一百首》对宫女步打球时的玩耍情景也有描述："殿前铺设两边楼，寒食宫人步打球。一半走来争跪拜，上棚先谢得头筹。"这里写的是在寒食节，皇帝后妃驾临殿前，观看宫女表演步打球赛。

长沙窑胡童步打球俑　湖南博物院藏　唐

唐代的民间女子也像宫女一样迷恋步打球，唐代才女鱼玄机也很喜欢步打球，有《打球作》云："坚圆净滑一星流，月杖争敲未拟休。无滞碍时从拨弄，有遮栏处任钩留。不辞宛转长随手，却恐相将不到头。毕竟入门应始了，愿君争取最前筹。"这首《打球作》生动地描绘了步打球比赛时，球杖击圆球，球在空中划过似流星，以及拨球和击球入门等精彩场景，是唐代女诗人中罕见的咏步打球之作。敦煌变文中有两句残诗："打球汗透罗裳，令舞酒沾半臂。"生动地描绘了女子打球之后，又痛快淋漓地饮酒时的豪放。

步打球到了宋代有了更大的发展，还制定了相应的竞赛规则，逐渐成为一项成熟的竞技活动。

明代学者胡震亨《唐音癸签》记载了关于步打球行乐的舞蹈表演。明代朱有燉《元宫词》记："苑内萧墙景最幽，一方池阁正新秋。内臣净扫场中地，宫里时来步打球。"

步打球砖雕　河南博物院藏　宋

步打球石刻画　山东岱庙出土　山东博物馆藏　宋

（五）捶丸

捶，即击打，丸，即球。捶丸是一种以棒击球入穴的运动，类似于现代的高尔夫球。捶丸所用的棒，有撺棒、朴棒、杓棒、单手、鹰嘴等多种类型。一套棒，根据数量不同分为全副、中副和小副，依次为10根、8根、8根以下，供捶丸活动者在不同条件下选用。捶丸的场地设置在户外，地形有平者、有凸者、有峻者、有妨者、有里者、有外者。球场上还设穴、窝、发球台、标志旗、障碍物等。发球台与球窝的距离，近者3~4步，远者50~60步，最远不超过100步。从器材设备与运动形式可以看出古代的捶丸运动，已经有今天高尔夫球的雏形。

据考证，捶丸运动始于五代，兴盛于宋元明，消亡于清代。捶丸是宋人对步打球进行改进，变贴身冲撞为间接对抗而产生的项目。参赛者二人、多人、两队均可。赛前，各方掘地为“球穴”，并在距“球穴”60至100步处选定“球基”。开赛，球员由“球穴”向“球基”击球，入穴即得分。

捶丸真正兴盛是在宋代。宋代女子十分喜爱捶丸运动。宋人魏泰《东轩笔录》记载，有一个名叫钟离君的县令，其女将要出嫁，买了一个婢女作陪嫁。一天，婢女手执箕帚来到堂前，说：“我小时候，父亲挖此地穴为球窝，教我击球游戏。”钟离君听罢，仔细询问，方知此婢女乃前任县令的女儿。从这一记载看出宋代女子平日玩击球活动颇为流行。宋无名氏《鹧鸪天》：“春晓千门放钥匙，万官班从出祥曦。九重彩浪浮龙盖，一点红云护赭衣。车马过，打球归，芳尘洒定不教飞，钧天品动回銮曲，十里珠帘待日西。”贺铸《浣溪沙》：“叠鼓新歌百样娇，铜丸玉腕促云谣。”这些词中描写了女子抛球，并用杖击球的活动情景，是对宋代女子捶丸运动的真实写照。

金人元好问的《续夷坚志》、元人无名氏的《丸经》、明人杨士奇等编的《文渊阁书目》中的《捶丸集》等，宋

捶丸画像砖　陕西甘泉县博物馆藏　宋

词、元曲、明清的许多文学作品中都有关于捶丸活动的描写。此外，在宋代至明代的石窟壁画、砖雕、绘画等文物中，也有对捶丸活动形象生动的演绎，这些都说明捶丸是中国古代各阶层男女休闲娱乐的主要方式之一。

元代捶丸运动同样广泛流行。捶丸是元代女子喜爱的休闲娱乐活动方式，是当时颇具影响力的体育娱乐活动。元代无名氏的《丸经》是专门论述捶丸的著作，记载了捶丸运动的相关内容，包括球场设置、器材准备、比赛方法、竞赛人数、比赛规则等，甚至对裁判规则和挥杆要领都作了详细的记载。《丸经》序言云："收其放心，养其血脉，而怡怿乎神情者矣。不以勇胜，不以力争，斯可以正己而求诸身者也。"这段话的意思是，捶丸之戏可以调整心绪、蓄养血脉、调养精气。

在元曲中也有许多关于捶丸游戏的描述。王和卿《一枝花·为打球子作》描绘了春天捶丸游戏情景："春日郊园，出凤城闲游玩。选高原胜地面，就华屋芳妍，将步蹴家风习演。"张可久《金字经·观九副使小打二首》分别描写了捶丸游戏中的撺棒打法和捶丸远击飞行："静院春三月，锦衣来众官。试我花张董四撺。搬，柳边田地宽。湖山畔，翠窝藏玉丸。""步款莎烟细，袖悭猿臂扇，一点神光落九天。穿，万丝杨柳烟。人争羡，福星临庆元。"

明代也盛行捶丸运动。明人李开先《闲居集·打球》载："安基齐燕尾，如射中鸿心。柄过窝难挂，球轻体却沉。得来手朴棒，妙处线穿针。胜负俱休论，忘情岁已深。"这首诗通过对参赛女子"击球入洞，相互叫好"的情景，生动描述了明代女子捶丸比赛的过程。上海博物馆藏有一幅明代杜堇的《仕女图》，卷画中绘有五位仕女正在进行捶丸比赛的画面。其中三位仕女各持球杖全神贯注地击球，另外两名仕女正肩扛捶丸杆在一旁观战，生动形象地再现了明代女子玩捶丸的场景，表明了明代女子捶丸运动之风仍然盛行不衰。

清代时，捶丸运动渐渐式微。

仕女捶丸图卷（局部）　杜堇　上海博物馆藏　明

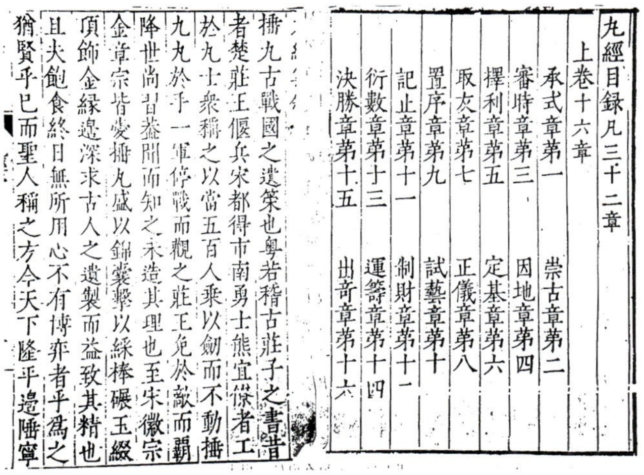

丸經目録凡三十二章
上卷十六章
承式章第一　崇古章第二
審時章第三　因地章第四
擇利章第五　定基章第六
取友章第七　正儀章第八
置序章第九　試藝章第十
記止章第十一　制財章第十二
衍數章第十三　運籌章第十四
決勝章第十五　出奇章第十六

捶丸古戰國之遺策也粤若稽古莊子之書昔者楚莊王偃兵宋都得市南勇士熊宜僚者工於丸士衆稱之以當五百人乘以劍而不動捶丸丸於手一軍停戰而覩之莊王免於敵而覇降世尚習蓋閒而知之未造其理也至宋徽宗金章宗皆愛捶丸盛以錦囊擊以綵棒碾玉綴頂飾金緣邊深求古人之遺製而益致其精也且夫飽食終日無所用心不有博弈者乎為之猶賢乎已而聖人稱之方今天下隆平邉陲寧

《丸经》书影刻本　明

女子捶丸　佚名　民间藏　清

蕉阴击球图　佚名　绢本设色　故宫博物院藏　宋

尧民击壤图　冯箕　纸本设色

嘉禾拍卖有限公司藏　清

二、击壤、射术、摔跤、拔河

（一）击壤（抛墉）

击壤是一项极为古老的民间游戏。顾名思义，就是以“壤”相击。远古时期先民们主要以投掷石块来狙击飞禽，为了提高投掷的准确度，自然需要同样类型的演练。古老的击壤游戏，很可能就是从这项远古技艺中蜕变而来的。《帝王世纪》载：“尧时有壤父五十人，击壤于康衢，或有观者曰：大哉！尧之为君也。壤父作色曰：‘吾日出而作，日入而息，凿井而饮，耕田而食，帝力于我何有哉！’”又东汉学者刘熙的《释名》称，击壤是“野老之戏”。

据汉应劭《风俗通》和三国魏邯郸淳《艺经》、西晋《逸士传》、宋李昉等人《太平御览》引《风土记》等古籍所作的介绍，壤通常由木头制作，前阔后狭，长约一尺四寸，宽约三寸，形状有些像屐。参加游戏的人分为两组，在三四十步以外侧置一壤，轮流以手中的壤掷击，中者得分。

三国时吴盛彦的《击壤赋》载：“论众戏之为乐，独击壤之可娱。”这说明击壤的娱乐性很强。

击壤千年来在民间广泛流传，并演变出许多投掷游戏。抛墉，也叫飞墉，是击壤衍生出的一种投掷游戏，“墉”就是砖石瓦块，有的地方称为“打瓦”“擦瓦”。明人杨慎《俗言·抛墉》说：“宋世寒食有抛墉之戏，儿童飞瓦石之戏，若今之打瓦也。”“抛墉”的名称，可从宋代文人的诗作中找到，张侃《代吴儿作小至后九九诗八解》云：“五五三三抛墉忙，柳丝深处映陂塘。狸奴犬子寻阴地，八九春中日正长。”看来它同击壤没有多大区别，不过以砖瓦替代了壤木而已。

击壤和抛墉都是当时女子、儿童、老人喜爱的游艺活动。击壤、抛墉流行于中原地区，在北方的少数民族中，也有类似的游戏，如“打髀殖（石）”“赛布鲁”等。

踢石球是由蹴鞠与击壤结合变异而来，古时人们踢石球有两人和多人两种玩法。据翟灏《通俗编》记载：“今小儿抟土为丸，置其一以为标，足蹴他丸击之，或用瓦球，或用胡桃，率以中者为胜。应属击壤遗习。”又，清人富察敦崇在其《燕京岁时纪》载：“十月以后，寒贱之子，琢石为球，以足蹴之，前后交击为胜。盖京师多寒，足指酸冻，儿童踢弄之，足以活血御寒，亦蹴鞠之类也。”据《帝京景物略》记载：“是月（十二月），小儿及贱

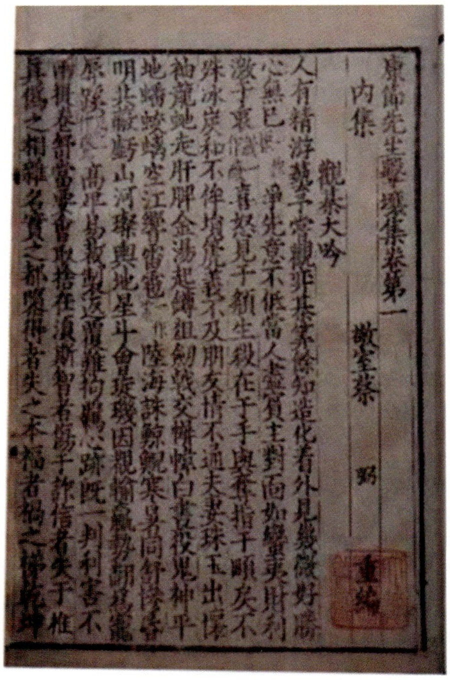
康節先生擊壤集卷第一
內集
觀棋大吟

击壤书印　郑诚　大连图书馆藏　清

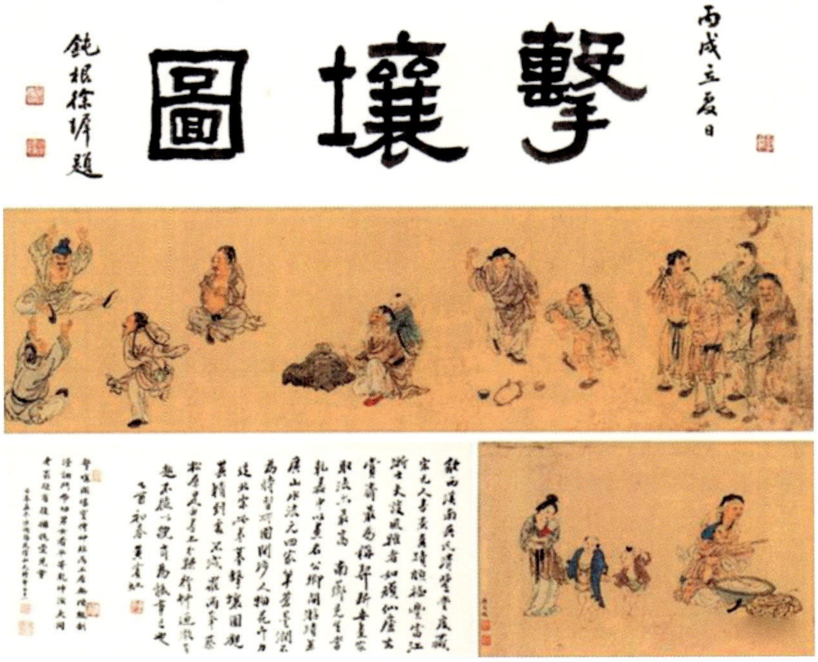

击壤图　吴文征　绢本设色　清

闲人，以二石球置前，先一人踢一令远。一人随踢其一，再踢而及之，而中之，为胜。一踢即着焉，即过焉，与再踢不及者，同为负也。再踢而过焉，则让先一人随踢之。”

（二）射术

射箭是一种古老的竞技运动。早在西周时期就已经把“射”列入六艺教育。“序者，射也”，学校即习射之地。“年十五学射御”，男子射箭是最起码的本领，“唯有射者，男子之事”。到了春秋末期，孔子将“射”和“御”作为教育的重要技能。

两千多年前，我国已有规则完善的射箭比赛。射术除了用于竞技比赛之外，还与礼制相结合，形成一套复杂的射礼。射礼也是先秦礼乐文化的一个组成部分。先秦时期有四种射礼：一是大射礼，即天子在重大祭祀之前，为了挑选助祭者而举行的射礼；二是乡射礼，即每年春秋各州为教民礼让、敦化成俗而举行的射礼；三是燕射，即国君与大臣在宴饮之后举行的射礼，旨在明君臣之义；四是宾射，即天子与诸侯的射礼。古代射箭比赛要求人们注重体魄和心性的统一与和谐，体魄与人格并重。

秦汉时期，习射与教射成为人们生活的重要组成部分。射术也一直受到人们的重视，殷商时期就专门设有教习射术的机构，出现了不少总结射术经验的典籍。“秋射”是自汉武帝太初年间之后形成的制度，每年秋季举行

对射　青海海西蒙古族自治州天峻庐山岩画

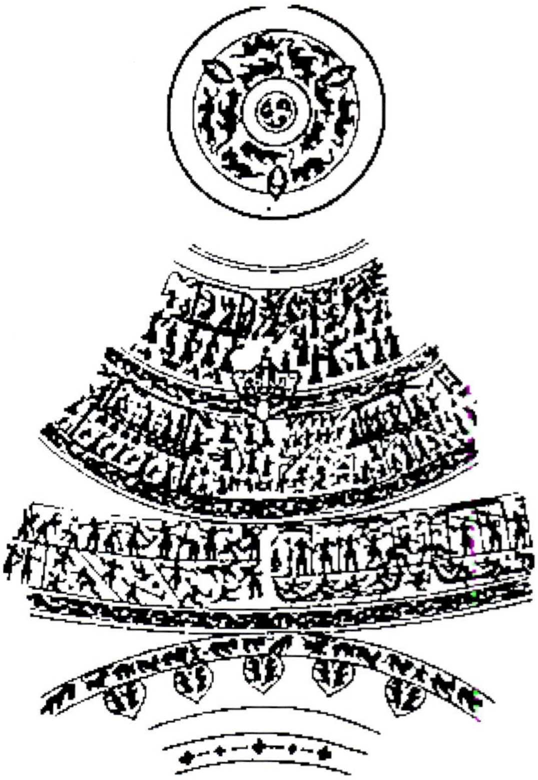

嵌错宴乐攻战青铜壶　成都百花潭中学 10 号墓出土　高 40 厘米　口径 13.4 厘米　腹径 26.5 厘米　足高 2 厘米　成都博物馆藏　战国

一次射箭比赛，故名“秋射”。汉代的射术理论著作较多，射书主要有 8 种，51 篇。据史料看，射术主要涉及弓射、弩射、连弩射和弋射等 4 种射法。

魏晋时期，在当时战乱不断的形势下，射术又得到了进一步的发展。尤其是当时的北方少数民族，大都精于骑射之术。魏晋南北朝文献中关于少数民族善射的记载很多，如“应弦而倒”“应弦饮羽”之类，比比皆是。据《魏书》载:始光三年(426 年)秋七月，魏太武帝拓跋焘“筑马射台于长川，帝亲登台观走马;王公诸国君长驰射，中者赐金锦缯絮各有差”。

秋射简　居延出土　汉

《南齐书·魏虏传》记载:“太后出，则妇女著铠骑马近辇左右。”《邺中记》记载:“公主妃膑，名家妇女无不毕出。临水施帐幔，车服粲烂，走马步射，饮宴终日。”《北齐书》记载了北齐文宣帝高洋于天保八年(557 年)四月举行盛大射箭比赛，“在城东马射，敕京师妇女悉赴观，不赴者罪以军法，七日乃止”。射箭比赛连续七天，妇女都被要求前去观赛。

北方习射之风胜过南方，女子也习射。北朝的女子善骑射，据《魏书》卷七十三《杨大眼传》载:“大眼妻潘氏，善骑射，自诣军省大眼。至于攻陈游猎之际，大眼令妻潘戎装，或齐镳战场，或并驱林壑。及至还营，同坐幕下，对诸僚佐，言笑自得，时指之谓人曰：‘此潘将军也。’”北朝乐府中有《李波小妹歌》：“李波小妹字雍容，褰裙逐马如卷蓬，左射右射必叠双。妇女尚如此，男子安可逢。”可见这位奇女子也能纵马驰骋，左右开弓，射术不输军中男子，反映了女子驰射的精湛技艺。

民间女子喜爱射箭，贵族女子也不例外。《魏书·崔光传》记载，北魏孝明帝时，灵太后胡氏喜欢射箭，“每于后园亲执弓矢”。她在临朝听政之余还曾组织射箭比赛，《北史》载：“太后性聪悟，多才艺。”一天，胡太后“幸西林园法流堂，命侍臣射，不能者罚之。又自射针孔，中之。”《魏书·皇后列传》载，胡太后“幸阙口温水，登鸡头山，自射象牙簪，一发中之，敕示文武”。灵太后能射中针孔和簪子，由此可见，其射术实在非同一般。

在隋唐五代时期，由于朝廷重视军事训练，民间习武学射之风甚盛。后来，射箭遂脱离军事目的，而以健身、娱乐为主。唐代，在武举考试中，步射与骑射是武考的主要项目。

唐代的统治者大多喜好并精通射术。由于唐太宗以骑射得天下，其后的历代君王皆受其影响，以至于宫廷及民间痴迷于射术者众多。不但男子骑射已成民风习俗，女子骑射也成为社会时尚，其中，女皇武则天也精通射术。唐贞观时期，武则天被唐太宗召入宫中封为才人。她既能骑马，又善射箭。每当帝后外出时，众才人便戎装佩弓箭，分列左右于车驾之前，好不威风，箭法好的，还借此良机，一显身手。杜甫曾在《哀江头》诗中描述：“辇前才人带弓箭，白马嚼啮黄金勒。翻身向天仰射云，一箭正坠双飞翼。”卢纶《天长久词》载：“楼船泛罢归犹早，行遣才人斗射飞。”后世《永乐大典》曾引《唐语林》中记载：唐武宗时有王才人，“帝每从（纵）禽作乐，才人必从。常令才人与帝同装束。苑中射猎，帝与才人南北

仕女狩猎纹八瓣银杯　高 5.4 厘米　口径 9.2 厘米　西安何家村唐代金银器窖藏坑出土　陕西历史博物馆藏　唐

走马”。

唐开元年间，唐玄宗还经常组织宫人参与骑射活动。中唐诗人王建《宫词一百首》载：“射生宫女宿红妆，把得新弓各自张。临上马时齐赐酒，男儿跪拜谢君王。”这首诗描述了红颜宫女，随驾出猎，领到新弓后，各自张弓试力。她们的披挂装束均为男装，因而在拜谢君王马前赐酒时，各行男儿礼仪。唐代诗人白居易《杂兴三首》：“美人挟银镝，一发叠双飞。飞鸿惊断行，敛翅避蛾眉。”李白《横吹曲辞·幽州胡马客歌》：“妇女马上笑，颜如赪玉盘。翻入射鸟兽，花月醉雕鞍。”诗中描绘了唐代女子驰骋马上射箭时的自信洒脱。唐代诗人张籍《宫词》载：“新鹰初放兔犹肥，白日君王在内稀。薄暮千门临欲锁，红妆飞骑向前归。”这首诗生动地描写了一队宫女随大唐君王射猎，日暮方归，红妆飞骑，一路领头奔驰而返的情景。

唐代女子亦竞相学射，当时还出现许多与射箭相关的游戏比赛，说明射箭在唐代已经成为一项群众性的体育活动。射粉团和射鸭便是唐代女子的两种射箭游戏。射粉团游戏，是端午节日以射箭来赢取糯米团子的游艺。唐末王仁裕《开元天宝遗事》记载，唐代宫中每当端午时节，制作糯米粉团，放在盘中，置于桌上，众女子用弓箭射之，射中者得食，此游戏在唐代极为盛行。清代画师徐扬曾绘作一幅题为《射粉团》的画作，画面中四名女子正对架子上的粉团射箭。

箭靶图　新疆维吾尔自治区博物馆藏　唐

唐代女子射鸭游戏，是将木头做的假鸭子放置于水中，众女子以箭射之。王建曾作《御猎》一诗：“青山直绕凤城头，浐水斜分入御沟。新教内人唯射鸭，长随天子苑东游。”“鱼藻池边射鸭，芙蓉苑里看花。”这些唐诗都是描述宫女们射鸭的情景。

宋代，射箭依然作为体育竞技娱乐活动受到各阶层女子的喜爱。据宋代叶梦得的《水调歌头·九月望日与客习射西园余偶病不能射》载：“叠鼓闹清晓，飞骑引雕弓。岁将晚，客争笑，问衰翁。平生豪气安在，走马为谁雄。何似当筵虎士，挥手弦声响处，双雁落遥空。”欧阳修《渔家傲》：“十二月严凝天地闭。莫嫌台榭无花卉。惟有酒能欺雪意。增豪气。直教耳热笙歌沸。陇上雕鞍惟数骑。猎围半合新霜里。霜重鼓声寒不起。千人指。马前一雁寒空坠。”据李逸候《宋代十八朝艳史演义》载：“到了园中，只见乘云亭边一队戎装女子骑在马上，二十个白帽紫衣绿靴的，一个红帽……花蕊夫人便跃下马来，启问道：‘如今可要射箭了吗？’”南宋《武林旧事·卷六》中有提到诸色伎艺人，包括射弩儿，其中一位叫林四九娘的女性射弩手榜上有名。

到了辽金时期，契丹社会妇女享有比汉族妇女更为广泛的行动自由。同时，长期以牧、猎为主的经济生活方式也使得契丹妇女有较多野外活动的机会，她们还和男人一样，常常驰骋在战阵猎扬上。契丹族以骑、射等为体育和娱乐的主要形式。辽道宗耶律洪基的皇后萧观音在随同伏虎射猎后写了一首诗《伏虎林应制诗》：“威风万里压南邦，东去能翻鸭绿江。灵怪大千俱破胆，那教猛虎不投降。”从诗中既可以看到当年辽国的赫赫声威，也可以看到契丹妇女的勇武精神。

威弧获鹿图 佚名 纸本设色 故宫博物院藏 清

射柳是辽、金时宫廷中经常举行的活动，往往和击球同时举行。如金朝时，“凡重五日拜天礼毕，插柳球场为两行，当射者以尊卑序，各以帕识其枝，去地约数寸，削其皮而白之。先以一人驰马前导，后驰马以无羽横镞箭射之。既断柳，又以手接而驰去者，为上；断而不能接去者，次之；或断其青处，及中而不能断，与不能中者，为负。每射，必伐鼓以助其气”。元朝时宫廷中亦举行射柳活动，内容和形式与金朝时大致相同，射柳多在端午日举行。

除了射柳外，还有射圃活动。射圃，又称为“开垛场”，俗称“射天狗”“射草狗”“射天狼”“射草人”等，是游牧民族传统的祛灾避邪活动。按照《元史》的记载：“每岁，十二月下旬，择日，于西镇国寺内墙下……武备寺供弓箭环刀，束秆草为人形一，为狗一，剪杂色彩缎为之肠胃，选达官世家之贵重者交射之。非别速、札剌尔、乃蛮、忙古台、列班、塔达、珊竹、雪泥等氏族，不得与列。射至糜烂，以羊酒祭之。祭毕，帝后及太子嫔妃并射者，各解所服衣，俾蒙古巫觋祝赞之。祝赞毕，遂以与之，名曰脱灾。国俗谓之射草狗。”

女子狩猎纹瓷盘

直径 20 厘米 底径 12.3 厘米 高 3.3 厘米 日本东京国立博物馆藏 清

明朝时期，射箭习俗更是广泛流行，是明清时期的一项主要娱乐活动。射箭作为娱乐方式，有射鼓、射天球、射鹄子、射花篮、射雕、射香火等。士大夫家还设有射圃，以射为娱乐，同好者“约期为会”。如《万历野获编》记载，端午节时，“天坛游人极盛，连钱障泥，联镳飞鞚，豪门大估之外，则中宫辈竞以骑射为娱。”再如，徐珂《清稗类钞·技勇类》记载：“士大夫家居，亦以习射为娱，家有射圃、良朋三五，约期为会。”而且骑射娱乐的方式也是各种各样，如射鹄子、射花、射绸、射香火等。这些都反映了射箭作为传统民族体育活动，在明清时期得到了持续发展。

木兰图　佚名　民间藏　清

狩猎　费丹旭　绢本设色　湖州市博物馆藏　清

射粉团　绢本设色　故宫博物院藏　清

（三）摔跤

角抵，也作角觝、角牴，又称角力，属于徒手搏斗的范畴，是我国古代一种竞技类游艺活动，相扑和摔跤运动皆源于此。角抵相传源于上古时期的蚩尤戏，据南朝梁任昉《述异记》载：秦汉间说，蚩尤氏耳鬓如剑戟，头有角，与轩辕斗，以角抵人，人不能向。今冀州有乐，名蚩尤戏，其民两两三三，头戴牛角而相抵，汉造角抵戏，盖其遗制也。

春秋战国时期，角抵活动的开展已经较为普遍，并且涌现出了一批角力高手。摔跤既比赛体力，也讲究技巧，“以巧斗力者，始于阳，常卒于阴”。说明角抵时须出奇制胜，注意技巧。秦以前，摔跤多称作“角力”“相搏”“手搏”，主要用于军事训练。

湖北江陵凤凰山秦墓出土的一件木篦，上绘有三人赤裸上身，下着短裤，腰束带，足穿翘头鞋，右侧两人相扑相抵，中间之人身体前倾，用力前推双手，而最右侧之人则以右手攻击对方头部，两人全神贯注投入比赛，最左边之人向前下方伸出双手，似做裁判之势。三人上面有帷幕飘带，由此推断，角抵比赛可能在帷幕内进行。由选手、裁判、场地几种因素看，秦代时角抵比赛已初具规模。

秦汉时期，角抵之名正式出现，并且逐渐发展成为一项娱乐表演活动。据《史记·李斯列传》云，秦汉角抵是由战国时代武备训练的“讲武之礼”演变而来。应劭曰：“战国之时，稍增讲武之礼，以为戏乐，用相夸示，而秦更名曰角抵。角者，角材也；抵者，相抵触也。”可见原为“讲武之礼”的竞技，战国以后称为“戏乐”，秦汉正式更名为“角抵”。

《文献通考》认为：“角者，角其伎也。两两相当，角及伎艺射御也，盖杂伎之总称云……壮士裸袒相搏，而角胜负，每群戏既毕，左右军雷大鼓而引之，岂亦古者习武而变欤？”可见广义的角抵，乃指汉代百戏。狭义的角抵，就是摔跤或角力。《史记·李斯列传》载：“是时（秦）二世在甘泉，方作觳抵优俳之观。”《汉书·武帝纪》载，汉武帝元封三年（前108年）春和元封六年（前105年）夏分别在长安进行了两次大规模角抵表演。

由此可见，角抵游戏深为秦汉人所喜爱，成为上层社会的娱乐项目，也是普通百姓的娱乐活动。如《汉武故事》载：“未央庭中设角抵戏，享外国，三百里内皆观。”“角抵者，使角力相抵触也。其云、雨、雷、电，无异于真；画地为川，聚石成山，倏忽变化，无所不为。”汉武帝以角抵戏接待来中原的西域人，东汉顺帝时，外国国王或使节来朝，朝廷也安排了角抵表演，目的是透过角抵的凶猛强悍，向外国炫耀国力。可见角抵戏经春秋战国到秦代的孕育，至汉代已蓬勃发展，是国家大规模的杂技百戏表演节目之一。汉代画像石中屡有角抵戏图像，并出现了不同类型。角抵者多为孔武有力的壮汉，上身裸露，只穿长裤或短裤。

彩绘角抵图木篦

纵7厘米　横6厘米　湖北省江陵县博物馆藏　秦

铜鼻钮角觝图案印　纵 2 厘米　横 2.4 厘米　故宫博物院藏　西汉

相扑由角抵演化而来，最初主要是男子参与，但随着军事性质逐渐淡化，以及力量型游戏向技巧型游戏的逐渐转化，这种游戏活动也逐渐在妇女中流行起来。三国时，开始出现了女子相扑活动，东吴末代君王孙皓尤其喜欢观看相扑。据《太平御览·服用部》引《江表传》载："孙皓使尚方以金作步摇，假髻以千数，令宫人着以相扑，朝成夕败，辄命更作。"讲述了孙皓观看宫女们戴着金步摇进行相扑表演，一场相扑下来，要损坏数千副步摇，孙皓便让工匠们不断制作新的更换。这也是历史上首次见诸文献的女子相扑活动。

魏晋南北朝时期，由于北方少数民族大量南迁，游牧民族的强悍、争强斗勇的风气，使角抵与百戏杂技逐渐分离，角抵运动开始出现了相扑、摔跤、批拉、角力等不同叫法，统称为相扑。王隐《晋书》记载："襄城太守责功曹刘子笃曰：'卿郡人不如颍川人相扑。'笃曰：'相扑下技，不足以别两国优劣。'"此外，北齐统治者也喜爱摔跤角力。北齐后主高纬还经常在宫中举行相扑表演，这表明魏晋南北朝时期，由角抵演化而来的相扑、摔跤、角力运动，已在宫廷和民间广泛开展。

隋唐时也盛行相扑之风。唐时民间广泛喜爱相扑。摔跤活动达到高峰，出现了"相扑朋""内等子""社条""部署"等专门的组织、规则和裁判员。唐朝出现摔跤表演专业训练组织和专职表演人员。

《角力记》记载，在五陵、鄱阳、荆楚等地，五月天暖后人们盛集，水则竞渡，"街房则相攒为乐"。相攒为当地方言，即摔跤。蜀地之人则喜欢集会相扑，他们在草地上摔跤，常常直到夕阳西下，对胜利者加以奖赏。隋唐时期，相扑成为观赏的娱乐项目。吴自牧《梦粱录·角抵》称"角抵者，相扑之异名也，又谓之争交"，说明相扑至宋代又称作"争交"，依然盛行于我国南北地区。

隋唐时期，女子也积极参加角抵活动，在各种角抵比赛之中常常出现女子的身影。女子表演角抵相扑，观者如云，其影响之大，以致唐玄宗专门颁布诏令，禁止女子广场相扑。据《唐大诏令集·禁断女乐敕》令："自有隋颓靡，庶政凋敝……广场角抵，长袖从风，聚而观之，寖以为俗……伤风害政，莫斯为甚。既违令式，尤宜禁断。"这道禁令文中所提到"长袖从风"的角抵，即女子相扑。

唐末咸通年间，号称"勇而多力"的京城护卫军角力高手张季弘，与一位"壮勇无敌"的山村新婚女子较量角力，吸引了"邻伍乡社，悉来观视"。比赛还未正式开始，新妇便"每言一事，引手于季弘石上，以中指画之，随手作痕，深可数寸。季弘流汗神骇，但言道理不错，阖扉假寐，伺晨而发"。可见，这位女子的角抵功底非同凡响。

宋太祖平定天下以后，即奉行"抑武修文"政策，提倡"娱乐消费"，到仁宗时期形成太平盛世。北宋游乐风气已十分鼎盛，相扑运动更加普及盛行。相扑在宫廷中备受欢迎，成为宫廷酒宴庆典的压轴好戏。

在宋代民间勾栏瓦舍中，都有女子相扑表演，是宋代盛行的竞技项目。勾栏又叫构肆、钩栏、游棚，简称棚，设置于瓦舍中，与瓦舍同义。其原意为栏杆，系固定的演出场所，内设戏台、戏房（后台）、腰棚（观众席），四周栏杆圈围。每座瓦舍中都有勾栏，少者一两座，多者十余座。如开封桑家瓦子、中瓦、里瓦共有勾栏 50 多座，临安北瓦有勾栏 13 座。勾栏规模有大有小，大的如开封"中瓦子莲花棚、牡丹棚，里瓦子夜叉棚、象棚，最大，可容数千人”。

当时，在民间相扑比赛中，出现一大批女相扑手，如赛关索、嚣三娘、黑四姐、韩春春、绣勒帛、锦勒帛、赛貌多、侥六娘、后辈侥、女急快，这些都是宋周密《武林旧事》和宋吴自牧《梦粱录》里记载过的女相扑技艺人。这些女相扑手可与男相扑手“俱瓦市诸郡争胜，以为雄伟耳”。女相扑在当时称为女飐，是指女子进行角抵表演，因其相比男子角抵而言，对抗性差些，故称“女飐”，意为如风吹物一样。

在民间瓦舍的相扑比赛中，大多数赛前先由女飐数对打套子，即由女相扑手进行开场比赛，吸引观众。女相扑手与男相扑手一样，比赛时身穿无领短袖，袒胸露腹。宋嘉祐年间，司马光专门为此上书宋仁宗的《论上元令妇人相扑状》言:“臣窃闻今月十八日圣驾御宣德门，召诸色艺人，令各进技艺，赐与银绢，内有妇人相扑者，亦被赏赉。臣愚，窃以宣德门者，国家之象魏，所以垂宪度、布号令也。今上有天子之尊，下有万民之众，后妃侍旁，命妇纵观，而使妇人裸戏于前，殆非所以隆礼法、示四方也。”

摔跤　苏汉臣　绢本设色　台北故宫博物院藏　宋

直到南宋后期，女子相扑依然如故。表演之外，还有相扑比赛，以南宋临安护国寺南高峰的露台争交水平最高，“须择诸道州郡膂力高强、天下无对者，方可夺其赏”。如获头赏，可得旗帐、银杯、彩缎等。

摔跤、赛马、射箭是北方游牧民族娱乐和习武的手段。这与古代北方游牧民族崇武善战、精骑善射和从事狩猎游牧是分不开的。辽地摔跤、赛马、射箭三项技艺在民间广为传播，成为那达慕大会的主要内容。元代的那达慕大会上，身强力壮的妇女也能参加各种比赛。蒙古族的女子也重骑马、射箭和摔跤。因此，元代在建国之后，继承宋代旧俗，专门设立职业摔跤手，角力摔跤活动更为活跃。许多元曲生动地记录了女子摔跤活动。马可·波罗在他的《马可·波罗游记》一书“海都女之勇力”一文中记述了元代的摔跤女将角力征婚的故事。元世祖忽必烈的侄子海都王的女儿明月公主，矫健勇敢，不但长得漂亮，而且摔跤技艺颇高。她选择以摔跤比赛的方式选择配偶，能够赢她的人才能做她的丈夫。公主身穿华丽的粉色摔跤服，摔倒了所有前来应战的英俊青年，她还勇敢地冲入“敌阵”，从马上抓回了对方的勇士。最终，她战胜了所有前来应征的男子，世无匹敌，可见元代女子摔跤竞技的盛行。

明清时期，角力相扑运动方兴未艾。明万历年间所著《万法宝全》一书中就有摔跤图。当时把摔跤列为六御之内，作为军队作战训练的重要手段。清代，南方相扑和北方角抵统称为摔跤，满语为“布库”。统治者大力提倡，一用来练兵，二用来娱乐，各种宫廷宴会上皆以布库为戏。清朝一直保持着尚武的风气，加之清历代皇帝大力提倡摔跤运动，因而“布库之戏”得以广泛传播。明清时期汉族女子相扑之戏较少见到，由于明清两代盛行女人裹脚

摔跤　苏汉臣　绢本设色　台北故宫博物院藏　宋

之风气，宫廷与民间皆以三寸金莲为美，女子角力摔跤运动在明清两代的史料中销声匿迹。

在古代，摔跤也是少数民族中开展较普遍的体育活动，各地民间定期举行比赛。如土家族原始的摔跤活动叫“摔抱腰”。当地人在逢年过节及农闲时，经常开展这项活动，参加者大都是男性，也有女性参加，但是比赛双方必须同性。比赛由两人相抱，然后依靠腰臂之力将对方提起旋转至倒地为止。先倒地者则输，双方可以用脚绊，但不能用手进攻。一般是三战两胜制。藏族妇女也喜欢摔跤，至今，在四川省的藏族妇女中，摔跤仍很普遍。

秋庭戏婴图　陈宗训　绢本设色　故宫博物院藏　宋

（四）拔河

拔河是一项历史非常悠久的娱乐活动，由先秦一直流传至今，深受广大民众的喜爱。相传拔河源于远古水战，用于军事训练，后来逐渐演化成民间娱乐活动。拔河还具有消灾祈福、庆丰年的特殊内涵。《隋书·地理志》云："二郡又有牵钩之戏……俗云以此厌胜，用致丰穰。"唐代也有类似说法，唐明皇李隆基《观拔河俗戏·序》云："俗传此戏，必致年丰，故命北军，以求岁稔。"

据《墨子·鲁问》载："昔者楚人与越人舟战于江，楚人顺流而进，迎流而退，见利而进，见不利则其退难。越人迎流而进，顺流而退，见利而进，见不利则其退速。越人因此若势，亟败楚人。公输子自鲁南游楚，焉始为舟战之器，作为钩强之备，退者钩之，进者强之，量其钩强之长，而制为之兵。楚之兵节，越之兵不节，楚人因此若势，亟败越人。”《封氏闻见记·拔河》载：“拔河，古谓之牵钩。襄汉风俗，常以正月望日为之。”

春秋战国时期，南方的楚国与吴、越两国经常发生战争，当双方的水军交战时，为了更好地展开搏杀，便发明了一种叫“钩强”的战具，即在水战中用一种竹皮制成的长索加钩，拖住敌人的船只，称作“牵钩”，可将对方的船只拖住或推开。据后世考证，这便是拔河之始。

在南北朝时，“牵钩之戏”，即拔河活动逐渐由军中发展到民间，由水中转移至陆上，渐渐成为民间广为流传的一种民俗活动。拔河活动还是一种原始的祭祀活动，借拔河向上苍祈求一个丰收之年。南朝梁宗懔《荆楚岁时记》载：“施钩之戏，以绠作蔑缆相罥，绵亘数里，鸣鼓牵之。”

隋唐时期，则称作“拔河”，成为一种民间角力的体育运动。据《封氏闻见记·拔河》记载：“古用蔑缆，今民则以大麻絙，长四五十丈，两头分系小索数百条，挂于胸前。分两朋，两向齐挽。当大絙之中立大旗为界，震鼓叫噪，使相牵引。以却者为胜，就者为输，名曰‘拔河’。”可见，拔河比赛参与人数之多。比赛开始后，双方擂鼓呼号“钩初发动，皆有鼓节，群噪歌谣，震惊远近”，以被动过界一方为输。这种活动也逐渐传入宫廷。

到了唐代，拔河迅速成为一种在社会上广为流行的娱乐活动，在宫廷和民间都极为流行。唐玄宗曾多次在皇宫举行拔河比赛，参加者达千余人。唐代上自宫廷，下至民间，均喜好拔河。景龙三年（709 年）二月，唐中宗幸玄武门，“与近臣观宫女拔河”。景云元年（710 年）二月，唐中宗御梨园球场，命文武三品以上分朋拔河，“韦巨源、唐休璟衰老，随絙踣地，久之不能兴；上及皇后、妃、主临观，大笑”。唐明皇亦喜观拔河，“数御楼设此戏，挽者至千余人，喧呼动地，蕃客庶士，观者莫不震骇。进士河东薛胜为《拔河赋》，其词甚美，时人竞传之”，此文真实描写了当时的盛况：“皇帝大夸胡人，以八方平泰。百戏繁会，令壮士千人，分为二队，名拔河于内，实耀武于外。”

女子拔河在唐代宫廷中极为流行。唐玄宗李隆基也曾在宫中组织宫女拔河。宫女们分成两队，一个个绷紧身子，紧紧攥住手中的粗麻绳，咬唇鼓腮，尖声呐喊，争得面红耳赤。唐当时的拔河比赛“挽者至千余人”，可见规模之大，以致“喧呼动地”，使蕃客庶士们“莫不震骇”。张说曾为唐宫的拔河比赛写下了《奉和圣制观拔河俗戏应制》一诗：“今岁好拖钩，横街敞御楼。长绳系日住，贯索挽河流。斗力频催鼓，争都更上筹。春来百种戏，天意在宜秋。”诗中对“施钩之戏”的拔河描述得十分动人。唐玄宗李隆基也写有《观拔河俗戏》诗曰：“壮徒恒贾勇，拔拒抵长河。欲练英雄志，须明胜负多，噪齐山岌嶪，气作水腾波。预期年岁稔，先此乐时和。”诗中描述了唐玄宗除了拔河娱乐外，还有祈求丰年的愿景。

拔河在唐代民间也很流行。民间爱好拔河，不仅在于它是一项群众性的体育活动，而且传说拔河能祈丰年。徐葆光《中山传信录》载：“六月，稻大祭，选吉，同日祭稻神。又有六月节，国中蒸糯米为饭，家家相饷。此日亦不作女红、不事田野，同上四祭日。此月有月之夜，士民皆拔河争胜。”晚唐之后，由于国势渐微，战乱频起，虽然拔河仍在民间流行，但多是十几人或几十人为一队，像盛唐时期那种动辄上千人的大型拔河比赛已很少见了。

直到晚清之后，拔河仍在民间流行。如甘肃洮州（今临潭县），每年元宵节举行的“洮州万人扯绳（拔河）比赛”，历史悠久，六百余年来一直盛行不衰。清光绪年间编撰的甘肃《洮州府志·风俗》载：“每岁正月元旦及岁时各节，皆无异俗。惟正月初五午后，有扯绳之戏。其俗在东西城门外河滩，以大麻绳作两二股，长数丈。另将小绳均挂大绳之末，分上下两股。两钩齐挽。少壮威，牵绳首，极力扯之。老弱旁观，鼓噪声可撼岳。以西城门为界，上下齐扯。凡家居上者，上扯。家居下者，则下扯。胜者踊跃欢呼，负者颇为失意。”

三、水嬉、竞渡、垂钓、马术

（一）水嬉

远古时期，人类大多濒水而居，很早就掌握了游泳本领。《诗经·邶风·谷风》中有我国最早关于游泳的描写：“就其深矣，方之舟之；就其浅矣，泳之游之。”游是浮游，泳是潜游，由此可知当时潜泳也已比较普遍。此外，《诗经·汉广》还有一段关于游泳的记载：“南有乔木，不可休思。汉有游女，不可求思。汉之广矣，不可泳思！江之永矣，不可方思！”可见，在西周初期游泳活动已较普遍，而从“汉有游女”的诗句来看，那时可能已有出没于汉水的女游泳手。

早在周朝时就已出现水嬉。史书称其起于周朝时“水滨祓禊”的习俗。祓即祛除，禊为清洁之意，祓禊就是在水边嬉戏洗濯，以祓除不祥与求福。《周礼·春官·女巫》载：“女巫掌岁时祓除衅浴。”郑玄注云：“岁时祓除，如今三月上巳如水上之类。衅浴谓以香薰草药沐浴。”说明当时由女巫执掌女子的浴事。每逢三月的第一个上巳日，女子艳妆出游水滨，并下水沐浴，用水洗来祛灾祈福，而且相信沐浴时用草药能除疫。

《史记》中记载，春秋之时，“二十九年，桓公与夫人蔡姬戏船中。蔡姬习水，荡公，公惧，止之，不止，出船，怒，归蔡姬，弗绝。”可见当时也有女性善于游泳。《吕氏春秋》还记载了一位“善游”的父亲“引婴儿而投之江中”，从小就注重训练孩子的游泳技能。《列子·说符篇》还说：吴国擅长潜泳的人能把投入水中的石头捞出来。

在汉代，上巳日仍是人们所重视的节日。《后汉书·礼仪志》载：“（三月）上巳，官民皆洁于东流水上，曰洗濯祓除，去宿垢疢，为大洁。”汉代在以“洗濯”为主的活动中，又增加了临水宴宾。三月上巳节已成为大规模的民众沐浴节日，届时男女倾城而出，来到江河之滨，清洗身体，这就是自古以来已成民风习俗的三月上巳日祓除衅浴之礼活动。

在魏晋时期，朝廷已确定每年三月三日为上巳节，但此时三月上巳节已逐渐演化为官廷及民间的临水宴请

游泳图　西汉

活动，也称之为曲水流觞。梁刘孝绰《三日侍华光殿曲水宴诗》诗曰：“羽觞环阶转，清澜傍席疏。”此外，东晋王羲之《兰亭集序》中就有“此地有崇山峻岭，茂林修竹，又有清流激湍，映带左右，引以为流觞曲水，列坐其次。”所以，到了东晋时期，三月上巳，男女沐浴，洗濯祓除的水嬉民俗活动已有所改变，并逐渐为临水宴集活动所替代。

到了唐代，水嬉活动深受君王喜爱，唐玄宗经常以各种水嬉表演来招待大臣。唐德宗也好水嬉，《册封元龟》载：“德宗尝泛舟鱼藻宫水嬉，命皇太子升舟。舟具皆饰以金碧丹青，妇人盛饰操舟，光彩耀烛，众乐俱发”。

鲍溶的《姑苏宫行》曰：“姑苏宫，九层金台半虚空。雕楹璇题斗皎洁，中有妖姬似明月。西见洞庭秋镜开，水华百里盘宫来。越王采女能水戏，仙舟如龙旌曳翠。羽盖晴翻橘柚香，玉笙夜送芙蓉醉。归帆平静君无劳，还从下下上高高。”

在唐代君王的倡导之下，水嬉活动在宫廷中可谓盛极一时，同时也引领了民间风气。一些豪门贵戚经常举办水嬉活动。他们的私家庄宅多有水榭山池，为举办水嬉活动提供了方便。《全唐诗》卷九十二有李乂《侍宴长宁公主东庄应制》：“紫禁乘宵动，青门访水嬉。”描写的是长宁公主东庄宴会上举办水嬉活动的情景。《全唐文》卷二百四十存有宋之问《太平公主山池赋》则说：“牵水叶兮张水嬉，摘山花兮咏山圻。”讲的是太平公主庄宅水嬉的情形。韩愈在《汴州东西水门记》中记载了汴州水嬉活动：唐德宗贞元十四年（798年），汴州（今河南开封）新修东西小门，“三日癸未，大合乐，设水嬉。会监军、军司马、宾位、僚属、将校、熊罴之士，肃四方之宾客以落之。士女和会，阗郭溢郛”。

唐代大诗人白居易也在许多诗作中都提到水嬉活动。如他在《代书诗一百韵寄微之》中回忆德宗贞元年间，他在长安与好友元稹春游曲江水嬉的情景：“幄幕侵堤布，盘筵占地施。征伶皆绝艺，选妓悉名姬。铅黛凝春态，金钿耀水嬉。”

正因为唐代盛行水嬉活动，当时也涌现出不少著名的水嬉艺人。如唐代赵璘《因话录》载：“洪州（今江西南昌）优胡曹赞者，长近八尺，知书而多慧。凡诸谐戏，曲尽其能。又善为水嬉。百尺樯上，不解衣，投身而下，正坐水面，若在茵席。又于水上靴而浮。或令人以囊盛之，系其囊口，浮于江上，自解其系。至于回旋出没，变易千状，见者目骇神竦，莫能测之。”这段文字记叙了当时的水上运动已有“高台跳水”的表演项目，不但能从百尺桅樯上高处跳水，而且还能“水中解囊”。显然，如果没有高超的游泳技术是不行的。“回旋出没，变易千状”，表明在水中游泳的各种姿势，也反映了民间高超的游泳技术水平。

晚唐五代时期，还出现了一种更加惊险刺激的跳水表演——水秋千。表演者在船头的秋千架上荡起秋千玩跳水。王珪《宫词》曰：“内人稀见水秋千，争擘珠帘帐殿前。第一锦标谁夺得，右军输却小龙船。”这种水秋千的表演难度很大，只有掌握好起跳时间，才能顺利地跳进水里，从而完成好这个动作，如果起跳的时间稍早或稍晚，表演者就有可能会重重地摔在船帮或甲板上，极其危险，难怪这种水秋千表演在宫中也是很罕见的水嬉项目。

关于“水秋千”，南宋孟元老在《东京梦华录》卷七《驾幸临水殿观争标锡宴》中记载：“又有两画船，上立秋千，船尾百戏人上竿，左右军院虞候、监、教，鼓笛相和。又一人上蹴秋千，将平架，筋斗掷身入水，谓之‘水秋千’。”从中可以看出“水秋千”的确是一种表演难度很大的水嬉活动。

到了宋代，水嬉改称为水戏。宋代开始出现了专业的游水艺人，据宋代周密《武林旧事·诸色伎艺人》记载，弄水，哑八、谢棒杀、画牛儿等都是当时的戏水高手。大批擅长游泳的专业艺人的出现推动了宋代游泳技术的发展。

宋代填词高手柳永《笛家弄·仙吕宫》：“花发西园，草薰南陌，韶光明媚，乍晴轻暖清明后。水嬉舟动，禊

四季仕女图（局部） 仇英 绢本设色 日本大和文华馆藏 明

饮筵开，银塘似染，金堤如绣。是处王孙，几多游妓，往往携纤手。”陆游《自嘲老态》：“纱帽簪花舞，盆池弄水嬉。”晁补之《阮郎归》：“一濠秋水净涟漪，红妆照水嬉。”毛滂《调笑·苕子》：“白蘋溪边张水嬉，红莲上客心在谁。”这些欢快轻松的宋词细致地描述了宋代女子游泳的优美与水戏的快乐。

到了元明清，水嬉的称谓又发生了变化，当时的文人仍称之为水嬉，而民间则根据地域之分及不同的游泳技术有了不同的称谓。

在元代，游泳称为“浮渡”“浮水”或“渡水”。《元史·管如德传》记载了一名叫管如德的宋军降将随元帝外出打猎的故事。“尝从猎，遇大沟，马不可越，如德即解衣浮渡，帝壮之，由是称为拔都，赏赉优渥”。

戏水图 佚名 纸本设色 中国国家博物馆藏 明

在明代，民间游泳已出现了自由泳、仰泳等技术。在清代，游泳已相当普及，开始向专业化发展，游泳姿势已发展到有平泅、斜泅、旁泅、足行仰泅、首行倒泅、拔泅等，并把游泳列为强身健体的锻炼之举。据清代屈大均《广东新语·石语》记载：“石上有慈度寺，古榕十余株，四边蟠结，游人往往息舟其阴，端阳、七夕作水嬉，多有龙郎蛋女，鲙鱼酤酒，零贩荔支、蒲桃、芙蕖、素馨之属，随潮来往。”清代吴伟业《梅村集》：“银塘女采菱，水嬉钩卷幔。”

中国古代水嬉中还有一种被称为水球的体育娱乐活动，不过这种活动与今天水中健儿们在游泳池里两队争斗的现代水球运动全然不

荷塘戏水图　清

同，是一种向水面掷球，比赛谁掷得远的一种游戏。宋徽宗赵佶有一首诗对宫女们玩这种水球的场景有十分形象的描述，“苑西廊畔碧沟长，修竹森森绿影凉。戏掷水球争远近，流星一点耀波光”（《宫词·苑西廊畔碧沟长》）。宫女们在宫廷花园长廊附近的一泓清流旁，向水中掷球为戏。与人们在河边湖畔常用石片打水漂有些相似，不同的是用球代替了石片。

水球　清

（二）竞渡

自古以来，中国古代民众习惯将一些祭典仪式赋予深刻含义，龙舟竞渡也不例外。龙舟竞渡，早在春秋战国甚至更早的时期就已经在吴越、荆楚、巴蜀等地开始流行。“龙舟”一词最早见于西周的历史典籍《穆天子传·卷五》：“天子乘鸟舟、龙舟，浮于大沼。”即是说天子乘坐在龙鸟形状的大舟之上。晋代郭璞解释说，这种样式的大船，其实就是以龙鸟的形状所制，吴地的许多青雀舫就是如此。屈原《楚辞·九歌》载：“驾龙辀兮乘雷，载云旗兮委蛇。”大意是驾驭着龙车行进在苍穹之上，载着变幻的云彩曲折而行。由此说明在秦汉以前龙舟就已经出现。

南朝梁宗懔《荆楚岁时记》及其注文中载：“是日，竞渡，采杂药。五月五日竞渡，俗为屈原投汨罗日，伤其死，故并命舟楫以拯之。舸舟取其轻利，谓之飞凫。”这也说明了《穆天子传》所载的“鸟舟”，即飞凫舟。吴楚称之为“鸟舟”则为二飞凫，即竞渡之舟被制作成一种鸟的形状。在远古时代，吴越地区是鸟文化崇拜的地区，近代有考古出土的鸟形之舟。在6000—7000年前，我国南方的河姆渡时期，就有了鸟文化的信仰，因此竞渡所用之舟，称之鸟舟，而非龙舟。同时也说明我国古代早期的竞渡活动，是一种“禳灾”的仪式。而“鸟舟”的出现则是古人因“凤鸟”崇拜与敬畏之意。

从文献和各地方志书记载来看，我国各省在农历五月都有划船送灾的风俗，举行日期不一定是五月初五，但竞渡主要是民众祈雨禳灾的方式。各船的船主都想先把不祥送走，争、胜、赢的竞速成为比赛的主要目标。随着人们龙舟遣灾的本意逐渐淡忘，比赛竞争意识越来越强，渐渐成为娱乐性的竞渡民俗活动。

古代的舟除了乘载、祭祀、水战之用外，还用于水嬉或娱乐竞渡，其船首多为“鹢鸟”形制。如《淮南子·本经训》中说“龙舟鹢首，浮吹以娱”；《西京赋》载“于是命舟牧，为水嬉，浮鹢首”。

龙舟夺标图　崔护　程宗元　绢本设色　中国国家博物馆藏　唐

唐代文献中也有非常丰富的有关鹢首鸟舟的记载。唐代大诗人张说《岳州观竞渡》诗中有：“画作飞凫艇，双双竞拂流。”唐人多称此为“彩舟”。如李群玉《竞渡时在湖外偶为成章》诗中有：“雷奔电逝三千儿，彩舟画楫射初晖。”元稹的《竞舟》诗云：“画鹢四来合，大竞长江流。建标明取舍，胜负死生求。”这些诗文说明在唐代，民间所说的龙舟，实际上只是一种泛称“龙舟”，是民间竞渡中所使用的鸟舟、彩舟、飞凫舟的总称。自秦汉至唐宋，龙形舟船都是由皇帝专门享用的。以至于到了宋代，朝廷还专门规定了龙舟与其他皇族所乘船只的区别。即使是宫室皇族的王子、王妃等所乘之舟都不得以龙形出现，所以真正的“龙舟竞渡”，即在船头上饰以龙头作为竞渡的民间舟船，则是自宋代之后才开始出现。

女子竞渡活动在唐代宫廷中也十分盛行。唐代皇帝高祖、中宗、玄宗、敬宗、穆宗都是赛龙舟的爱好者，宫人也都喜欢观赏龙舟竞渡。唐宫中的兴庆池、鱼藻池等都曾举行过大型竞渡比赛。唐代诗人有不少描绘当时盛大而热烈场景的诗句流传于世。储光羲《官庄池观竞渡》：“船争先后渡，岸激去来波。”王建《宫词一百首》载：“竞渡船头掉彩旗，两边溅水湿罗衣。池东争向池西岸，先到先书上字归。”这首诗描写的是唐宫举行女子竞渡比赛的情景。张祜《上巳乐》：“猩猩血彩系头标，天上齐声举画桡。却是内人争意切，六宫罗袖一时招。”生动地描述了后宫女子划船比赛的热闹场景。其中龙舟竞渡的终点系着鲜艳的红绸，参赛的宫女齐声呐喊，而观赛的宫女罗袖乱舞，场

龙舟竞渡　李昭道　绢本设色

纵 28.5 厘米　横 29.7 厘米　故宫博物院藏　唐

面热闹非凡。

唐代龙舟竞渡，从宫廷到民间，一直非常火热。骆宾王《扬州看竞渡序》："夏日江干，驾言临眺，于时桂舟始泛，兰棹初游。"最有代表性的还是张建封《竞渡歌》：五月五日天晴明，杨花绕江啼晓莺。使君未出郡斋外，江上早闻齐和声。使君出时皆有准，马前已被红旗引。两岸罗衣破晕香，银钗照日如霜刃。鼓声三下红旗开，两龙跃出浮水来。棹影斡波飞万剑，鼓声劈浪鸣千雷。鼓声渐急标将近，两龙望标目如瞬。坡上人呼霹雳惊，竿头彩挂虹蜺晕。"应该说这是所有描述龙舟竞渡的唐诗中最为生动的一首，将龙舟竞渡夺标的场景刻画得活灵活现。刘禹锡《竞渡曲》："沅江五月平堤流，邑人相将浮彩舟。灵均何年歌已矣，哀谣振楫从此起。杨桴击节雷阗阗，乱流齐进声轰然。"这些唐诗描述了竞渡时紧张热烈的欢乐情景。可见，龙舟竞渡不但在宫廷沿袭成俗，而且在民间也蔚然成风，尤其在荆楚湖湘一带有着浓厚的传统与影响。

传说，唐代女皇武则天的出生地利州，人们为了纪念诞生于此的女皇（传说，其母与父亲武仕彟在嘉陵江边观看龙舟赛时，因"乌龙感孕"诞下武则天），从唐代武则天执政开始，便在其诞辰正月二十三日盛装打扮，载歌载舞乘坐彩船喜游河湾。可见，竞渡习俗具有全民性。女子也出现在竞渡的场合。"两岸罗衣破晕香，银钗照日如霜刃"就是描写现场女性的数量之多。

到了宋代，人们不断制定和完善竞渡规则，宋代的龙舟竞渡才真正成为具有竞技特征的体育活动。东京汴梁的皇家后苑金明池，每至春季都要举行盛大的龙舟竞渡活动。南宋孟元老所作《东京梦华录》里记载了北宋皇帝亲临水殿观看龙舟竞渡，二十只小龙船并驾齐驱，又有飞鱼船、虎头船为三四十丈长、三四丈阔的大龙船开道，皇帝

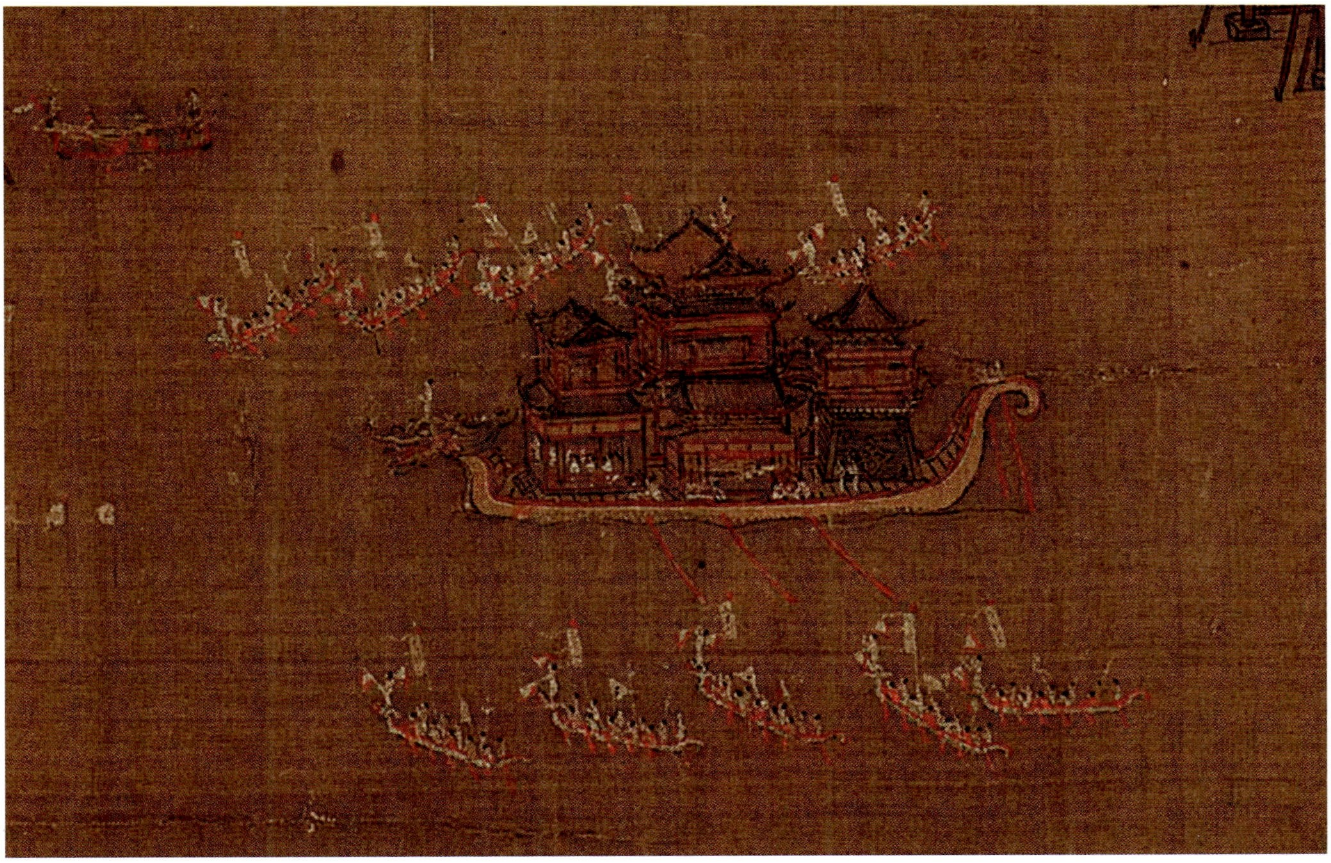

金明池争标图（局部） 张择端 绢本设色 天津博物馆藏 宋

雍正十二月行乐图·五月竞舟
郎世宁　绢本设色
纵 188.2 厘米　横 102.2 厘米
故宫博物院藏　清

龙舟夺标图卷（局部） 元

龙舟竞渡图（局部） 宋

龙池竞渡图（局部） 元

和妃嫔则坐于大龙船中欣赏表演。宋代大词人柳永《破阵乐·露花倒影》载："两两轻舠飞画楫，竞夺锦标霞烂。罄欢娱，歌《鱼藻》，徘徊宛转。别有盈盈游女，各委明珠，争收翠羽，相将归远。渐觉云海沉沉，洞天日晚。"描写了宋代女子龙舟竞渡的盛况。

描写女子龙舟竞渡的宋词还有很多，如吕渭老《齐天乐·观竞渡》载："香红飘没明春水，寒食万家游舫。整整斜斜，疏疏密密，帘缬旗红相望。江波荡漾。称彩舰龙舟，绣衣霞桨。舞楫争先，歌笑箫鼓乱清唱。"史浩《教池回·竞渡》："缥缈初登彩舫，箫鼓沸，群仙玉佩丁东。"吴文英《扫花游·西湖寒食》："正笙箫竞渡，绮罗争路。骤卷风埃，半掩长蛾翠妩。"蒋捷《女冠子·电旗飞舞》："电旗飞舞。双双还又争渡。"刘镇《贺新郎·翠葆摇新竹》："龙舟噀水飞相逐。记当年、怀沙旧恨，至今遗俗。"黄公绍《竞渡棹歌》："看龙舟，看龙舟。两堤未斗水悠悠。一片笙歌催闹晚，忽然鼓棹起中流。"

宋代水上活动盛况空前。绘于北宋崇宁年间的龙舟竞渡图，再现了皇室在宫廷后苑金明池举办龙舟竞渡的盛大场面。宋太宗太平兴国元年（976 年），太宗下令凿引金河水筑"金明池"，其不仅供水军训练之用，亦成了水嬉的场所。水嬉的频繁，使宋代宫中龙舟竞渡并不仅仅在五月端午节举行。

除了竞渡之外，人们最爱看的还有水上争标，"水秋

龙舟夺标　吴廷晖　绢本设色　台北故宫博物院藏　元

龙舟竞渡　郑重　绢本设色

纵 129.5 厘米　横 58 厘米　故宫博物院藏　明

龙舟竞渡图　王振鹏　绢本设色　纵 25 厘米　横 420 厘米　台北故宫博物院藏　元

千”“水傀儡”表演。其中水秋千是船上架设秋千，表演者荡至与支架齐高时，“筋斗掷身入水，谓之水秋千”，动作高难而精彩，实为跳水活动的鼻祖。这些宋词中的女子竞渡声势夺人，尤其是水上争标是龙舟竞渡的最高潮，展现出宋代女子对竞渡活动的喜爱。

元代岁时节日的仪式性、祭祀性开始淡化，而竞技性、娱乐性增加。这是一个承上启下的时代，在元曲中就可以看出。邓学可《端正好·乐道》：“正修禊传觞流曲，不觉击鼍鼓竞渡龙舟。”马致远《仙吕·青哥儿·五月》：“榴花葵花争笑，先生醉读《离骚》。卧看风檐燕垒巢，忽听得江津戏兰桡，船儿闹。”贾仲明杂剧《铁拐李度金童玉女》第三折：“咏《离骚》歌楚些谁吊古？夺锦标擢画桨似飞凫。”

明清时期，赛龙舟活动日益隆重热闹，各地开始制作专门用于竞渡的龙舟。当时的龙舟多为浅底且瘦长，以利于加速行驶，船帮上彩绘出龙鳞，船头装有龙头，船舷上还插上各色彩旗，船尾有一人掌舵，船头设一人敲锣或击鼓喊号，指挥桨手。赛龙舟在我国南方大部分地区，逐渐成为民间会社间实力竞争的盛会。明代吴宽在《端午节皇上宴致语》中有：“赤骠追风过上苑，黄龙戏水在中流。”

清代乾隆皇帝酷爱诗词，基本上每年端午节都要写一首与竞渡有关的诗，如：“中流九龙舟，谁肯相参差。黄

清明上河图（局部）　仇英　绢本设色　辽宁博物馆藏　明

龙舟竞渡卷　佚名　绢本设色　故宫博物院藏　清

虎丘龙舟图　沈宗维　绢本设色　苏州博物馆藏　清

女子龙舟　中国国家图书馆藏　清

龙舟竞渡图折扇面　清

龙舟竞渡瓷盘　民间藏　清

龙舟竞渡卷（局部） 佚名 绢本设色 故宫博物院藏 清

观龙舟 故宫博物院藏 清

龙舟竞渡　王概　纸本设色　故宫博物院藏　清

帽双飞桨，彩缕五色丝。”“四时唯其竞，双丸日夜驰。江河唯其竞，东去不复归。”清初张岱《金山竞渡》：“看西湖竞渡十二三次，己巳竞渡于秦淮，辛未竞渡于无锡，壬午竞渡于瓜州，于金山寺。西湖竞渡，以看竞渡之人胜，无锡亦如之。秦淮有灯船无龙船，龙船无瓜州比，而看龙船亦无金山寺比。瓜州龙船一二十只，刻画龙头尾，取其怒；傍坐二十人持大楫，取其悍；中用彩篷，前后旌幢绣伞，取其绚；撞钲挝鼓，取其节；艄后列军器一架，取其锷；龙头上一人足倒竖，战敠其上，取其危；龙尾挂一小儿，取其险。”可见，清代的龙舟赛非常盛行且壮观，不但有专门的龙舟款式，而且制定了更为规范的竞赛规则。显然，清代的龙舟赛已具有显著的竞技特征，并与现代的龙舟竞渡规则十分接近。

清人绘《雍正十二月景行乐图》中的《五月竞舟》图，生动细腻地描绘了清朝端午节吃粽子、赛龙舟的习俗。每逢端午节，朝廷都在圆明园福海举办龙舟竞渡活动。届时，皇帝及诸王公大臣，皇太后及众后妃们都到圆明园观看。

清代，据《洪湖县志》记载，“光绪十五年，为庆祝慈禧‘归政’，光绪帝正式‘亲政’，新堤举办灯会，龙灯在前，凤灯在后。慈禧得知，下令关押沔阳（今洪湖地区）知州陈佑勤，杀州同张幼书”。新上任州府为避免再次生出祸端，于是组织龙舟与凤舟同场竞赛，博得慈禧太后嘉奖，从此湖北洪湖“东岸划龙舟，西岸划凤舟”的风俗便延续下来，经久不衰。在四川省广元地区就有“正月二十三，女子游河湾”的习俗。可见，龙舟竞渡作为端午节最具标志性的民间娱乐活动，千百年来吸引众多女子参与其中。

（三）垂钓

垂钓起源于先民的生产劳动，随着生产条件的提高，垂钓逐渐从生产劳动中分离出来，成为一种有益于人们身心健康的休闲娱乐活动。

在我国出土的新石器时代文物中，就有骨质的鱼钩，可见垂钓是一种极为古老的捕鱼方法。我国关于竹制钓竿的文字记载，见于两千多年前的《诗经》:“籊籊竹竿，以钓于淇。”这表明在春秋战国时期，人们就已经用竹竿在江河湖泊中垂钓了。东汉班固的《西都赋》中就有“揄文竿，出比目”之句。“揄”是牵引之意，“文”指纹饰，“比目”即比目鱼。在竹制的钓竿上绘上或刻上花纹，表明汉代不仅对钓竿的技术性进行了改良，而且还注重钓具的观赏性。

到了唐代，各种钓鱼用具已十分齐备。唐人垂钓的休闲性和娱乐性进一步加强，女子垂钓也很流行。不少唐代诗人用诗句描述女子垂钓的场景。唐人鱼玄机《闻李端公垂钓回寄赠》载:“无限荷香染暑衣，阮郎何处弄船归。自惭不及鸳鸯侣，犹得双双近钓矶。”据《太平广记》记载，唐德宗贞元年间，湘潭县尉郑德璘由江夏返回长沙，途中偶遇一位名叫韦生的盐商，韦生的女儿与其同行。两家的船只行驶到洞庭湖畔，德璘见韦氏于水窗中垂钓，赠韦氏诗曰:“纤手垂钩对水窗，红蕖秋色艳长江。”罗邺《途中寄友人》:“携樽座外花空老，垂钓江头柳渐疏。”以上唐诗中有关女子垂钓的描述，说明垂钓的风气兴盛不衰，广泛在宫廷仕女和民间女子中展开。

宋代娱乐性垂钓得到了进一步的发展，并出现了有绕线轮的钓竿。宋人马远的《寒江独钓图》中，垂钓者使用的

荷亭弈钓图　周文矩　绢本设色　台北故宫博物院藏　五代

垂钓　仇英　绢本设色　台北故宫博物院藏　明

垂钓　仇英　绢本设色　上海博物馆藏　明

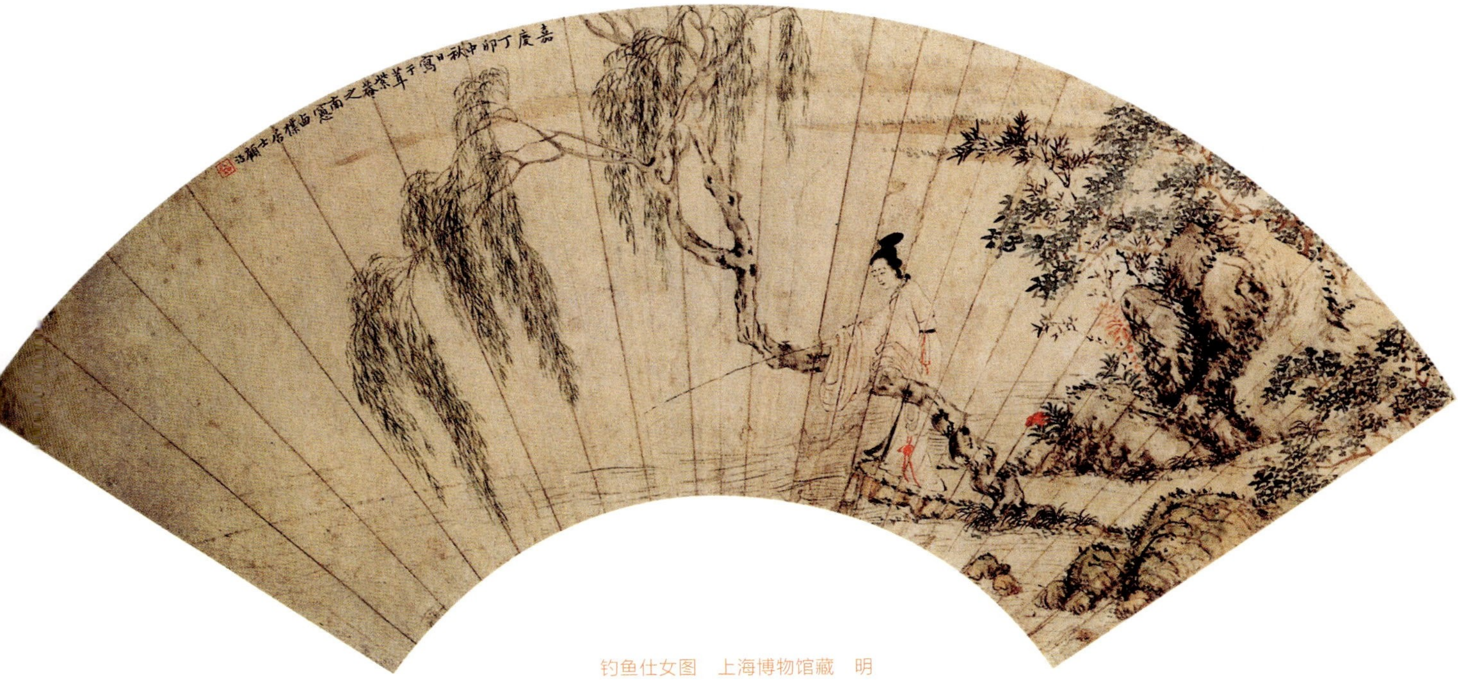

钓鱼仕女图 上海博物馆藏 明

红楼梦图（局部） 孙温 旅顺博物馆藏 清

垂钓　故宫博物院藏　清

垂钓　台北故宫博物院藏　清

玫贵妃春贵人行乐图轴（局部）　清

垂钓　顾洛　纸本墨色　上海博物馆藏　清

垂钓　冷枚

纸本设色　故宫博物院藏　清

垂钓　顾洛

浙江省博物馆藏　清

垂钓　钱慧安

绢本设色　上海博物馆藏　清

四美钓鱼　纵 137 厘米　横 362 厘米　中国国家博物馆藏　清

就是这种带线轮的钓竿。宋人章渊《稿简赘笔》载："钓鳌竿，堂上五尺，庭前七尺，红丝线系之，石盘盛诸鱼四十品，逐一作牌子，刻鱼名，各有诗于牌上。或一钓连二事物，录事释其一，以行劝罚焉。"这说明，这根钓竿长达一丈二尺，庭前放置一石盘，盘中放四十条木制鱼形的牌子，上出鱼名。玩时，用长竿钓这牌子做的鱼。堂上有录事受其事，按牌中所示饮酒，这种钩钓极富有游戏性，在宋代极为流行。

明清时期，垂钓更为流行。《古今图书集成》有多幅明代的女子垂钓图。清代小说《红楼梦》中也有女子垂钓的记载。

垂钓　潘振墉　上海博物馆藏　清

垂钓　潘振墉　苏州博物馆藏　清

骑马图　广西靖西东山岩画

（四）马术

“马戏”一词最早出现是在汉代桓宽的《盐铁论·散不足》中，文中谈到汉代民间的生活时说：“五色绣衣，戏弄蒲人杂妇，百兽马戏斗虎。”其中马戏一词单独列出，反映出当时的马戏在游艺活动中已具有相当的地位。

马戏，也是汉魏时期游艺的重要组成部分。《魏大飨碑》中记载有“戏马立骑之妙技”。《三国志》也记载：“（甄后）年八岁，外有立骑马戏者，家人诸姊皆上阁观之，后独不行。”说明马戏表演当时在民间已经十分普及。

隋唐时期，人们将马戏改称为马伎或马术，仍然是百戏表演的重要内容之一。南北朝薛道衡《和许给事善心戏场转韵诗》中有“卧驱飞玉勒，立骑转银鞍”。当时民间也有一些马术高手，如江南吴兴人沈光“少晓捷，善戏马，为天下之最”。

盛唐时期，马术表演活动越发盛行，表演内容也更加丰富。其中，女子马术表演更注重表现惊险刺激的场景或技巧。李濯《内人马伎赋》载：“皇帝顺时观武，乘暇会群……严霜剪木，晴空灭云。都人士女，杂沓缤纷，或侧肩以驰见，或奔跃以乐闻。众观迭改，群心如待，于是渥洼神骥，齐逸足以翩翩。宫禁名姝，耀杂妆之彩彩。莫不游缨宝校，玉珂金玦，挟刃明霜，衣金被铁。搴旗命伍，抽戈按节……翘趾金鞍之上，电去而都闲。委身玉镫之旁，风惊而诡谲。人矜绰约之貌，马走流离之血……若乃杨叶既指，雕弓斯彀。百步应的，七札皆透。”这篇赋文

马上杂耍画像石（拓本）　山东省石刻艺术博物馆藏　汉

马术图纹罐　宁夏回族自治区博物馆藏　唐

记录了唐代开元盛世一次盛大的宫廷女子马术表演活动，也是一次盛大的阅武活动。身着戎装的内宫宫女，骑着高头大马，携带着武器弓箭入场，宫女表演着高超的骑术，在奔驰的马上做着各种高难度的动作，时而悠闲翘立于马鞍上，时而又委身于马镫之旁。从此赋中可以看出，唐代宫廷女子马术的精湛。这些女子可在奔马之上做鞍上倒立、镫里藏身等高难度动作，表明女子马术及骑射比赛在唐代宫廷中已经成为一种很常见的竞技游戏。在唐代，女子马术表演创新了许多新的技艺，如“走马击钱”“马上演奏”“马背舞蹈”，以及“马上起顶”等，其中，“透剑门伎”尤为精彩。

宋代，画家陈及之绘制的《便桥会盟图》中，对唐太宗李世民与突厥人在渭水会盟时的军中艺人马术表演作了形象的描绘。在开阔的广场上，有几名女骑手手执彩巾于马鞍上跳舞。其中最惊险的一幕是一位骑手在马鞍上起顶倒立，悬空的两足上横蹬着一根木梁，木梁之上还有一人“拿大顶”，同时这些骑手并驱向圆阵奔去，技艺极为高超。

宋辽金元时期，马术技艺的发展不仅体现在骑术更加丰富多彩，同时马术表演还增加了骑射技艺。《东京梦华录》里记载了北宋末年宋徽宗赵佶在开封宝津楼前观看百戏表演，就有精彩的马术游艺表演，其中的引马、立马、献鞍、跳马、拖马、镫里藏身、赶马及豹子马等花样，反映出当时马术的高超技巧。

舞马衔杯纹仿皮囊式银壶 陕西历史博物馆藏 唐

蒙古族素有“马背上的民族”之美称，《清稗类钞》记载：“青海之蒙古妇女，出必跨马，数里之遥，不常用鞍，辄一跃而登马背焉。”元代每当举行“忽里勒台（大型集会）”时，都把赛马作为大会的活动内容。到了清代，《清稗类钞·技勇类》记载：蒙古族人“不论男女老幼，未有不能骑马者，其男女孩童自五六岁即能骑马驰驱于野。”

马术作为一种民间传统游艺，在明清时期更为普遍。如清军“善扑营”中就有专门进行马技游艺表演的艺人。在民间，马戏表演常常是杂技艺人谋生的一种手段，在集市庙会上多有跑马卖解的马戏班表演。

仕女骑马俑　高 44 厘米　长 40 厘米　民间藏　唐

马戏图卷（局部） 美国纽约大都会艺术博物馆藏 元

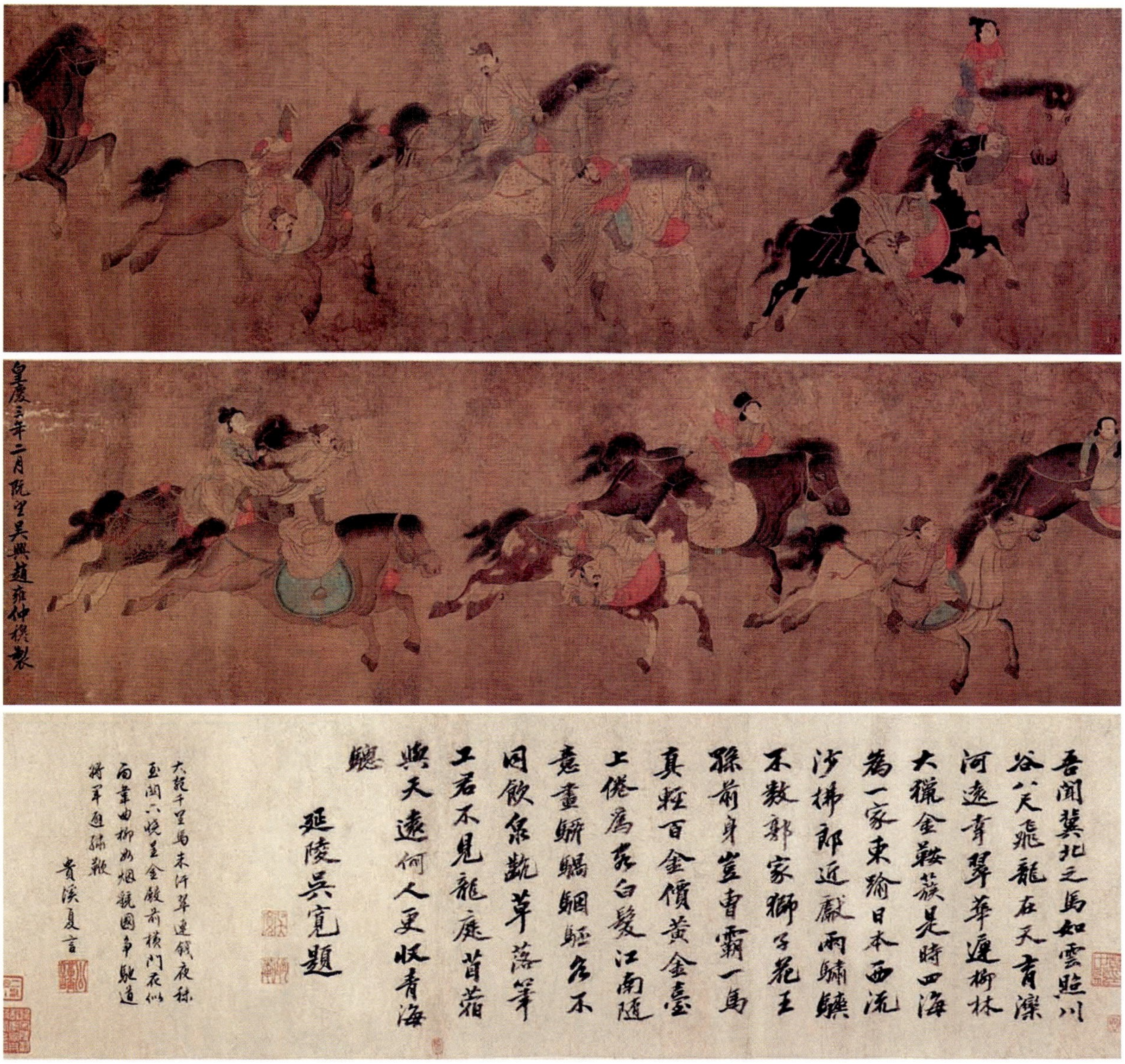

马戏图卷　赵雍　绢本设色　美国纽约大都会艺术博物馆藏　元

女骑手　宁夏万宝博物馆藏　西夏

赛马　绢本设色　故宫博物院藏　明

马术砖雕　郑州博物馆藏　金

仕女赛马图　明

青花仕女赛马图棒槌瓶　陕西历史博物馆藏　清

清明上河图（局部）　仇英　明

马术　故宫博物院藏　清

马上伎乐 吕焕成 绢本镜心 纵 23 厘米 横 21 厘米 民间藏 清

第三章　中国古代女子武术与养生

ZHONGGUO GUDAI NÜZI WUSHU YU YANGSHENG

第一节　中国古代女子武艺

一、独具特色的女子武艺

武术是中华民族自古传承发展而来的一种个人防卫格斗术。中国武术历史悠久，伴随着中华文明悠久的历史而不断发展。在中国古代文化的浸润下，武术技艺融合了中华文化精华，形成了独具特色的武术文化。武术融防身击技、健身修心、欣赏娱乐等多重功能于一体，是最具东方体育文化代表性的体育运动方式。中国武术大致分为拳搏和器械两类，器械种类繁多，经常使用的有刀、枪、剑、棍四大类。

中国武术源自原始社会先民自卫攻击的本能，人类的搏斗、战争被认为是武术的起源。古代的狩猎、祭祀、战争等与武术套路和集体演练的产生密不可分。经历几千年的不断演进，武术最终形成众多快速克敌制胜的拳械套路章法和与之对应的技术理论体系。

在古代社会，武术的形成与军事的发展密切相关。武舞是一种蕴含搏杀技术的操练方式。传说虞舜统治时已有《执干戚舞》，西周时的《象舞》是以军事操练的击刺动作组成的武舞，“六代舞”中的《大濩》和《大武》也属武舞之列。西周时期，把徒手搏斗作为一种专门的技艺进行推广，与其相关的“拳”技也开始显现。《诗经·小雅·巧言》载：“无拳无勇，职为乱阶。”《毛诗故训传》载：“拳，力也。”这说明古人认可“勇力”的作用，视“力”为武艺之基础。西周时期后，武术逐渐脱离了其原始属性，与军事、教育、礼仪等社会活动实现了融合，并呈现出多样化的发展态势。

《现代汉语词典》中“武艺”一词指武术上的本领。“武艺”一词最早出现于三国时期。《三国志·刘封传》载：“时封年二十余，有武艺，气力过人，将兵俱与诸葛亮、张飞等溯流西上，所在战克。益州既定，以封为副军中郎将。”自三国后，“武艺”一词一直被沿用。史料中所说“武艺”并非今之武术，两者可谓泾渭分明。从史料看，三国时期的武艺指军事阵战之技，囊括徒手的角抵、手搏、斗剑等兵器攻防格斗技术，也指蹶张、扛鼎、骑射等技能。

据考证，武术萌芽于原始社会，到了先秦时期，开始出现武术竞技活动。《礼记·月令》记载，孟冬之月，“天子乃命将帅讲武，习射御，角力”。这些活动促使重武尚武社会风尚的形成。

春秋战国时期，以个人技艺为主的徒手搏击在民间开始普及。我国女子习武的记载始于春秋时期，越国的女剑术家越女对剑术有很高的造诣。《吴越春秋·勾践阴谋外传》载：“越有处女，出于南林，越王乃使使聘之，问以剑戟之术。”其剑法天成，居于山林，授剑法以士兵，助越王勾践灭吴，越王称其“当世莫胜越女之剑”。越女明确提出武术的“道、意、阴阳、开闭、内外、形神、呼吸、纵横”等一系列理论范畴，阐明了动与静、快与慢、攻与防、虚与实、内与外、逆与顺、呼与吸等矛盾双方的关系。越女论剑中的一些经典描述，如“开门闭户，阴衰阳兴”“内实精神，外示安仪”“见之似好妇，夺之似惧虎”等，也被后世众多武术拳种的理论体系所沿用，成为脍炙人口的拳论格言。东汉王充《论衡·别通篇》载：“剑伎之家，斗战必胜者，得曲城、越女之学也。两敌相遭，一巧一拙，其必胜者，有术之家也。”

秦汉时期，宫廷和民间普遍重视武备，武术活动有了长足的发展。东汉末年，国家陷入分裂割据的混乱局面。由于战争连绵不断，促进军旅与民间武术的联系更加紧密，推动了民间习武之风盛行，当时还出现了女子习武的现象。《三国志·郑浑传》载："数与胡战，妇女载戟挟矛，弦弓负矢，况其悍夫。"可见三国乱世中的西北地区女子面对侵略，为求自保，习武已成民风。汉代武术的流派、著作及理论较为丰富，班固《汉书·艺文志》中《兵技巧》被视为如今所知最早的武术专著。与此同时，汉代武舞已有相当发展，出现了剑舞、斧舞等。

《资治通鉴》卷六十六载："（孙）权以妹妻备。妹才捷刚猛，有诸兄风，侍婢百余人，皆执刀侍立，备每入，心常凛凛。"此文通过对孙权之妹及手下娘子军勇武剽悍形象的描写，将刘备胆战心惊的神态刻画得逼真传神。

《汉书·哀帝纪》记载汉哀帝"时览卞射武戏"，说明武术表演在汉代已经成为一种常见活动。此时，偏安于南方的汉族安于享乐，使得娱乐性武术又得到了极大的发展。在此期间，武术已具有习练、表演和健身功能。气功表演也有武艺的属性。张衡《西京赋》："冲狭燕濯，胸突铦锋。"张铣注："狭，以草为环，插刀四边，使人跃入其中，胸突刀上，如燕濯水。"冲狭，即钻圈；燕濯，即飞燕点水；胸突铦锋，即胸碰尖利的刀锋，凡此皆属气功表演。可见钻圈是以燕濯技巧为特征，圈圈以草茎和树枝编制而成。相传汉代的冲狭是由燕戏发展而来，表演者以鸟羽装扮成燕子状。南阳汉墓出土的石刻《冲狭图》则再现了当时冲狭表演的场景。隋唐以后出现的钻刀门，或在圆门四周插尖刀，或门边上加火，动作更为惊险。

两晋南北朝时期是中国历史上的动荡时期，也是中华民族大融合的时代，各民族间的武艺也因此得到了发展和交流。魏晋时期，女子从小开始习武的情况十分普遍。如曹魏协律都尉左延年《秦女休行》载："秦氏有好女，自名为女休。休年十四五，为宗行报仇。左执白杨刃，右据宛鲁矛。"诗中生动地描述了一名十四五岁女孩武艺高强的形象。当时还出现了以套路为主的"女子刀舞"。

《晋书·荀崧小女灌传》载："荀崧小女灌，幼有奇节。崧为襄城太守，为杜曾所围，力弱食尽，欲求救于故吏平南将军石览，计无从出。灌时年十三，乃率勇士数十人，逾城突围夜出。贼追甚急，灌督厉将士，且战且前，得入鲁阳山获免。"这段史书记述了发生在1800年前的一段故事，一名年仅十三岁的襄城太守之女，率领数千将士杀出重围的经过，将这位聪明勇敢的少女生动地展现在了我们眼前。

《晋书·王凝之妻谢氏传》："王凝之妻谢氏，字道韫，安西将军奕之女也……及遭孙恩之难，举厝自若，既闻夫及诸子已为贼所害，方命婢肩舆抽刃出门，乱兵稍至，手杀数人，乃被虏。"这些文史资料均描述了魏晋时期女子习武杀敌的事迹，从中可看出这些女子不但胆略过人，她们的实战技艺高强且不亚于男子。

西晋末年，天下大乱，大量的北方少数民族进入中原后，同时也把少数民族女子习武的风俗带入中原地区。《南齐书·魏虏传》载："太后出，则妇女着铠骑马近辇左右。"由这些史书记载可知，当时的鲜卑族贵族十分注重培养女子的武艺，其宫廷及民间女子尚武已成习俗。鲜卑族统治地区，其他民族也都是男女均习武。北方少数民族接受汉文化和生活方式后，妇女尚武风俗仍延续下来。郑泰曾对董卓说："关西诸郡，北接上党、太原、冯翊、扶风、安定，自顷以来，数与胡战，妇女载戟挟矛，弦弓负矢，况其悍夫。"

南北朝时汉人与北方少数民族接邻之地，修习备战已成民俗，女子亦习武。南北朝最著名的《木兰辞》，记述了民家之女花木兰替父从军的故事。"雄兔脚扑朔，雌兔眼迷离。双兔傍地走，安能辨我是雄雌？"诗中以浅白的文辞为我们展现出一位朴素孝道而深明大义的巾帼英雄形象。同时，由诗中可见木兰不仅习武，而且有非常高超的武艺，反映出南北朝时期女子习武的情形。

隋唐时期的武术得到了快速发展，就武术人才的专门选拔和培养而言，女皇武则天甚至开创了武举制度，仕官之诱，使得武术发展更加繁荣。此时，武术的兵器发展迅速，品种繁多。随着盛唐对外文化的交流增多，武术的发展多元而丰富，产生了较大的社会影响力。

唐代，刀技仍是主要武艺之一。当时普通百姓也多有配刀者。《旧唐书·魏衡妻王氏传》记载："魏衡妻王氏，梓州郪人也。武德初，薛仁杲旧将房企地侵掠梁郡，因获王氏，逼而妻之。后企地渐强盛，衡谋以城应贼，企地领众将趋梁州，未至数十里，饮酒醉卧，王氏取其佩刀斩之，携其首入城，贼众乃散。"

《新唐书·段居贞妻谢传》记载：谢小娥为父、夫报仇，女扮男装，到仇人家做了佣人，趁仇人酒醉之时，拔佩刀斩仇人首级。这说明唐代妇女有习武之风，兼有武侠之风骨。

唐诗中也多有记载女子习练刀剑之艺。如崔湜《饯唐州高使君赴任》："赠君双佩刀，日夕视来期。"李峤《安辑岭表事平罢归》："不学金刀使，空持宝剑还。"齐己《仙掌》："峭形寒倚夕阳天，毛女莲花翠影连。云外自为高出手，人间谁合斗挥拳。"白居易《鸦九剑·思决壅也》："剑成未试十余年，有客持金买一观。谁知闭匣长思用，三尺青蛇不肯蟠。客有心，剑无口，客代剑言告鸦九。"唐诗中对女子武艺的歌颂也折射出当时社会妇女的习武之风。

两宋时期，武举制度再度被启用，促使各类兵器武艺争奇斗艳，多样化发展，器械武术有长足进步。北宋曾公亮《武经总要》列举各种弓弩、棍棒、武术用刀，并附图解。当时拳术往往以套路形式出现，如宋太祖创长拳三十二势。两宋时期的商贸发展，经济比较发达，勾栏瓦舍中的武术活动非常活跃，也促使市民阶层中武术相关活动日益增多。同时，武艺结社盛行，城市中出现了以健身娱乐为目的的武艺结社组织，武术的表演性与娱乐性更为突出。宋词中不乏歌咏女子习武的词作。如沈瀛《念奴娇·梧桐响雨》："网跃银刀，纶收钩线，倚棹清歌发……玉斧匣中常夜吼，可惜光阴虚设。"廖行之《青玉案·书七里桥店》："长歌击剑论心素。"周紫芝《渔家傲·送李彦恢宰旌德》："风流都被仍云占，腰下锦条缠宝剑。"虽然宋词异于唐诗中的豪迈，但也呈现了另一重风韵，萦绕着浓重的习艺尚武之风。

南宋已有"十八般武艺"一词，既见于戏文《张协状元》，又见于华岳《翠微北征录》卷七《弓制》："武艺一十有八，而弓为第一。"一般指九长九短，如矛、锤、弓、弩、剑、棒、枪、刀等。岳飞少年时代长于射艺，得益于民间武术家周同。李全精于枪法，有"李铁枪"之称，使枪"杆长七八尺"，"重可四十五斤，日习击刺，技日以精，为众推服"。其妻杨妙真更胜一筹，自称："二十年梨花枪，天下无敌手。"杨妙真擅长刀术，"能马上运双刀，所向披靡。"瓦舍艺人朱来儿则是使棒高手。三幅清人绘制、现藏于俄罗斯国立冬宫博物馆的中国民间年画《白蛇传》生动地描绘了南宋时期神话故事中，"白蛇"手持双剑，英姿飒爽战斗的场景。

辽金西夏元时期，作为与两宋同时期存在的由少数民族在边区建立的政权，包括后来一统全国的元代，其武术发展都带有鲜明的少数民族特点。各器械武艺方式也是相互影响，呈现千姿百态的特征。

明朝建立后，国家进入了一段相对稳定的发展时期，武术也得到了新的发展。十八般武艺也在这个时期有了名称内容，诸如长拳、洪拳、弹腿、短打、内家拳等拳术在这一阶段即已形成，这标志着中国武术体系的形成。

清兵入主中原后，非常重视武艺训练。但由于统治者实行民族高压政策，激起了尖锐的民族矛盾，导致反清活动此起彼伏，民间宗教和秘密结社盛行，保镖行业快速发展，出现了前所未有的习武热潮，武术活动的内容因此不断丰富。武术在民间迅猛发展。特别是在清朝后期，伴随枪炮等热武器的应用，武术逐渐从军队中退出，而民间武术则更加昌盛，武术门派林立，出现了许多拳术和拳派。武术理论研究盛行，一批武术名著也诞生于这一时期。

清代，拳术发展较大，太极拳盛行，产生了陈氏、杨氏、武氏、吴氏诸支派，而陈氏太极又有老架、新架之别。清代武术项目很多，据宣统年间拳师们列举的武术有62项之多，有少林拳、太祖拳、通臂拳、大红拳、小红拳、二郎拳等二十几种拳属；有大刀、单刀、少林双刀、春秋刀、连环刀等十几种刀术；有空手进刀、单刀花枪、

木兰从军 唐寅 美国纽约大都会艺术博物馆藏 明

女将 任熊 绢本设色 中国美术馆藏 清

练枪　傅儒　纸本设色　故宫博物院藏　清

双拐进三节棍等术；还有枪术、剑术、鞭术等技艺，武术内容丰富，技艺日臻完备。

太平天国时期，女子也是巾帼不让须眉，女子组织女营，与男子并肩作战。《太平天国野史》载："太平军中，有萧三娘……能于马上指挥其众，且能左右射。"另有杨二姑，辅王杨辅清之妹也，勇敢果决，胜于男子。"每遇战事，二姑辄以黄巾裹首，系大红战裙，与夫并辔而出，冲锋陷阵，人莫能敌，又能于马上掷刀刺人，百发百中，中者无不立倒。"由此可见，太平军中女营将士对敌的勇悍与武艺的高强。

我国少数民族历朝历代也流行习武。如傣族武术有着悠久的历史，远在原始氏族时期傣族就已产生了武术雏形。传说，在远古时期有一个男人与女人比武，女人怎么也比不过男人。后来，女人看到芭蕉叶被风吹动的动作，她就学会芭蕉叶飘动的动作，结果把男人打败了。从此傣族就将武术叫"眯整"。傣族很多武术动作都冠以"眯"字，如"眯锡烂""眯界朵"等，"眯"指女性、母之意。

二、剑舞飞动，以剑抒情

中国古人喜爱宝剑由来已久，将剑尊称为"百兵之师"，对剑术也非常崇拜。自西周武王翦殷伐商，便有"虎贲之士说剑"。从春秋战国时期剑术的兴起，到汉代司马迁将"论剑"提高到"与道同府"的高度，认为论剑是一门"内可以治身，外可以应变"的学问之道。相对于军事应用而言，人们喜剑和相关剑术活动都明显体现在文体娱乐方面，而当时流行于吴国、赵国等地的剑术活动，已经具有鲜明的竞技娱乐特性。

据考证，春秋战国时期的女子剑术已经达到了很高的水平，涌现出不少击剑名家。东

佩剑女巫　广西花山岩画

汉赵晔《吴越春秋》记载："越王问曰：'夫剑之道则如之何？'女曰：'妾生深林之中，长于无人之野，无道不习，不达诸侯。窃好击剑之道，诵之不休……'越王曰：'其道如何？'女曰：'其道甚微而易，其意甚幽而深。道有门户，亦有阴阳。开门闭户，阴衰阳兴。凡手战之道：内实精神，外示安仪；见之似好妇，夺之似惧虎；布形候气，与神俱往；杳之若日，偏如腾兔；追形逐影，光若仿佛；呼吸往来，不及法禁；纵横逆顺，直复不闻。斯道者，一人当百，百人当万……'越王大悦，即加女号，号曰'越女'。乃命五校之队长、高才习之，以教军士。当此之时，皆称越女之剑。"史书中这段《越女论剑》记载说明，这位"越女"不仅精通击剑之术，而且还自创了一套精辟的剑术之道，可谓古来剑术理论之精华。

古代剑术既用以防身，也用于健身。其形体动作蕴含着深厚的中国古代文化精髓。盛行于秦汉时期的剑术，一类是用于防身和拒敌的击剑术，一类是用于比赛和表演的剑术运动，是与剑舞的结合，主要用于表演。颜师古注曰："以剑遥击而中之，非斩刺也。"显然这是一种将剑投掷出去的击剑方法，即为飞剑之术，其完全有别于传统的劈刺剑术。飞剑之术则多见于武林侠客，极讲究步法身手，动作敏捷勇猛。

众多历史文献和汉赋、唐诗、宋词、元曲中都有对"剑"的描述，表明剑术在汉唐宋元时期非常盛行，官员与士子常在宴集饮酒之时舞剑以助兴。在元代之后，作为军事技击用途的剑术逐渐为刀术所替代，而作为护身、健身、表演所习练的剑术套路则越来越得到人们的重视，反映了当时武术功能的多样化发展。

到了唐代，由于社会流行尚武之风，剑文化已基本形成。当时，不少女子有劲健豪侠之风，出现了执剑起舞的舞蹈表演。在《全唐诗》共收集的49403首诗中，涉及剑的就有千余首。其中最著名的莫过于大诗人杜甫的那首《观公孙大娘弟子舞剑器行》："昔有佳人公孙氏，一舞剑器动四方。观者如山色沮丧，天地为之久低昂。㸌如羿射九日落，矫如群帝骖龙翔。来如雷霆收震怒，罢如江海凝清光。"开元三年（715年），杜甫曾在郾城观看过公孙大娘舞剑行，时隔50年之后，唐大历二年（767年），杜甫又见到公孙大娘弟子李十二娘的舞剑行，感怀之中，于是便写下了这首千古名诗。从这首诗中可以看到公孙大娘和她的弟子李十二娘的《剑器舞》是一套女子单人剑舞。她的舞姿刚柔并济，既展现了男儿的豪爽开放，又流露出女儿家的柔情似水，极具特色。据考，历史上描述唐代公孙大娘剑舞的诗词作品很多，但最负盛名且为人们津津乐道的仍是这首《剑器舞》。

舞剑本是一种近于武术的器械套路，公孙大娘和她的弟子李十二娘则将二者融合在一起，创造出了刚柔相济的剑舞。剑舞糅合了剑术与舞蹈，剑术属刚，而舞蹈属柔，剑器舞属健舞，动作迅疾多变，舞姿突起突落。杜甫《观公孙大娘弟子舞剑器行》一诗记载，公孙大娘曾在郾城舞过剑器。她在广场上演出，观众围得水泄不通，更说明这种舞蹈的群众性。

此外，敦煌莫高窟藏经洞还出土有描写剑器的文献。如P.3591号卷《洞山和尚神剑歌》，P.3633号卷《龙泉神剑歌》，P.3821号卷《三尺龙泉剑》等。这说明唐代敦

公孙大娘舞剑　任颐　纸本设色
上海博物馆藏　清

花木兰 周文靖 绢本设色 美国弗利尔美术馆藏 明

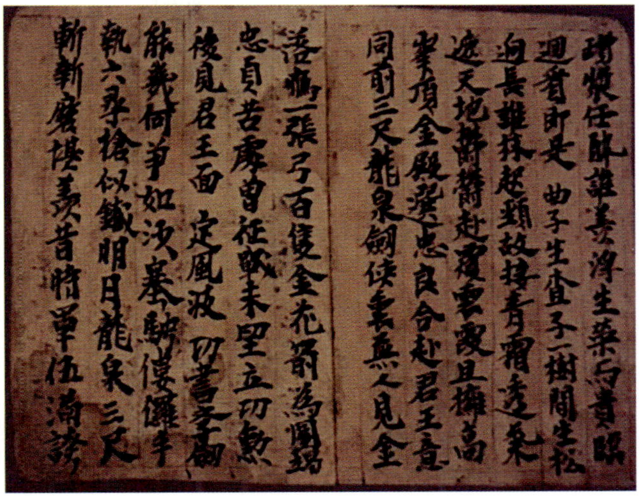

三尺龙泉剑文献 敦煌莫高窟文献 P.3821

煌地区的剑器已发展成为一种舞蹈与武术相融合的形态。除此之外，甘肃还盛行《西河剑器》与《剑器浑脱》等。如唐代“健舞曲”之一即有“剑器”，“楼下公孙昔擅场，空教女子爱军装”，因为其舞须“女子雄装”。“舞剑器”即是“武舞”之一，也是群众性的娱乐活动。这类剑术正是将体育运动与舞蹈艺术融为一体，少了些拒敌的侠气，多了些艺术表演的热烈氛围。

唐代李肇《国史补·张旭草书》曾记载了唐代草圣张旭的一段逸事。张旭言：“始吾闻公主与担夫争路，而得笔法之意，后见公孙氏舞剑器而得其神。”意思是说他自己完全是因为受到公孙大娘那气势磅礴的剑器舞所启发的灵感，方才笔走龙游，不拘泥于传统。另一位受剑舞影响的是唐代著名的画家吴道子，他通过欣赏公孙大娘的剑器舞，体会出用笔之法，敢于创新，另辟蹊径，终成一代画圣。

唐代公孙大娘的《剑器舞》还流传至宋代。宋代的“剑器舞”组曲中，至今还留存史浩所创的《剑舞》。表演由二位舞者上场，然后一个妇人装扮成公孙大娘，经“竹竿子”（宋代宫廷乐舞的“引舞人”，即指挥舞队进出场的主持人。由于当时主持人主持节目时常常手持一枝“竹竿拂子”，故称“竹竿子”）和“乐部”（伴奏、伴唱者），以歌舞朗诵相结合的形式表演故事情节，曾引起一时轰动。

舞剑　仇英　纸本设色　美国纽约大都会艺术博物馆藏　明

舞剑　佚名　绢本设色　台北故宫博物院藏　明

铸剑图（局部）佚名　明

舞剑图　汪中　绢本设色　扬州博物馆藏　明

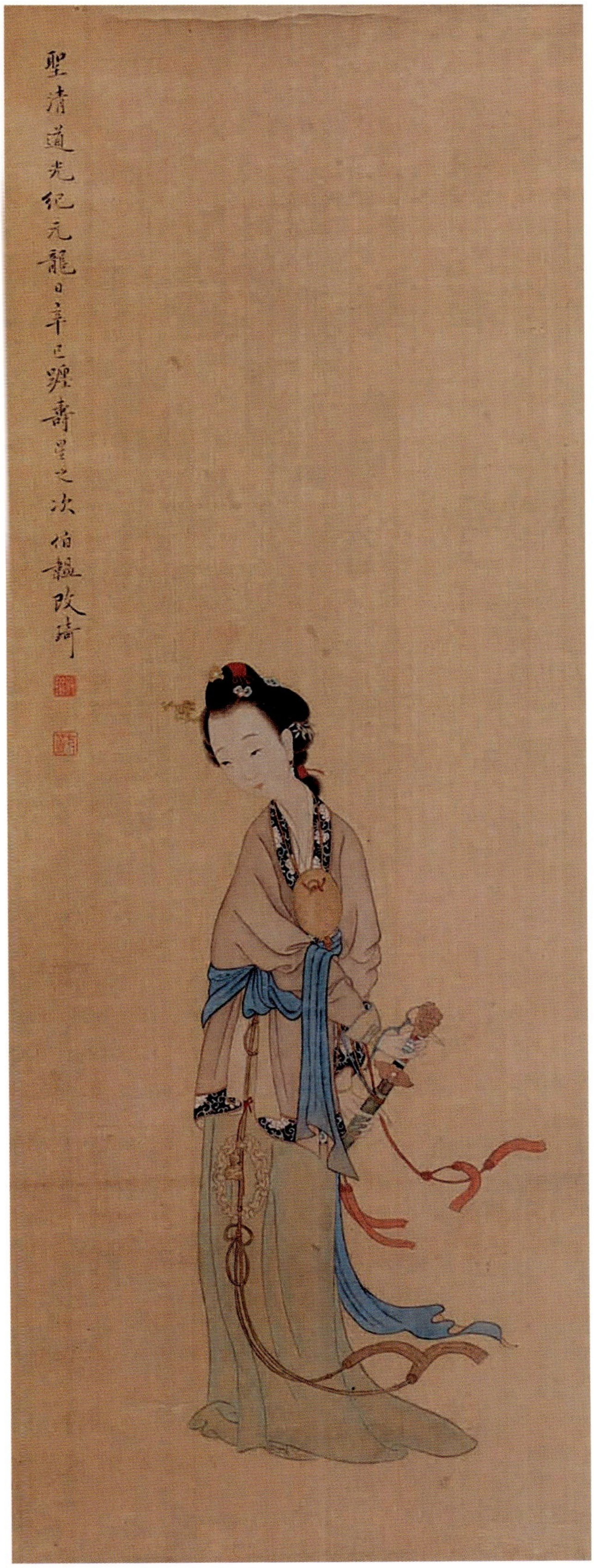

持剑图 改琦 绢本设色 上海博物馆藏 清

舞剑 费丹旭 绢本设色 上海博物馆藏 清

清娱图　喻兰　纸本设色　砚田书院藏　清

舞剑　钱惠安　纸本设色　上海博物馆藏　清

舞剑　顾见龙　纸本设色　上海博物馆藏　清

习剑　改琦　纸本设色　民间藏　清

公孙大娘舞剑图　任颐　纸本墨色　纵 41.9 厘米　横 28 厘米　故宫博物院藏　清

赏剑　吴友如　清

公孙大娘舞剑图　陈洪绶　绢本设色　明

持剑　钱慧安　纸本设色　上海博物馆藏　清

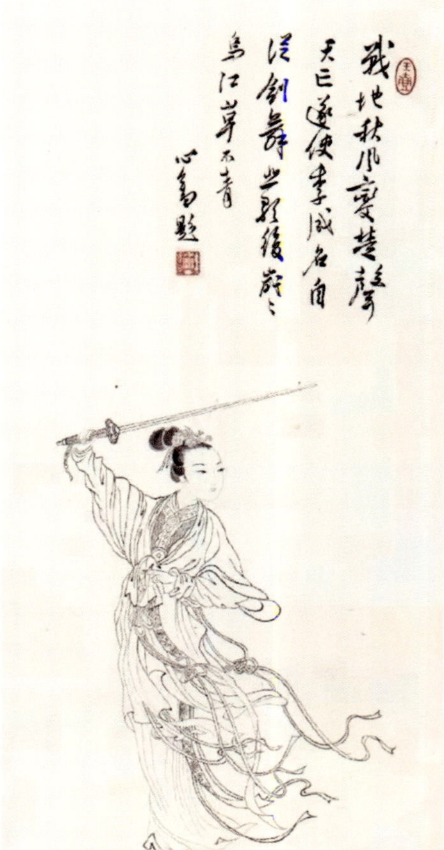

从军　钱慧安　纸本设色　上海博物馆藏　清

第二节 中国古代女子养生

“养生”在中国古代又称为“摄生”，所谓“摄”，即“吸取、保养”之意。“养生”一词最早见于《庄子》内篇。所谓养，即保养、调养、培养、补养、护养;所谓生，即生命、生存、生长。养生是通过“养精神、调饮食、练形体、适寒温”等各种方法去实现强身益寿的综合性活动。

运用中国传统体育运动方式进行锻炼，以顺应自然，协调阴阳，活动筋骨，调节气息，疏通气血，静心宁神等方法来修身、修德，从而达到强身健体和延年益寿的目的，这种养生活动，称为运动养生。运动养生是中国传统养生文化的重要组成部分，是中国人民在数千年的养生活动和生活实践中总结形成的生命规律。它以中国传统养生文化为背景，并创立了自身独特的理论、方法和运动方式。

中国传统医学以其博大精深的理论和丰富多彩的方法而闻名于世，其形成和发展与数千年的传统文化密切相关。中国传统医学与中国传统运动养生有着密切关系，尤其是中医理论为中国传统养生学的发展奠定了坚实的理论基础。

在古人看来，世间万物是一个整体，互相联系，互相依存，不断变化。这种思想，直接影响到《黄帝内经》的理论构思，体现为“天有日月，人有两目。地有九州，人有九窍……天有四时，人有四肢。天有五音，人有五脏。天有六津，人有六腑”，“地有十二经水，人有十二经脉”。从《周易》与《黄帝内经》的联系中，我们可以看到古人心目中大宇宙与小宇宙的联系。之后，发展了阴阳二气、金木水火土五行学说。在数千年漫长的历史进程中，中国古人非常重视宇宙整体观的思维方式，提出了“重人贵生”“天人合一”“天人相应”“我命在我”“养生有道”等一系列养生思想，为运动养生的发展奠定了较完整的理论基础。

在中国古代，女子参与“养生术”“修炼术”“导引”“内丹”等身体修炼不受性别歧视。不少女子十分热衷于气功修炼。中国道教体系中也有众多女性神仙，不少女子还成为道教流派的创始人和中坚力量，对气功的发展也做出了杰出的贡献，体现了女性在道教中的独特地位。

考古学家们认为，大约在旧石器晚期伴随医疗活动的产生，人类也有了养生和锻炼的意识及“行为”。我国上古神话中还有阴康氏发明“阴康舞”的传说。《吕氏春秋·古乐篇》记载:“昔阴康氏之始，阴多滞伏而湛积，水道壅塞，不行其原，民气郁阏而滞着，筋骨瑟缩不达，故作为舞以宣导之。”可见“阴康舞”实际上就是一种类似于气功导引的养生方法。基本作用是宣达腠理、通利关节，保持身心健康，这和我们今天所讲的现代体育的形态、功效基本吻合。“阴康舞”的传说可以作为中华先民医疗养生中体育形态的证明。

夏商周时期，“动以养生”的思想逐渐成熟，人们形成了“劳”和“动”两方面内容的养生观念。《荀子·天论》中指出:“养备而动时，则天不能病;养略而动罕，则天不能使之全。”所谓“动”，就是运动，这是中国古代可贵的养生思想。

东晋时的魏华存(251—334)，即人们常说的魏夫人，是司徒魏舒的女儿。她从小就博览诸子百家之书，尤其喜爱道术，钻研老子与庄子。在她的两个儿子长大成人后，魏华存师从清虚真人王褒，被授予道家经典《太上宝文》等31卷。她又师从景林真人习得《黄庭内景经》。后来，魏华存又将这部道教名著转给弟子杨羲、许穆等人。她被尊奉为道教茅山宗的第一代祖师，在道家的发展过程中做出了突出贡献。

金代道姑孙不二（1119—1182）是道教全真派北派七真之一，山东宁海人。她潜心修炼七年，以自己的亲身实践，为女子气功的内丹修炼术开辟了道路。自她之后，专为妇女练功的道家修炼术——“女丹”开始广泛传播。

道教的相关典籍中，同样有许多女子进行身体修炼的记载。如唐代女道士胡愔的《黄庭内景五脏六腑补泻图》将导引结合天道节气和人体脏腑气运来进行养生，提出“天人合一”导引理论体系，对导引发展产生很大影响，被誉为唐代养生导引术的最高成就。

养生术是渗透儒、释、道诸家学说的传统养生理论，十分重视生命的体验，讲究顺应自然的节奏和法则，寻求心灵的解脱。它既需要理性有序，演绎述理的客观、真实，也需要感性的空灵、顿悟、抒意的思辨、冥玄。可以说，中国传统养生术是人文和科技角度的钩玄，合而视之，它是一门文化养生学，其方法是哲学的、顿悟的、生活与实践体验的。

一、导引术

导引一词，源自《黄帝内经》。其后庄周的《庄子》，葛洪的《抱朴子》，对导引均有阐述。导引即“导”与“引”。导者，导气也；引者，引体也。晋李颐云：“导气令和，引体令柔。”和者，通也，顺也；柔者，韧柔，富弹

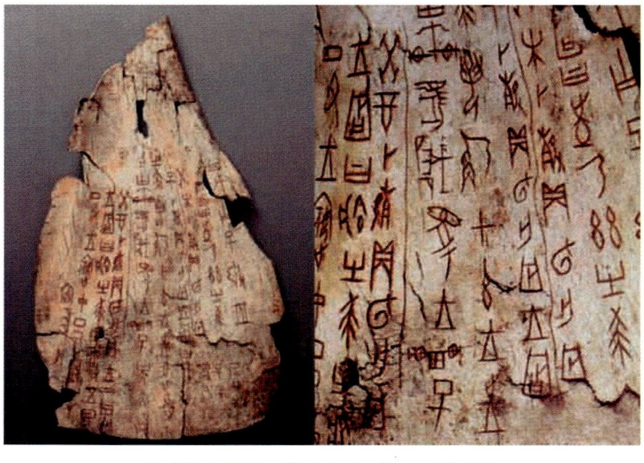

防疫养生甲骨　殷墟出土　河南博物院藏

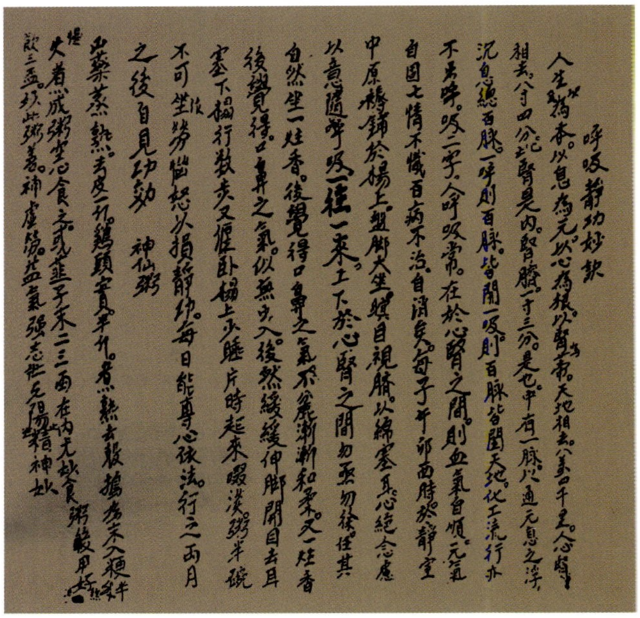

呼吸静功妙訣

《呼吸静功妙诀》影印照　敦煌文献 P.3810 写本

性，以增强活力。导引通过伸屈、俯仰、行卧、倚立等各种人的肢体运动，与气息调节相配合，求得血脉畅通、延年益寿和祛除百病，达到“气血以和，骨肌以柔”的人体健康最高境界。

导引养生功的理论依据是辨证论治，根据中医的整体观念，阴阳互根，五行相生、相克、相乘、相侮的关系，把各套功法的动作，进行了辨证施治的安排，从而协调阴阳，补其不足，泻其有余，取得健体之功效。

原始巫术所创造的巫舞，其中的“禹步”，也是一种导引健体运动。古代的导引术依据“流水不腐，户枢不蠹”的理论，创造了不少流派和术式，并与按摩结合，形成了运动养生的体系。

湖南长沙马王堆三号汉墓出土的帛书《导引图》，是我国现存最早的一卷养生图录。据考古专家论证，是公元前 2 世纪的作品。原帛书长约 100 厘米，分上下 4 层，绘有 44 个男女习练的导引姿势图，图旁注有习练动作的题记。它展现了两千余年前中国古代养生运动的真实情况。

图中 44 个人物大多着褶裤式戎装，即一种无絮的短袍，有些穿单层连衣裙或短裤短裙，也有裸露上身的；男

女均缩发或戴头巾，穿角形鞋或赤足。这些穿着打扮属于当时的庶民阶层，说明这些导引术式源于民间，是古人健身养生实践的宝贵结晶。

图中所绘的导引术，基本可分为呼吸运动、肢体运动、器械运动、治疗功四种功法。肢体运动多样，除个别蹲跪式以外，其余全部为立式运动，如上肢运动、冲击运动、扩胸运动、踢腿运动、体侧运动、体转运动、腹背运动、跳跃运动，还有不少动作是模仿动物的。

图中除了徒手操以外，还有器械运动，如使用棍杖、圆球状、盘形与袋形状等辅助锻炼身体的器械功。如“以杖通阴阳”“螳螂”“引胠积”等。

湖北省云梦睡虎地出土的秦简《日书》中提到了禹步。行禹步时，根据禹步所行的路线顺序（坎、坤、震、巽、乾、兑、艮、离），即九宫八卦图式。这与人体“呼吸”和“步虚”声的节奏相融合，排出体内污气，使人的心境进入高度恬静的状态，从而达到“精、气、神”俱练的效果。可见，禹步实质上是一种将吐纳与导引相结合的养生术。自汉代以来，禹步一直是女巫与女子行医和练习呼吸导引的基本功法，尤其在宋代以后出现的职业摔跤手和武术习练者，经常运用禹步作为基本功法。

湖北省江陵张家山发掘了三座西汉古墓，共出土了千余枚简牍，其中有两部医学著作，《脉书》与《引书》。《引书》用隶书写成，其内容分为三部分：第一部分论述四季行气与生活调理，第二部分论述导引姿势，第三部分总结导引行气和健身治病的关系。《引书》的导引姿势有简易的重复动作，也有多

导引图　湖南长沙马王堆一号墓出土　湖南博物院藏　西汉

彩绘行气入静图陶奁　河南洛阳出土　河南博物院藏　西汉

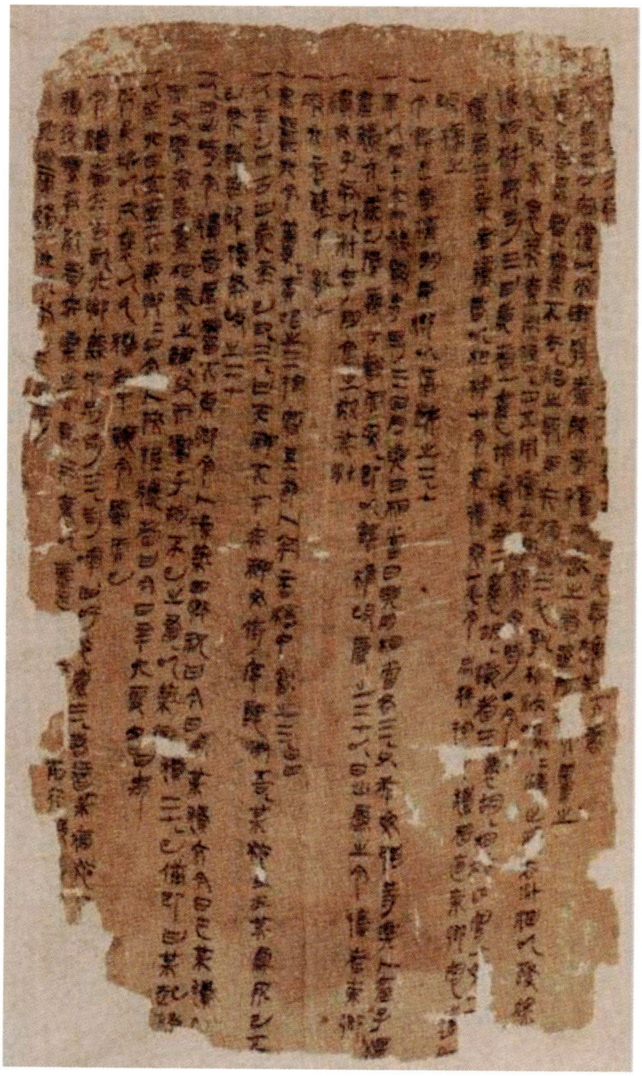

帛书五十二病方　高 24 厘米　长 450 厘米
湖南长沙马王堆三号墓出土　湖南博物院藏　西汉

切脉图　陕西岐山县周公庙药王洞壁画　唐

云气图　永城梁国王陵出土　河南博物院藏　西汉

婴儿洗浴图　台北故宫博物院藏　唐

戏婴图 周昉 纸本设色 美国纽约大都会艺术博物馆藏 宋

龟咽鹤息气功纹铜镜 河南博物院藏 宋

五禽戏图谱　摘自席裕康《内外功图说辑要》

种体位的连续运动。有些动作术语与长沙马王堆出土的“导引图”相同，但动作体位有所区别，这反映出汉代的导引术虽然已形成不同的派别，但他们对人体气血经脉为基本构成的认识是相同的。其中，《引书》总结了导引对身体 24 个部位的益处，为研究汉代的导引术提供了极为珍贵的资料。

导引中的“徐步”，即今日的“慢跑”。《小尔雅·广度》载：“跬，一举足也，倍跬谓之步（跬：古代称举足一次为跬）。”徐者慢也。所以说“徐步”就是慢跑。古代女子也经常以“徐步”来达到健身健体的目的。

二、五禽戏

中国古代有不少养生家模仿动物姿态创造各种形意动作，古人称为“禽戏”。东汉名医华佗在《庄子》“熊经鸟伸”和《淮南子》“六禽戏”的基础上创编了以模仿虎、鹿、熊、猿、鸟等五种动物活动形态的五禽戏，从而开创了导引术套路术式的先河。

《五禽戏》主要模仿天上飞的鹤、树上攀爬的猿、地上善跑的鹿、行走敦厚的熊和善于跑扑的虎的神形，把肢体的运动和呼吸吐纳有机地结合起来，成为历代人们普遍认同的运动养生功法之一。具体而言，在虎戏中体现了虎的凶猛，神威并重，动作变化刚柔相济；在熊戏中，表现出熊的敦厚沉稳、动静自然的神态；鸟戏主要表现鹤的轻捷挺拔；鹿戏中表现出鹿的神态安静，奔跑轻松；猿戏中表现出猿的灵敏。

模仿禽兽动作来达到健身目的的方法，最早见于春秋战国时期，《庄子·刻意篇》载：“熊经鸟曰，为寿而已矣。”五禽戏之名，相传出自华佗。《后汉书·方术传》华佗云：“吾有一术，名五禽之戏：一曰虎，二曰鹿，三曰熊，四曰猿，五曰鸟。亦以除疾，兼利蹄足，以当导引。”南北朝薛道衡《和许给事善心戏场转韵诗》载：“纵横既跃剑，挥霍复跳丸。抑扬百兽舞，盘跚五禽戏。”

随着时间的推移，五禽戏被辗转传授，逐渐发展，形成了各种流派的五禽戏，流传至今。《五禽戏》动作简单易学，沉稳含蓄，是颇受古代女子喜爱的一种养生健身的方法。

三、脐密功

我国早期石窟现存壁画和塑像中的菩萨，身体中的肚脐均十分突出，就连飞天、伎乐也同样显现肚脐，从禅观佛经和密宗佛经中得知，脐中是修定时，使心灵确立于静面观的集中点，它是佛教修定的主要方法。古人把肚脐称为脐中、神关、气舍、气合等，认为脐乃是人体精血之海、水失之实、三焦之源、呼吸之根、精神之树、生命之根蒂。现代医学也认为脐与大脑、心脏、生殖器及诸脉相互贯通，对维持人体生命活动起着重要作用，也是保持人体健康，祛病强身不可缺少的作用点。人出生后，虽然改变了物质、能量、信息的输入渠道，但是分配中枢的结构并没有改变，古代信佛女子非常重视对脐中的保护，也运用运气的方法来祛病强身。

四、禅定

禅定在我国养生功法的历史长河中，绵延了千余年，其功法体系受中国传统哲学思想的影响，并烙上了中国传统文化的深深印记。

我国现已挖掘和发现的古经卷与古文献约有数十万卷，其所记载的教义和戒律有不少与禅定功力和功法有着密切联系。《庄子》载有“心齐”和“坐忘”等动功、静功。《大安般守意经》记述了释迦牟尼所创造的呼吸法，也就是丹田呼吸法。《观无量寿经》详述了观想阿弥陀佛之法，分十六关，练者趺跏坐地，以念佛入静，为观想、悦意景物法，进行修炼。《金刚经》载:“洗足已，敷座而坐。”《楞伽经》载:“一切法无生，一切法无自性。”这些都讲了如何入定。在西北分布的石窟壁画和塑像中可以看到大量的禅定图，有结跏趺坐、有半趺、有交腿或依坐，有站立双手施“禅定印”等。自唐代以来，我国古代有许多女子通过禅定修身养性，以达到“气聚则成我，气散即成空”，使全身气血正常运行，同时心率下降，充分体现了禅定所蕴藏的极其丰富的生命学内涵和本质属性。

脐密图　莫高窟第 272 窟西壁　北凉

木雕禅定佛　西汉

第四章　中国古代女子休闲弈棋

ZHONGGUO GUDAI NÜZI XIUXIAN YIQI

“博弈”一词，其中“博”是指六博，“弈”指围棋。古人将博弈并列在一起是因为两者都是在“局”或“枰”上进行的娱乐竞技游戏。当人类还处于较为原始的时代，智能型的游戏则比较少见。但是随着人类文明程度的提高和智力的开发，智能型游戏在人们游戏生活中的比例就越来越高。

博弈意指博戏和棋戏，博戏多存贪求物欲、幸胜牟利的功利性；棋戏则具有锻炼思维、陶冶性情的教育性，是中国古代传统游艺文化的重要组成部分。博戏包括六博、双陆、樗蒲、骰戏、打马等靠机运的游戏；棋戏则包括围棋、象棋、弹棋和塞戏等凭智力的棋艺。就中国的博戏而言，其漫长发展中，不论在何种时代，出现哪种博戏，总有许多人喜爱它，上者借此休闲娱乐，下者以此呼卢喝雉。

博弈是一种复杂的智能思维游戏，这是因为博弈在发展演变的过程中，汲取了中国传统文化的精华，蕴含有《易》学中的太极整体论、阴阳辩证论、八卦生成论、河图洛书等思想。从而产生了以“变”为核心的各种博弈形式，并使博弈的棋具、着法、棋理中充满了古代哲理、伦理和朴素的辩证思想。博弈表现出古人的人文思想及聪明才智，在竞赛规则限制下争奇斗巧，并与赏心雅乐和行令、猜谜等结合起来，使之为更多的民众所能接受，既有怡情健康的一面，又是一种趣韵并存的竞技游戏，是中国古代一种普遍性的文化现象。

棋牌类娱乐活动用具简单，参与人数少，适宜室内进行，尤其适应各阶层女子玩乐，其普及程度高，是中国古代女子最主要的娱乐方式，深受历朝历代各个阶层女子的喜爱。清人黄俊所著《弈人传》，专为女子列一卷，其中尤其注意收录民间女弈人的事迹，所涉及的人物都有着骄人的棋艺。如《西京杂记》关于汉戚夫人的记载：“戚夫人侍高帝……八月四日，出雕房北户，竹下围棋。”《齐东野语》关于宋胡夫人的记载：“黄子由尚书夫人胡氏，与可元功尚书之女也。俊敏强记，经史诸书略能成诵。善笔札，时作诗文亦可观。于琴弈写竹等艺尤精。”此外，在我国古代四大名著之一的《红楼梦》中，描绘女子们最多的娱乐项目也是弈棋，文中提到了包括围棋、象棋、跳棋（双陆）等多种女性喜爱的弈棋形式。文中上至老太太、小姐，下至管家、老妈子、丫鬟，甚至连出家女尼妙玉都有下围棋的爱好，足以证明当时围棋之盛行，也足见作者视野下那个时代弈棋在女性群体中的地位。

古代甚至有女子以棋艺作为衡量标准挑选丈夫，《棋国阳秋》记载：“有（八旗）宗室某，善弈，女曰芙卿，传其艺。及笄未字，媒至皆不许。问其意曰：‘有弈胜吾者，愿事之。’而京师之能弈者颇伙，一日有三人至。与其父弈，皆胜之。三人者，一齐侍郎子，一金孝廉，一僧秋航也。秋航弈最高，齐次之，金又次之。约翌日女与弈。僧、齐复胜，与金得和局。女曰：‘齐大非吾偶，禅心本自空。金兰如有契，白首一枰铜。’父遂受孝廉聘。女归后，琴瑟甚笃。尝一枰相对，其乐有甚于画眉者。”女子挑选丈夫，不是看他的地位高低，财产多少，也不是看他的才情优劣，文思钝敏，而是看他的棋艺如何，能战胜自己的，才肯与他成亲。这种选婿方式反映了古代女子在婚姻上的价值观。

古代女子不能执政为官，但是也有一些女子，却因为善于某种游戏技艺而获得官职。如《南史·崔慧景传》记载，当时浙江东阳有个女子叫娄逞，她精通棋艺，为了能与上层社会的士大夫们交流棋艺，她“变服诈为丈夫”，女扮男装，遍游公卿，并经常战胜他们，于是便当上了扬州议曹从事。后来此事被齐明帝发觉，“驱令还东”，娄逞穿好妇人服后离开时还叹道：“如此之伎，还为老妪，岂不惜哉！”

总之，中国的博弈文化都在棋子、棋局和规则的设计之中，形成表面简单、内涵复杂、玄妙多变的博弈文化。古代博弈具有知识性、趣味性、娱乐性、竞技性等特点，被视为社会文化修养的必习之艺。中国古代女子的生活环境决定了妇女户外活动受到限制，同时，女子的身体条件也不适宜参与消耗体力过大的竞技娱乐活动，女子弈棋偏重娱乐休闲，陶冶情操，故古代女子的游戏活动多被深具心性教化功用的棋艺所取代。

一、六博

六博，又称陆博，是古代一种掷采行棋的博戏类游戏，因使用六根博箸而得名，以吃子为胜。六博是先秦时期最为盛行的一种局戏。古代许多文献中均有不少关于六博的记载，汉代司马迁《史记·滑稽列传》记载：“若乃州闾之会，男女杂坐，行酒稽留，六博投壶，相引为曹，握手无罚，目眙不禁，前有坠珥，后有遗簪，髡窃乐此，饮可八斗而醉二参。”《七十二朝人物演义》记载：“酒倒流霞，脸生桃花。投壶六博，竞斗奢华。这时节好不放荡之极，不拘男男女女，与他握手而谈，也无个责罚。”可见六博流传之广，涉及君王、诸侯、贵族、士大夫和平民各个阶层。

六博竹简

北京大学藏　西汉

河北出土战国时期的石质六博棋局。棋局用多块黄褐色石片拼合而成，盘面浮雕成“└”“—”“┬”“├”等符号组成的六博格局及兽形纹饰，风格古朴富丽。

六博的发展演变过程中，还与占卜、射猎、投壶、骰子等有着密切的联系。博戏自战国至隋唐，其博局与博法变化较大。六博不仅讲究战略战术，也要有胆略勇气。

李昉的《太平御览·黄帝问玄女兵法》载：“禹问于风后曰：‘吾闻黄帝有胜负之图，六甲阴阳之道，今安在乎？’风后对曰：‘黄帝藏会稽山下……禹乃开而视之，中有天下经十二卷。禹未及持之，其四卷飞上天，禹不能得也。其四卷复下陂池，禹不能拯也。禹得中四卷，开而视之。’”其实这里讲的就是太一式盘占卜方法。《穆天子传》还记载有周穆王与西王母进行博戏的情景。

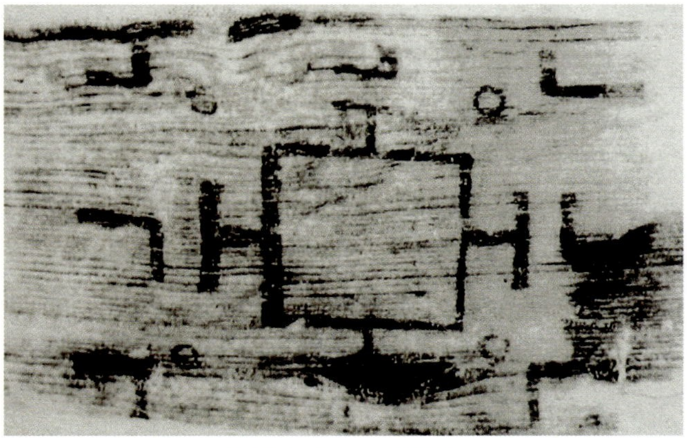

六博局图案　天水市博物馆藏　秦

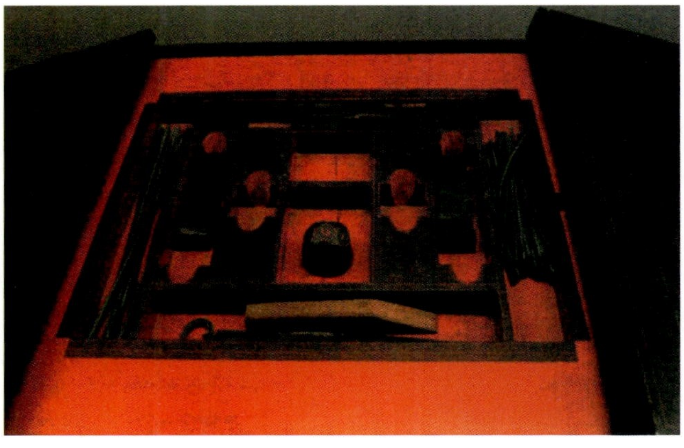

六博棋具　湖南博物院藏　西汉

彩绘陶六博具　美国纽约大都会艺术博物馆藏　西汉

博局盘　边长 43.2 厘米　高 4 厘米

长沙望城坡鱼阳墓出土　湖南博物院藏　西汉

新津崖基石刻　六博画像砖　四川博物院藏　汉

象牙质六博棋子　西汉

六博大约在春秋时就已存在，《楚辞·招魂》中有“菎蔽象棋，有六博些。分曹并进，遒相迫些”的记载，《史记·苏秦列传》也在描写齐国都城临淄时，提到当地许多人在“斗鸡走狗，六博踏鞠”。表明六博游戏在当时已相当普及。在汉代也有描绘六博场景的画像石和画像砖，如四川出土的《仙人六博》画像砖中绘有两个仙人对坐博弈。

湖南省长沙市马王堆三号墓出土西汉时期的黑漆朱绘六博棋盒。盒内装有六博博局、棋子、筹码、骰子等整套六博戏器具。平板式博局，可嵌于正方形棋盒内，局面为黑漆，以象牙条镶嵌成局式，盒内装有六白六黑棋子12枚。直食棋20枚，长筹码12枚，短筹码30枚，以及骰子等物。

六博在秦汉时期非常盛行，深受各阶层的喜爱。六博最初是一种带有比赛性质的娱乐活动，后来逐渐发展成一种赌博手段，从而失去了受众。六博在汉代以后呈现衰退之势，晋代后消失。

错金银四神博局纹镜　故宫博物院藏　东汉

二、樗蒲

樗蒲，又作摴蒲、摴蒱，始于汉末魏初，是由六博演变而来的一种掷采行棋局戏，因用于掷采的骰子，是用樗木制成而得名。又由于其掷具系五枚一组，故也称为五木或呼卢。

樗蒲最初是春秋时西戎的胡人所创，后被引入中原。《太平御览》卷七二六引西晋张华《博物志》云："老子入西戎，造樗蒲。樗蒲，五木也。或云，胡人亦为樗蒲卜。"这里虽然认为樗蒲是老子去西戎时所造，但也有一种说法是胡人作占卜之用。而东汉马融《樗蒲赋》中有记载："伯阳入戎，以斯消忧。"这是现存最早的对樗蒲的系统记录。赋中对樗蒲之制作、博具、材料出处、玩法等都作了说明。据其描述，樗蒲棋具的制作很讲究，主要包括枰、杯、木、矢、马。枰是棋盘，木为掷采之具，共有5枚。杯是投掷五木的容器，马和矢是棋子。玩家根据投掷五木的采数来确定马和矢的走法。

早期的樗蒲都是要行棋的，《樗蒲赋》《国史补》《五木经》等史籍，都有关于樗蒲之戏的具体记载。汉末繁钦《威仪箴》云："其有退朝，偃息闲居，营操弄棋，文局樗蒱，言不及义，负胜是图。"（《全后汉文》卷九十三）说明樗蒲问世不久就成了赌具。

魏晋时期，樗蒲之戏演变为一种玩法更简单的博戏。参与人只需要掷一把手中的五木，看谁的采数最高，谁便是赢家。从此，樗蒲的胜负更大程度上变成了依赖运气，而不取决于技巧了。由于玩法不再烦琐，也就更容易被人们所接受了。从此，上至帝王嫔妃，下至平民百姓，无不喜爱樗蒲之戏。据《晋书·胡贵嫔传》记载：晋武帝与其贵嫔胡芳樗蒲，二人争矢，以致弄伤了晋武帝的手指。此外，南朝刘宋的开国君主刘裕出身于寒门，年轻时曾因"好樗蒲，为乡闾所贱"。说明樗蒲在当时的民间也很流行。晋人葛洪《抱朴子》载："暑夏之月，露首袒体，盛务唯在摴蒱弹棋……不逾绮襦纨袴之侧。"这说明魏晋时，民间仍十分流行樗蒲游戏。

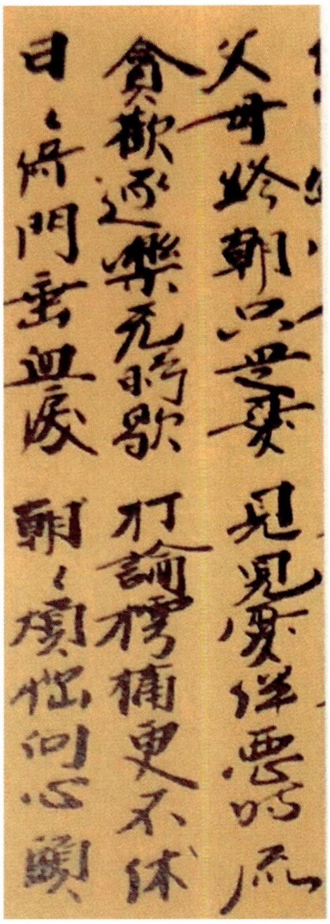

樗蒲　选自敦煌文献 P.2418 写卷

隋唐五代时期，樗蒲仍然非常盛行，隋炀帝大业四年（608年）三月三日上巳日，诗人王绩在长安出游，见士女盈川车马云集，樗蒲争道，游戏娱乐。李白《少年行》载："君不见淮南少年游侠客，白日球猎夜拥掷。呼卢百万终不惜，报仇千里如咫尺。"唐代李翱撰写的《五木经》，提供了樗蒲较为完整的竞赛方法。《五木经》无局图，只是为樗蒲的竞赛方法提供了考释。从正史中可知唐人喜好樗蒲，即使在文学作品中也有反映。唐代李肇《唐国史补》卷下《叙古樗蒲法》载："洛阳令崔师本，又好为古之樗蒲。"文中详细论述了当时樗蒲的具体玩法。

中唐诗人岑参《玉门关盖将军歌》："美人一双闲且都，朱唇翠眉映明矑……可怜绝胜秦罗敷，使君五马谩踟蹰。野草绣窠紫罗襦，红牙缕马对樗蒲。玉盘纤手撒作卢，众中夸道不曾输。"在唐代宫禁大内中，樗蒲深受帝王及宫人喜爱，如武则天喜欢樗蒲，宠臣张昌宗、张易之及武氏兄弟都争先恐后地陪她游戏，"樗蒲笑谑，赐与无算"。唐玄宗的妹妹代国公主李华也精通樗蒲。薛能《嘲赵璘》载："巡关每傍樗蒲局，望月还登乞巧楼。第一莫教娇太过，缘人衣带上人头。"李群玉《湘妃庙》载："少将风月怨平湖，见尽扶桑水到枯。相约杏花坛上去，画栏红紫斗樗蒲。"晚唐诗人郑嵎《津阳门诗》所写"上皇宽容易承事，十家三国争光辉。绕床呼卢恣樗博，张灯达昼相谩欺。”描写的就是杨氏兄妹樗蒲的情景。

到五代时期，樗蒲之戏在宫廷仍然非常流行。如花蕊夫人《宫词》载：“摴蒱冷澹学投壶，箭倚腰身约画图。尽对君王称妙手，一人来射一人输。”和凝《宫词百首》，其中就有一首描写后宫女子学玩樗蒲的诗：“锦褥花明满殿铺，宫娥分坐学樗蒲。欲教官马冲关过，咒愿纤纤早掷卢。”从诗中描写的“官马冲关”步骤来看，这还是一种保留了早期“古法”的樗蒲玩法。和凝还有一首《采桑子》：“蝤蛴领上诃梨子，绣带双垂。椒户闲时，竞学摴蒱赌荔支。从头鞋子红编细，裙窣金丝。无事颦眉，春思翻教阿母疑。”描写了少女以荔枝为赌注，竞相学习玩樗蒲的情景，非常生动。

宋代樗蒲依然在各阶层女子中流行。许多宋代词人用优美的文字描述了当时女子樗蒲的场景。黄庭坚《送薛乐道知郧乡》载：“黄山叶县连墙居，谢公席上对樗蒲。双鬟女弟如桃李，早许归我舍中雏。”陆游《月照梨花·闺思》载：“霁景风软，烟江春涨。小阁无人，绣帘半上。花外姊妹相呼。约樗蒲。”蒋捷《风入松·戏人去妾》载：“东风方到旧桃枝。仙梦已云迷。画阑红子摴蒱处，依然是、春昼帘垂。”赵长卿《柳梢青》载：“小窗闲适。云髻鬅肩，香肌偎膝。玉局无尘，明琼欲碎，春纤同掷。不争百万呼卢，赌今夜、鸳帷痛惜。好忍马儿，若还输了，当甚则剧。”这说明宋时樗蒲在民间仍十分流行。

明人陆梦龙《送族兄客楚》诗云：“相携白玉壶，相送有言无。茜裙最好处，莫约共樗蒲。”由于樗蒲在发展的过程中，赌博的成分越来越重，樗蒲之戏在风靡了一千余年后逐渐受到人们的冷落和遗弃。

三、双陆

双陆也称“双六”，因对局双方各六枚棋子而得名。它既是博戏用具同时又是一种棋盘游戏。双陆棋是以掷骰子的点数来决定棋子的移动，首位把所有棋子移离棋盘者为胜。据考证，双陆源于今伊拉克东南部的乌尔古城，苏美尔人居住的遗址墓群中发现了距今约5000年的双陆棋盘。这一考证可证明苏美尔的双陆棋早于阿拉伯、波斯、埃及和印度。因此，可以说双陆棋是人类有史以来最古老的棋类游戏之一。也有一种观点认为，双陆的起源受到印度的影响。南宋人洪遵在《谱双序》中说：“双陆最近古，号雅戏。以传记考之，获四名：曰‘握槊’，曰‘长行’，

双陆木棋盘　吐鲁番阿斯塔那206号古墓出土　新疆维吾尔自治区博物馆藏　唐

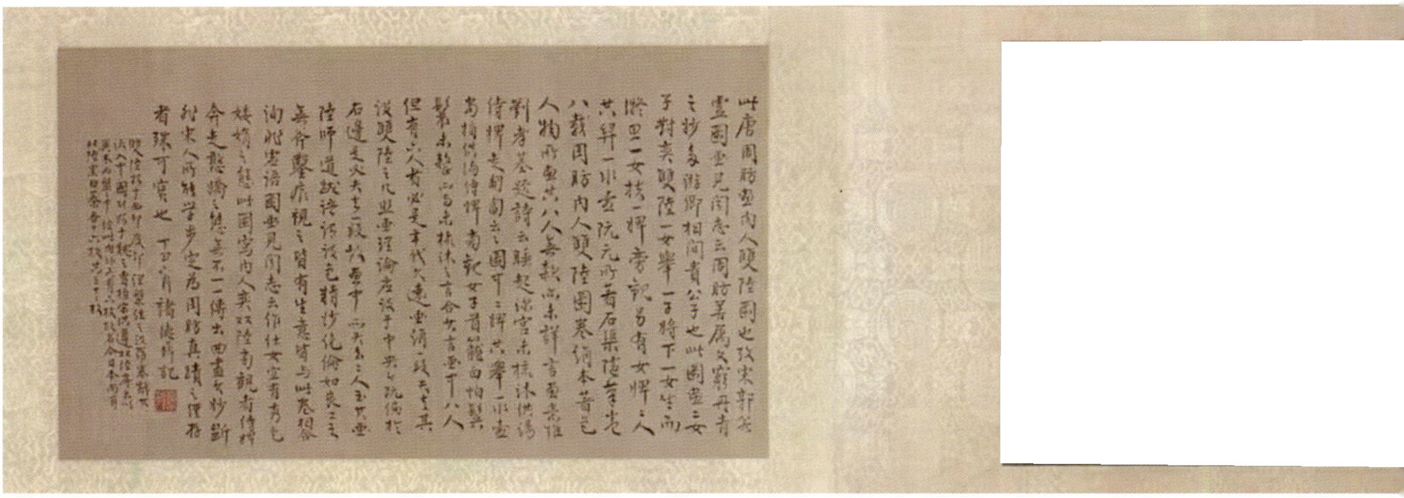

曰‘波罗塞戏’，曰‘双陆’。盖始于西竺，流于曹魏，盛于梁、陈、魏、齐、隋、唐之间。”

关于双陆的玩法，据《资治通鉴·神龙元年二月》注曰：“双陆者，投琼以行十二棋，各行六棋，故谓之双陆。”“琼”即骰子，为正方体，六面镂点。现今流传的骰子，即与双陆之骰同形。双陆为二人博戏，每人各六枚棋子，子称“马”，分为黑、白两色，在长方形的棋盘上，“按掷骰所得之彩行马；各自棋盘一方行至另一方，以叠行之马打对方单行之马，据到达目的地的先后和打落敌马的多少决定胜负。”

据唐人编纂的《续事始》记载：“陈思王（曹植）制双六局，置骰子二。”由此可见，双陆早在三国时期就已经出现。到南北朝时期，这种游戏已经非常流行，如梁湘东王萧绎曾与中记室参军萧贲玩双陆，又如南朝梁荆州掾属玩双陆，赌金钱，钱尽，以珍稀花品金钱花相抵，时人认为“得花胜得钱”。

唐代宫廷女子也流行玩双陆，许多唐诗对双陆有所描写。王建《宫词一百首》就写道：“分朋闲坐赌樱桃，收却投壶玉腕劳。各把沉香双陆子，局中斗累阿谁高。”诗中讲的是宫女们闲暇无事，分成几组赌樱桃取乐，先是玩投壶，玩累了又坐下来手捻沉香棋子玩双陆棋。《新唐书·地理志》“合州巴川郡”条文还记载：该州每年向朝廷进贡的土特产品中就有“双陆子”。可见唐代宫廷中流行玩双陆游戏，所以才会要求地方官府进贡双陆棋具。

在考古发掘中也有双陆棋具实物的出土。如1973年，在新

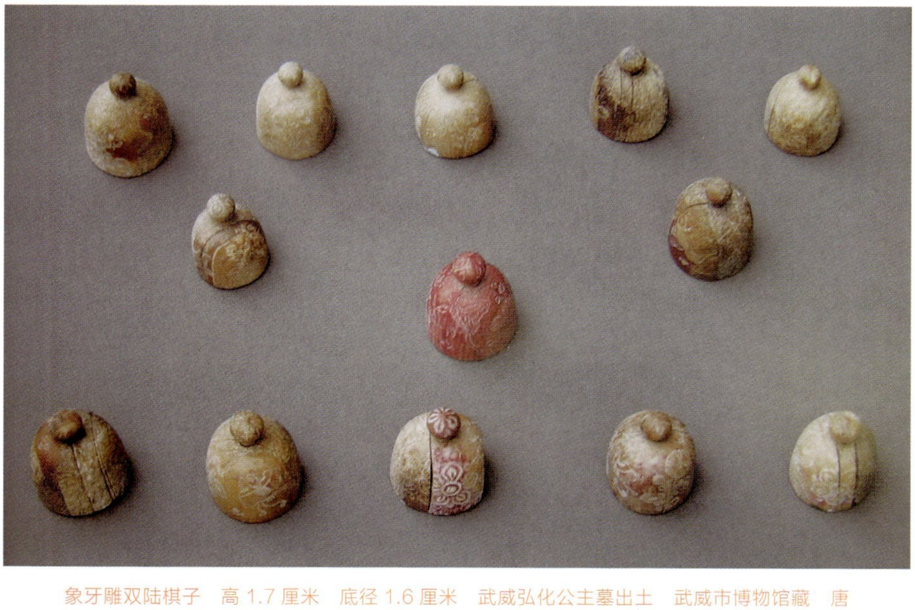

象牙雕双陆棋子　高1.7厘米　底径1.6厘米　武威弘化公主墓出土　武威市博物馆藏　唐

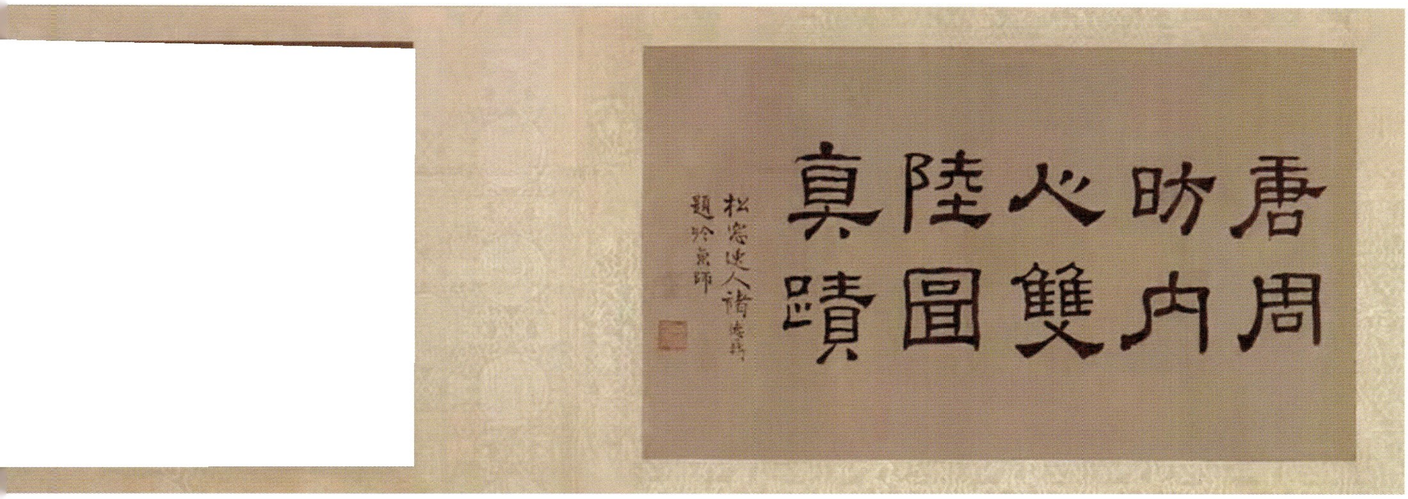

内人双陆图 周昉 绢本设色 纵 30.7 厘米 横 64.4 厘米 美国弗利尔美术馆藏 唐

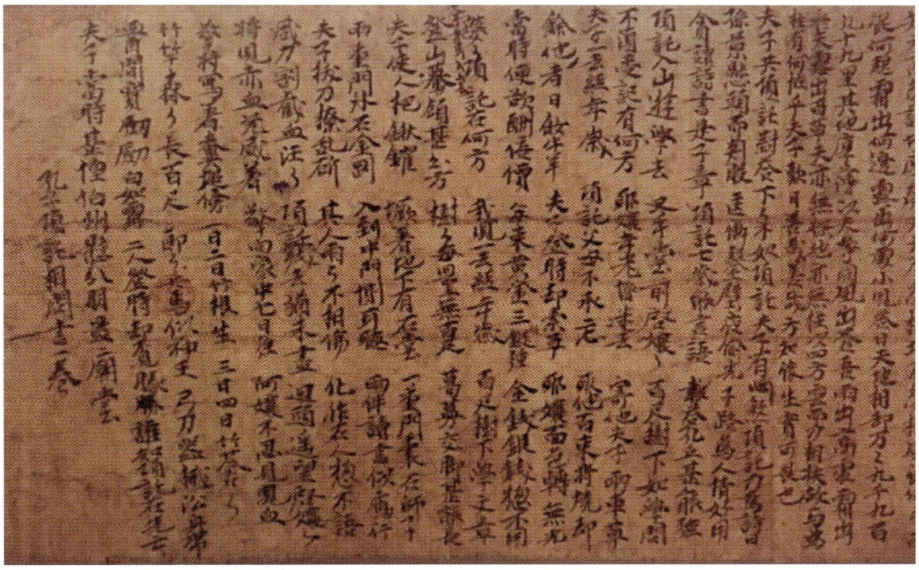

双陆 敦煌文献 P.3883 唐

疆吐鲁番阿斯塔那唐墓中出土了一件镶嵌螺钿的双陆局，长28厘米，高7.8厘米。局面上沿长边中央有月牙形“门”，左右各有六个以螺钿镶成的花眼，局中央有纵向、横向格线各两条，围成三个空间，内以螺钿镶嵌成云朵、花枝、飞鸟图案。

唐代女皇武则天也喜欢玩双陆，曾自制九胜局，对双陆棋规则进行改革，并下令文武百官打双陆。据《事文类聚》载，武则天的男宠张昌宗双陆造诣极深，经常陪武则天打双陆。唐代周昉《内人双陆图》，画的是两位女子正在玩双陆，肌肤丰腴，服饰飘逸，并有丫鬟伺候。可见，双陆也是当时名媛贵妇之间的娱乐和交际方式。

在唐代笔记小说、俗讲变文中也有许多女子打双陆的描写。如张鹭在《游仙窟》中描写了他与女主人十娘、五嫂等玩双陆的情节：“十娘笑曰：‘莫相弄！且取双六局来，共少府公赌酒。’”敦煌变文《孔子项托相问书》，讲的就是孔子东游，遇七岁小儿项托，夫子曰：“吾车中有双陆局，共汝博戏如何？”小儿答曰：“吾不博戏也。天子好博，风雨无期；诸侯好博，国事不治；吏人好博，文案稽迟；农人好博，耕种失时；学生好博，忘读书诗；小儿好博，笞挞及之。此是无益之事，何用学之！”文中通过孔子与小儿的对答，论述了若沉迷于双陆游戏误事的道理。

到了宋代，双陆被宋人称其为“雅戏”，在各地更为普及。宋代周密《浣溪沙》载：“象局懒拈双陆子，宝弦愁按十三徽，试凭新燕问归期。”无名氏《喜迁莺·物中双美》载："人总道，机云双陆，同年弧矢。"赵闻礼《法曲献仙音》载："花匣么弦，象奁双陆，旧日留欢情意。"秦湛《卜算子·春情》载："四和袅金凫，双陆思纤手。"当时，在酒楼茶馆里，往往设有双陆盘，供人们一边饮茶一边下棋。敦煌文书所藏王梵志诗中有一首专门咏及双陆的诗作《双陆智人戏》曰："双陆智人戏，围棋出专能。解时终不恶，久后与仙通。"该诗称赞双陆为智者游戏，是一种高雅的益智游戏。

元代女子中仍然十分流行双陆，双陆被视为"才子型"棋艺，多为文人雅士所喜爱。因此在元曲中也能经常看到对女子玩双陆游戏的描写。明清时期，双陆在上层贵族及仕女中仍有流行，但受到麻将、叶子牌等新兴游戏的冲击开始逐渐衰落。《金瓶梅》《红楼梦》《镜花缘》《风筝误》这些文学作品中偶有简单的描写。潘金莲也会双陆，在家无事时便约人打几回。明代孙蕡《闺怨》诗载："对盘双陆打黄金，挂树朱笼赌百禽。不是爱他延日子，免教提起别时心。"据考证，现传世最精美的双陆局是明代黄花梨木所制，现藏于美国纽约大都会艺术博物馆。北京故宫博物院也藏有明清之际的一件紫檀双陆局。

清人《姚大梅诗意图》中，描绘了清代上层富家女相聚玩双陆棋戏的情景。画面描绘细腻，人物生动传神。

清代孙静庵《栖霞阁野乘》记载："其总南河时，年几七十，而精神矍铄，逾壮年人。性豪纵如昔时，颇有严世藩美人双陆之概。"裕德菱《清宫禁二年记》"中以瑜妃，尤为颖慧，能诗工乐，堪称中国女子中之最有才智者也。且于泰西各国之掌故俗尚，也亦不了然。"

到了清末，双陆这一在我国古代流行了近两千年的游戏终于失传。如今已销声匿迹的双陆之戏，殊不知曾是中国古人过往岁月里的瑰宝。

樗蒲和双陆，早在中国的南北朝时期就传入日本。

紫檀双陆棋盘与棋子　辽

双陆棋盘　观复博物馆藏　明

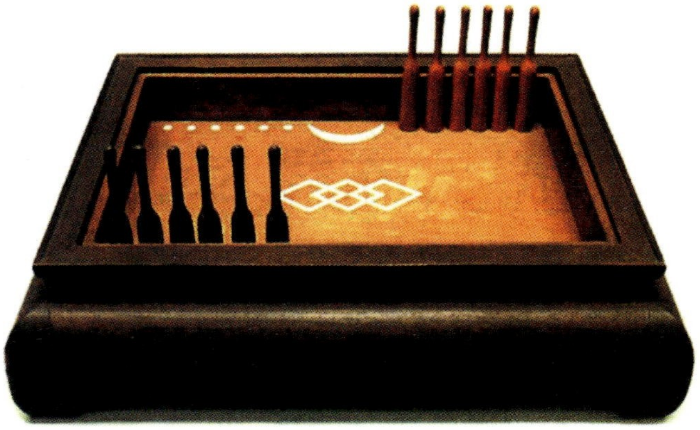

紫檀双陆棋盘与棋子　辽

珐琅狮纹双陆棋盘　故宫博物院藏　明

双陆图　任熊　绢本设色　纵 27.3 厘米　横 32.8 厘米　故宫博物院藏　清

双陆棋子　高 13.9 厘米　直径 2.9 厘米
故宫博物院藏　清

奈良时代，在贵族中非常流行，其格式和行棋方式完全照搬唐代。今日本正仓院尚有镶嵌花纹素木制作的博具及以象牙染红细雕龙凤装饰图案的博具。

四、围棋

围棋，是中国最古老的棋戏之一，相传为尧舜所发明。晋人张华在《博物志》中说："尧造围棋以教子丹朱，或曰舜以子商均愚，故作围棋以教之。"《左传》《论语》《孟子》中都有记述，西汉时"围棋"才正式成为棋种之名。

围棋是中国古代贵族妇女们玩乐的一种游戏方式。围棋之所以经常出现于闺阁内屋之中，还有一个重要的原因是它需要花费大量的时间。只有生活条件优裕，有大量闲暇的人，才能经常下围棋，而古代的上层贵族妇女，充分具备了这样的条件。她们成天在深阁内屋之中，经常感到寂寞冷

[illegible]
白子一角着之還入彼死左右各二相任引
皆准此法白引子二子各自當二白角者
為子在外皆上押二子入圍彼之而死此乃
引彼之法必須詳審思而行之依法為者
獲利不少　勢用篇第三
凡論圍者乃有數篇欲說勢名尋之難
盡猶生猶死之勢餘力之能或劫或持
之自由之行賸者便須為劫而有劫
之心弱者先持而有輸局之意直四
曲四便是活碁花六聚五恒為死形
懷花六外煞十一行之碁果之聚五取七
行之子非生非死非劫持此名兩劫之碁
行不離乎角傍曲四局竟乃亡兩劫相
連雖亡不死直從反撥盡可錄之花
聚字從略言取要壇公囊所必須布
置使然諸飛懸砲唯須安穩直生直
死密行實謀將軍生煞之徒斯當影
解戲中之雅說上下之殊往然理無窮此
之謂也　像名第四碁子圓以法天碁局
方以類地碁有三百一十六道放周天之度
數讃圖十三局像大呂之鈞將軍生煞

吹棋方集漢圖十三勢吳圖廿四盤將軍
生煞之能用為一部乃集雜征持趂賭馬
懸砲像名餘死之徒又一部非生非死持劫
自活猶生之徒又為一部花六聚五直持
又為一部依情據理搜覓所知使學者
可觀尋思易解難錄古人之法不復更尋
依約前賢粗論云耳未敢用斯為好唯以
自識指身豈或流傳以貽云也　碁病法
碁有三惡二不祥何謂三惡　第一傍畔營
角第二應手廢廢第三斷絕不續若傍
畔營角他子在內於勢遂大土境寬假
欲於內下子殺勢已壯營活出四急何能
破敵也數行入內便相連接於勢常令
不絕校計下子常須兩望一白取土境之寬
殺人便若應他手他常得便白取其宜
也子沒即輸他局若其斷絕即為
兩段不可並救　何謂二不祥一謂下子
無理任急速二謂救死於勢不足夫下
子皆須思量有利然後下之不得虛
費碁子致失方便得作兩眼於勢有
五三子者必不可救慎勿救之殺令方便
得作兩眼於勢土境僵局殺家豈害云

[illegible]
子少得道利多作之在局常行豎一折一豎
二折三豎三折四豎四折五即得不斷又急
持傍角反破斫眼亂如此之徒皆須精熟
梁武帝碁評要略　碁之大要當立根
源之意以帶生為先根元既固引以陵敵
則我意恐鏡而敵人懼也京　凡爭地校利而
年均四碁者應化方彼我所獲多少若我
獲有宜雖少必取彼得相足雖大可遺
凡略道依傍[illegible]將軍又先爭彼此所共形處
將軍為柱石又如山岳是以須先據四道守
角依傍彼碁雖小而有活於得不足以益我
死不足以損我若營攻擊客或失利京
凡行便既出手而無彼果弥宜詳慎謹錄
先行之無可擇又宜其尤審我薄人無人薄
我此先行之謂也　凡行多欲龍單局上以為
陣勢成則攻也大行相遠當觀於勢無
使失局也觀察既竟揮彼孤弱者當擊
之此有孤弱當生救之彼見孤弱我勢
自強也

碁經一卷

碁经　敦煌文献 S.5574

大英博物馆藏　北周

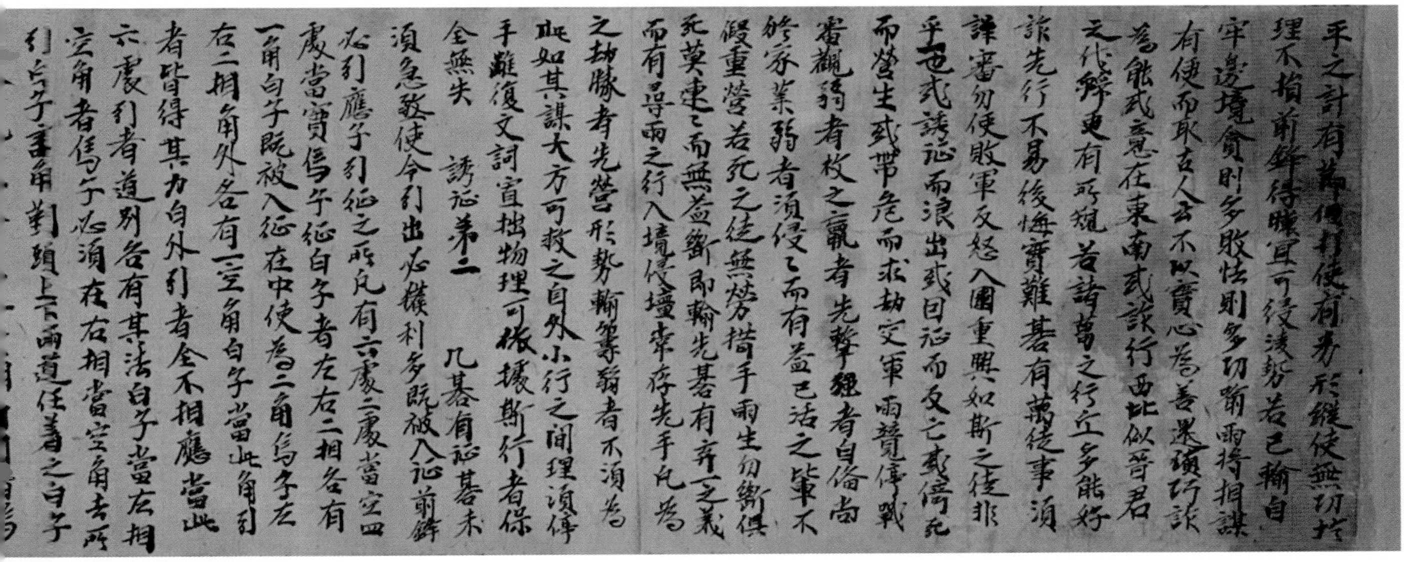
平之計有萬便打使有勞形縱使無功坊
理不指前鋒得贓冝可銓淺勞若已輸自
牢邊境貪則多敗怯則多功兩將相謀
有便而取古人云不以貪心為善迷頭巧詐
為能或意在東而或詐行西北似爭君
之代彝更有所規若諸當之行近多能好
詐先行不易後悔實難碁有萬徒事須
諱審勿使敗軍反怒入圍重興如斯之徒非
乎也或誘征而浪出或回征而反之或倚死
而營生或帶危而求劫交軍兩覺俱戰
審觀強弱者枚之羸者先擊纏者自備尚
於家業弱者須侵侵而有益已活之輩不
假重營若死之徒無勞措手兩生勿斷俱
死莫連連而無益斷即輸先碁有弃一之義
而有尋而之行入境侵壤存先手之為
之劫勝者先營形勢輸籌弱者不須為
此如其謀大方可救之自外小行之間理須傳
手難復文詞宜拙物理可依據斯行者保
全無失　誘征第二　凡碁有征碁未
須急致使令引出必獲利多既被入征前鋒
必引應子引征之所凡有六處二處當空四
處當實隔子征自子者左右二相各有
一角白子既被入征在中使為二角隔子左
右二相角外各有一空角白子當此角引
者皆得其力自外引者全不相應當此
六處引者道別各有其法白子當左相
空角者隔子必須在右相當空角者所
引白子兼角對頭上下兩道任著之白子

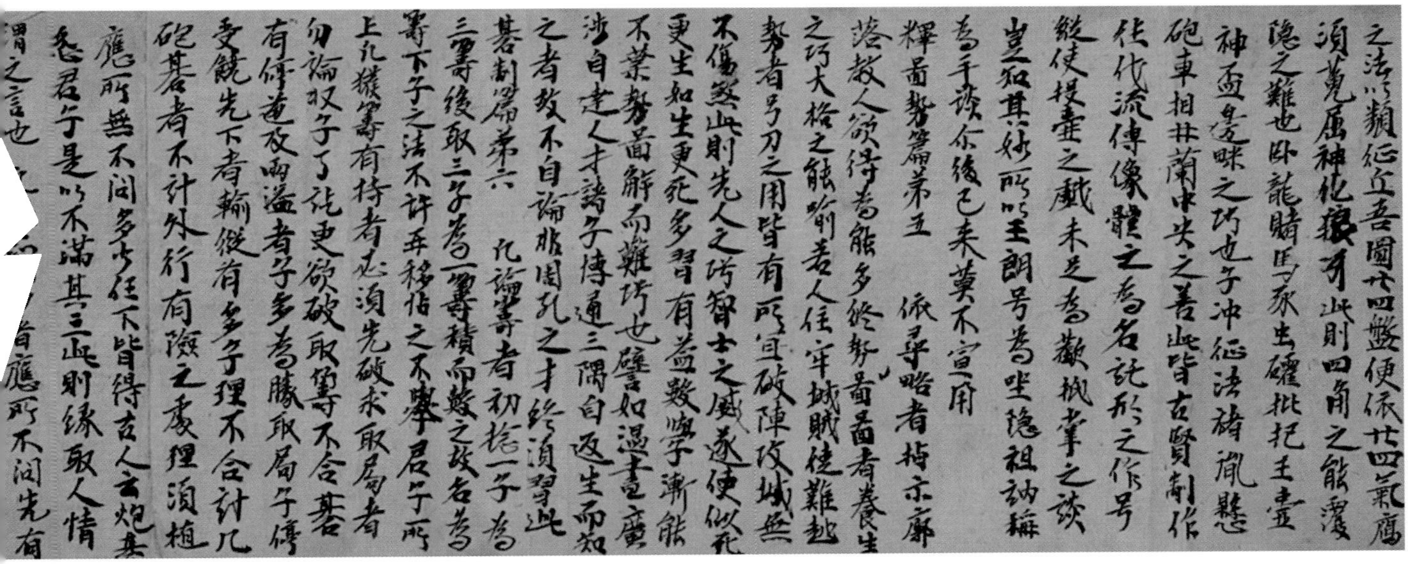
之法以類征近吾圖廿四盤便依廿四氣應
須覓應神化猿(?)能此則四角之能覆
隱之難也卧龍贈(?)馬氣出礓批把王壺
神面覆眯之巧也子沖征法持(?)亂懸
砲車相井蘭中失之善此皆古賢制作
佐化流傳像體之為名託形之作號
縱使棋壺之戲未足為歡楓(?)峯之談
豈知其妙所以王朗号為坐隱祖納稱
為手談今後已來莫不宣用
依尋略者特示廓
釋晝(?)勢篇第五
路教人欲得為能多修勢畫…者養生
之巧大格之能喻若人住牢城賊使難越
勢者弓刀之用皆有所宜破陣攻城無
不傷怒此則先人之巧智士之威遂使似死
更生如生更死多習有益數學漸能
不業勢畫辭而難巧也譬如溫書廣
涉自建人才諸子博通三隅自返生而知
之者故不自論非周孔之才終須習此
碁制篇第六　凡論碁者初下一子為
三籌後取三子為一籌積而數之故名為
籌下子之法不許弃移指之不舉君子所
上凡欲籌有持者必須先破求取局者
勿論奴子了訖更欲破取籌不合碁
有傳道及兩溢者子多為勝取局子傳
受饒先下者輸縱有多子理不合計凡
砲碁者不計外行有險之處理須植
應所無不問多少任下皆得古人云砲碁
惡君子是以不滿其三此則緣取人情
謂之言也　…者應所不問先有

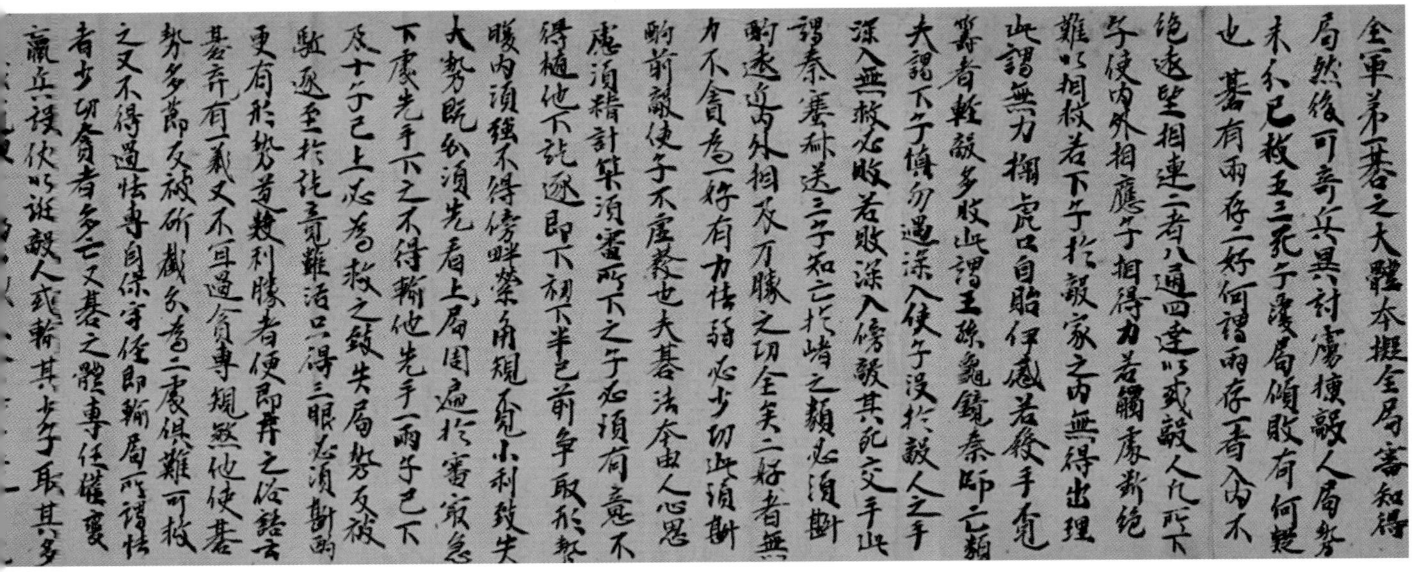
全軍第一碁之大體本擬全局審知得
局然後可奇兵異討覆撞敵人局勢
未分已救五三死子覆局傾敗有何堪
也　碁有兩存一好何謂兩存一否不
絕遂望相連二者八通四達以敵人凡所下
子使內外相應子相得力若觸處斷絕
難以相救若下子於敵家之內無得出理
此謂無力擲虎口自貽伊戚若發手覓
籌者輕敵多敗此謂王孫龜鏡秦師之類
大謂下子慎勿遇深入使子沒於敵人之手
深入無救必敗若敗深入傍敵其死交手此
謂秦塞…送三子…之類必須斷
酌遂出外相及万勝之功全矣二好者無
力不貪為一好有力持弱必少功此須斟
酌前敵使子不虛棄也夫碁法本由人心思
處須精計築須審所下之子必須有意不
得植他下訖逐即下初下半已前爭取形勢
暖內須強不得傍畔築角規覓小利致失
大勢既分須先看上局周遍於審家急
下處先手下之不得輸他先手一兩子已下
及十子已上必為救之致失局勢反被
驅逐至於訖竟雖活只得三眼必須斟酌
更有於勢並敵利勝者便即弃之俗語云
碁弃有一義又不可過貪專規煞他使碁
勢多節反被所截分為二處俱難可救
之又不得過怯專自保守從即輸局所謂怯
者少功貪者多亡又碁之體專任權變
贏兵誘敵以誑敵人或輸其少子取其多

围棋石盘　西汉

清，无所事事，因此，围棋便常常成为她们终日为伴的佳友。

春秋战国时期，围棋已经相当普遍。如《论语·阳货》中，孔子对他的弟子说："饱食终日，无所用心，难矣哉！不有博弈者乎？为之，犹贤乎已。"意思是说与其整天游手好闲，还不如去玩玩博戏，下下围棋。

到秦汉时期，围棋继续流行。东汉时期围棋快速发展，喜欢围棋的人很多，并且经常举行围棋比赛。桓谭在《新论》中说，围棋手分为上、中、下三等。据南朝刘义庆《幽明录》载："汉武帝在甘泉宫，有玉女降，与帝围棋以相娱乐。女风姿端丽，帝悦，欲逼之，女心知其意，唾帝面而去。"可见汉代帝后与宫女都非常喜欢下围棋。东晋葛洪《西京杂记》载："八月四日，出雕房北户，竹下围棋，胜者终年有福，负者终年疾病，取丝缕，就北辰星求长命乃免。"文中将围棋博弈的胜负与人生的祸福联系在一起，可见围棋在当时人们心中的地位之高。

三国时期盛行围棋，史学家韦曜著有《博弈论》："今世之人多不务经术，好玩博弈，废事弃业，忘寝与食，穷日尽明，继以脂烛。"指责当时官僚士大夫大多都不务实，喜欢下棋，甚至到了废寝忘食的地步。说明当时人们对围棋的痴迷程度。

魏晋南北朝时期，围棋迅速发展，这一时期的围棋盘多为十七道。据曹魏邯郸淳《艺经》曰："棋局纵横各十七道，合二百八十九道。白黑棋子，各一百五十枚。"在山东邹县西晋刘宝墓出土的围棋盘就是这种形制。但在北朝时期，已出现十九道棋盘。此后，十九道棋盘成为围棋定制。此时，涌现出了一批围棋理论著述，仅《隋书》卷三十四《经籍志三》就著录有十七种之多。此外，还有许多围棋著述散见。很多围棋术语，如食、绝、劫、补、续、侵、行、持、聚、点、撇等，已经出现，还总结出了许多围棋定式，如"方四聚五""花六持七"等。表明这一时期的围棋技艺和理论已经有相当高的水平。由于围棋开展广泛，参与人数众多，出现了对棋手进行分级定品的规制。

唐代写本《棋经》残卷，编号为 S.5574，现存于英国伦敦大英博物馆。《棋经》中提到了许多战术、战略思想和术语，为研究当时围棋的发展水平提供了重要资料。

进入唐代，由于唐玄宗首创翰林棋待诏制度，乃使围棋更进一步地普及和提高，使中国围棋走向职业化和专业化。当时供奉内廷的棋待诏，因具有一流的棋艺，而享有"国手"的称号。据《新唐书·百官志》载："有内教博士十八人……庄老、太一、篆书、律令、吟咏、飞白书、

弈棋仕女图　唐

算、棋各一人。”围棋博士的设立，使得唐代出现一大批围棋国手。

唐代围棋更加趋于成熟，规制与今几乎相同，其竞技性、娱乐性和趣味性更强。同时也为唐代女子所喜好，尤其是在贵族妇女和宫女之间较为流行。唐诗中有许多关于宫女下围棋的描述，宫廷里的这类比赛也较为常见。唐代张籍《美人宫棋》云：“红烛台前出翠娥，海沙铺局巧相和。趁行移手巡收尽，数数看谁得最多。”这首诗或许就是宫中美人以围棋取乐的真实写照。唐人温庭筠《南歌子·新添声杨柳枝词》载：“井底点灯深烛伊，共郎长行莫围棋。玲珑骰子安红豆，入骨相思知不知？”唐代诗人王建有一首《夜看美人宫棋》，写的是宫中美女下棋的情景：“宫棋布局不依经，黑白分明子数停。巡拾玉沙天汉晓，犹残织女两三星。”诗中写述了宫中美人下围棋的水平高，不拘常法定式，对围棋情有独钟，通宵达旦不知疲倦。

围棋不仅在宫廷仕女中流行，在民间女子中也很流行。唐代不少诗人留下描写平民女子弈棋的诗句。杜甫《江村》载：“老妻画纸为棋局，稚子敲针作钓钩。但有故人供禄米，微躯此外更何求。”韩偓《频访卢秀才》载：“药诀棋经思致论，柳腰莲脸本望情。”李延寿《南史·崔慧景传》记载：“东阳女子娄逞变服诈为丈夫，粗知围棋，解文义，遍游公卿，仕至扬州议曹从事。事发，明帝驱令还东。逞始作妇人服而去，叹曰：‘如此之伎，还为老妪，岂不惜哉？’”这位娄逞是一位东阳女子，女扮男装，精通围棋。

五代时期，南唐诗人冯延巳的《更漏子》云：“夜初长，人近别，梦觉一窗残月。鹦鹉卧，蟪蛄鸣，西风寒未成。红蜡烛，弹棋局，床上画屏山绿。褰绣幌，倚瑶琴，前欢泪滴襟。”描写了闺房里的围棋残局，呈现了女子在寂寞、情绪低落时的心情。

宋代的大量诗词皆与女子围棋有关。宋太宗时诗人宋白《宫词》云：“棋品从来重一先，后庭无事绿窗闲。昭容不赌寻常物，言得千金紫玉环。”诗人王珪《宫词》亦云：“碧桃花下试枰棋，误算筹先一著低。输却钿钗双翡翠，可胜重劝玉东西。”也描写宫中女子下围棋的情景。从宋徽宗赵佶所作的《宣和宫词》中，可见嫔妃宫女弈棋之风大盛：“三月风光触处奇，禁宫通夜足娱嬉。踏青斗草皆余事，闲集朋侪静弈棋。”“新样梳妆巧画眉，窄衣

弈棋砖雕

砖长 2.4 厘米　宽 2.8 厘米　厚度 0.4 厘米　洛阳博物馆藏　宋

围棋子　河南洛阳围棋博物馆藏　宋

白釉黑花仕女对弈图瓷枕　金

游湖弈棋　赵孟頫　绢本设色　故宫博物院藏　元

弈棋盒 美国纽约大都会艺术博物馆藏 元

纤体最相宜。一时趋向多情远，小阁幽窗静弈棋。”两首诗生动形象地描述了宫中女子下棋的情景。北宋后妃宫女往往都以围棋作为后宫争宠的“必修功课”，以便以棋进侍。宋徽宗还设立了女子棋待诏，陪他下棋，并教佳丽们练棋，御制《宣和宫词》云：“忘忧清乐在枰棋，仙子精工岁未笄。窗下每将图局按，恐防宣诏较高低。”五代时期，后蜀主孟昶的贵妃花蕊夫人《宫词》云：“日高房里学围棋，等候官家未出时。为赌金钱争路数，专忧女伴怪来迟。”可见宫女们学围棋，主要还是为了在“官家”面前争宠。

宋代描写民间女子下围棋的诗词佳句也不少，徐树丕《识小录》：“西窗春日郊行，有感长相思，小姬围棋海棠。”刘铉《少年游·戏友人与女客对棋》载：“石榴花下薄罗衣。睡起却寻棋。未省高低，被伊春笋，拈了白琉璃。钏脱钗斜浑不省，意重子声迟。对面痴心，只愁收局，肠断欲输时。”杨泽民《品令·咏棋》载：“日长风静，浓香在、珠帘花影。棋具对著明窗近。未排角势，鸦鹭先分阵。双叠远山非有恨。正藏机休问。便如喝采争堂印。局番无定。有幸君须尽。”可见，女子围棋仍然盛行。

南宋淳熙年间，赵师侠《点绛唇·同曾无玷观看沈赛娘棋》载：“袅袅娉娉，可人尤赛娘风韵。花娇玉润，一捻春期近。占路藏机，已向棋中进。俱休问。酒旗花阵，早晚争先胜。”说明当时在一些士大夫家庭中，围棋往往成为男女之间的角智游戏。楼钥《织锦棋盘》载：“锦城巧女费心机，织就一枰如许齐。仿佛回文仍具体，纵横方罫若分畦。烂柯未易供仙弈，画纸何须倩老妻。如欲拈棋轻且称，当求白象与乌犀。”反映了古代女子追求美感与娱乐兼备的逸情雅致。

围棋在元代也很流行，各种游戏以围棋为首，为当时最为风雅的技艺。同时，有的元曲写出了棋趣，如无名氏《南吕·一枝花·棋》：“黄金罢酒筹，彩笔停诗兴。青云盈座榻，红日满檐楹。闲展楸枰，初布势求全胜，后分途起战争。保无虞端可藏机，观有衅方堪入境。”

到了明代，围棋更为盛行，出土文物与绘画中的描述更为普遍。明代王誉昌《崇祯宫词》写田贵妃和崇祯皇帝对弈：“奁分一局两相当，坐隐还教共御床。自分身如玉

围棋 仇英 扇页 上海博物馆藏 明

玉局敲闲　明

仕女围棋图壁画 明

弈棋　佚名　绢本设色
湖南博物院藏　明

汉宫春晓图（局部）　明

青花琴棋书画仕女图罐

高 34.4 厘米 口径 22.1 厘米 底径 21 厘米 上海博物馆藏

弈棋瓷缸 民间藏 明

弈棋 唐寅 故宫博物院藏 明

弈棋 仇英 台北故宫博物院藏 明

棋子，要将冷暖问君王。”王誉昌诗后注曰：“田贵妃每与帝弈，辄负二子，未尽其技也。”明人佚名《花笺记》载：“金炉一个炷茗香。银筝玉笛悬墙上，双陆围棋放一旁。古画名诗垂两边，鲜花盆景列成行。”在明代姜隐所绘的《芭蕉美人图》中，石案上面，棋局已开，一位女子坐在案旁，等着同伴净手后前来对弈，生动地描绘了古代女子弈棋的细节。

明代画家陈宇所绘《玉局敲闲》描绘三位女子弈棋的情景。画面中三位贵妇人正围坐桌前，两位对弈，一位观战。对弈者执棋子思索，观战者意态闲适，一年轻女子在后面随侍，似乎也被棋局吸引。人物刻画工整细致，画面生动再现了当时女子下棋娱乐的真实场面。

清代女子围棋依然盛行，现存留许多幅清朝画家关于女子围棋的精美绘画，描绘不同阶层的女子或在闺中、或在庭院、或在廊亭中下围棋的画面。清代也有不少诗词描绘女子下围棋的场景。陈若兰《闺词》一百首，其中一首云：“垂柳依依绿影生，芰荷亭上设棋枰。局中弹出纵横势，笑问檀郎若个赢？”这是写阳春三月一对年轻夫妻在水亭上对弈围棋的情景。黄景仁的《虞美人·弈》：“昨宵博簺今宵弈，曲院云屏隔。月明犹界粉窗梅，只此春宵一局不须催。金秤碎玉敲还寂，觅个中心劫。心知负了晕红腮，忽地笑拈双子倩郎猜。”

清代才女骆绮兰亦是围棋高手，她的《月夜校奕次韵》表现出她在月下弈棋闲雅宁静的心境和似水如波的棋兴：“蕉阴分韵罢，棋兴月中生。黑白仍如旧，赢亏却屡更。思深情转惑，静极子无声。局尽天将晓，残星数点明。”清代女诗人王采薇《长离阁集》载：“既婚数日，夫人属余填词，并约围棋，余皆未学，颇心愧之。”

明清文学作品、小说中多有女子下围棋的描述，如《镜花缘》《红楼梦》《金瓶梅》《西厢记》等。古代的诗论、棋论常常将诗、棋跟伦理教化联系在一起，使之更注重“情”与“趣”。

围棋，在南北朝时已传入日本，在奈良、平安时代盛极一时。日本天皇经常在宫中令群臣下围棋。据《续日本后记》卷一载：“天长十年（833年）五月壬寅天皇御紫宸殿，赐群臣酒，有围棋之兴。”到晚唐时，日本的围棋水平已接近中国，并开始派人同中国举行正式比赛。

围棋传入新罗以后，也受到新罗人的普遍喜爱。唐

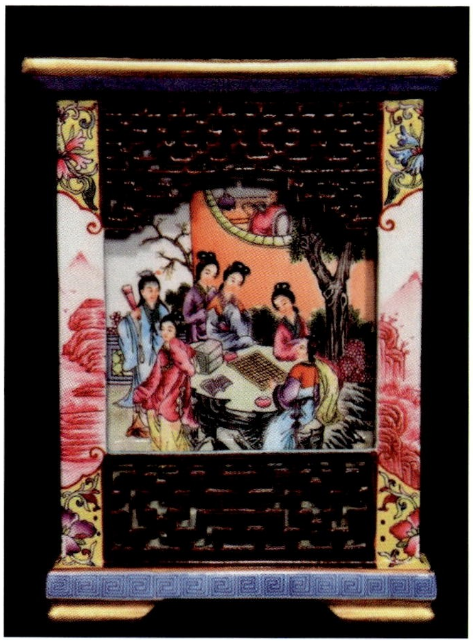
弈棋　人物纹笔筒　故宫博物院藏　清

博弈图　民间藏　清

瓷板画弈棋　民间藏　清

玉局敲闲 陈宇 绢本设色

纵 158 厘米 横 45 厘米 清华大学美术学院藏 清

弈棋 潘振镛 纸本设色

上海博物馆藏 清

弈棋　王儒学　绢本设色　故宫博物院藏　清

仕女对弈图　冷枚　绢本设色

纵 83.5 厘米　横 23 厘米　故宫博物院藏　清

自弈　喻兰　砚田书院藏　清

弈棋图　顾洛　绢本设色　纵 23 厘米　横 29 厘米　浙江省博物馆藏　清

闲敲棋子图轴　禹之鼎　绢本设色　故宫博物院藏　清

群芳雅娱图　台北故宫博物院藏　清

对弈图　陈枚　绢本设色　纵 51 厘米　横 74 厘米　故宫博物院藏　清

贵族妇女弈棋图　佚名　纸本设色　民间藏　清

观荷图（局部）　冷枚　绢本设色　纵 132 厘米　横 22 厘米　清

仕女弈棋图　焦秉贞

绢本设色　故宫博物院藏　清

对弈图 陈枚 绢本设色 故宫博物院藏 清

仕女弈棋图 费丹旭 上海博物馆藏 清

孝钦后弈棋图轴

故宫博物院藏　清

弈棋图 月漫清游图之十 陈枚 绢本设色 故宫博物院藏 清

酒散暇游观鱼下棋　孙温　纸本设色　故宫博物院藏　清

五彩弈棋瓷瓶　江西景德镇出土　清

粉彩仕女图瓶　民间藏　清

对弈图　钱慧安　绢本设色　纵 175 厘米　横 92 厘米　天津人民出版社藏　清

弈棋　佚名　高 22 厘米　直径 20 厘米　索古堂藏　清

廊下弈棋宫女图　清

下棋图　清

弈棋瓷罐 高 25 厘米 直径 32 厘米 故宫博物院藏 清

代来华的新罗人中，有不少是围棋高手。许浑在《送友人罢举归东海》诗中就提及：“沧波天堑外，何岛是新罗。船主辞番远，棋僧入汉多。”唐玄宗开元二十五年（737年），新罗王逝世，唐政府派遣吊祭使团前往吊唁。唐玄宗听说新罗人爱好围棋，特增派了围棋高手杨季鹰为副使同去。使团到达之后，受到新罗国隆重而热烈的欢迎，并且同新罗的许多围棋国手进行了友好比赛。这表明中国与朝鲜半岛人民早在一千多年以前就进行过围棋比赛。

五、象棋

中国象棋是一种很古老的棋类游戏，但是关于象棋的起源，历来众说纷纭，其中以“创始于先秦时代说”的影响较大。这种观点认为：象棋棋局中的“将（帅）、车、马、士、卒（兵）”的棋子，显然是先秦时代的遗制，是当时兵制形象的一种游戏。此外，在反映战国时代生活的文献中已出现了“象棋”之名。《楚辞·招魂》：“琨蔽象棋，有六博些。”汉代刘向《说苑》所载雍门子周以琴见孟尝君：“今若足下，千乘之君也……燕则斗象棋而舞郑女。”说明战国时期，象棋已经流行于贵族阶层中。

北周隋唐时期，据《周书》卷五《武帝上》载：“［天和四年（569年）］五月己丑，帝制《象经》成，集百僚讲说。”南北朝庾信的《象形赋》是六朝唯一介绍古象棋的赋篇。此赋论述象棋的意义，介绍了象棋的礼制、规则，描述象棋竞技场面，带给后人不少有关古象棋的常识，反映了六朝象戏盛行的风气，具有一定的文化价值。

唐初，象棋并不流行。到了唐高宗时期，象棋开始在社会上流行。据《唐律疏议》卷十《职制》“匿父母夫丧”条疏议曰“杂戏，谓樗蒲、双陆、弹棋、象博之属。”“象博”大概就是象棋、象戏之类的博戏。诗人白居易在《和春深二十首》诗云：“何处春深好，春深博弈家。一先争破眼，六聚斗成花。鼓应投壶马，兵冲象戏车。弹棋局上事，最妙是长斜。”这首诗中提到象棋中的“兵、车、马、象”等几个棋子，说明此时象棋已经具有后世象棋的基本特征。柳宗元在《龟背戏》诗中也提到象棋：“修门象棋不复贵，魏宫妆奁世所弃。”这表明到了唐中期，象棋已经成为当时颇受欢迎的一种棋类游戏。

宋代是中国象棋史上一个十分重要的阶段。象棋的形制在此时有了较大的变革。宋时，在“宝应象棋”的基础上诞生了与今日体制、规则相同的象棋。北宋京城开封出土的宋代铜质象棋，就是将、士、象、车、马、炮、卒等七种棋子。与今不同的是，棋子的反面还铸有图案：

象棋　江西安义长埠本村出土　江西省博物馆藏　宋

"将"冠袍佩剑，坐于军帐之中；"士"为女性，身着戎装；"象"是一头战象；"车"为运弹车辆；"马"作奔腾状；"炮"为抛石机；"卒"则是荷戟的兵士。中国体育博物馆馆藏的宋代铜质象棋的棋子，棋子两面均有与棋子名称相应的图案。

北宋后宫中女子盛行象棋，嫔妃宫娥也喜爱下象棋。宋徽宗喜欢绮窗长夜，点起红烛，欣赏宫娥们对局下象棋，其御制《宣和宫词》云："白檀象戏小盘平，牙子金书字更明。夜静倚窗辉绛蔼，玉容相对暖移声。"直秘阁周彦质《宫词》也云："象戏宫娥共雅欢，团团犀玉布牙盘。磋车避马寻常事，却是提防叠炮难。"说的都是宫中女子对弈的情景，亦反映出宫娥们普遍喜好象棋游戏。

南宋女象棋大师沈姑姑被挑选为象棋待诏，入宫侍奉太上皇赵构。清人李调元《南宋宫词百首》第二十五首云："御床风细静焚炉，镇日彤庭一事无。忽有棋声花院里，对弹知是沈姑姑。"南宋蔡伸在《临江仙·帘幕深深清昼永》一词中描写了一对年轻夫妇窗前相对棋战的情景："帘幕深深清昼永，玉人不耐春寒。镂牙棋子缕金圆。象盘雅戏，相对小窗前。隔打直行尖曲路，教人费尽机关。局中胜负定谁偏。饶伊使幸，毕竟我赢先。"南宋萧照《中兴瑞应图》第七幅描述的是象棋占卜事："一宫居中，朱碧焜耀，显仁皇后掷棋子盘中，侍妃凡七。"

元代亦有不少女子参与象棋活动。无名氏《仙吕·点绛唇·金盏儿》套曲云："性温良，貌非常。晓诗书通合刺知棋象，兰心蕙性世无双。蛾眉频扫黛，宫额淡涂黄。半弯罗袜窄，十指玉纤长。"此曲文描写了一位不但通晓诗书，还会下围棋和象棋的女子。元人柯九思在《辽金元宫词》记载金熙宗完颜亶熟读中原典籍，汉化程度颇深，"能赋诗染翰，雅歌儒服，分茶焚香，弈棋象戏，尽失女真故态矣。"内蒙古元大宁路遗址（今赤峰市宁城县境内）出土的铜象棋子，一面是图像，一面是文字。有将、士、相、车、马、炮、卒七种，便是元代象棋的物证。

到了明代，象棋更为普及。明代冯梦龙《挂枝儿·象棋》："闷来时，取过象棋来下。要你做士与象，得力当家。小卒向前行，休说回头话。须学车行直，莫似马行斜。若有他人阻隔了我恩情也，我就炮儿般一会子打。"这首曲词把男女情爱生活中女子特有的情感表达得淋漓酣畅。曲子《重叠字雁儿落带过得胜令》写一位长在鸣珂巷的女子："我夸这二八芳客，一捏年纪，可可喜喜，真真至至的女孩年正娇。他生得风风韵韵，即即世世、不长不短、不肥不瘦的有万种天然俏。她又会顶真、续麻、拆白、道字，打的双陆，下的象棋，知音的所件能……"可见明代文人描写风雅女子时，一般都具备多种技艺。

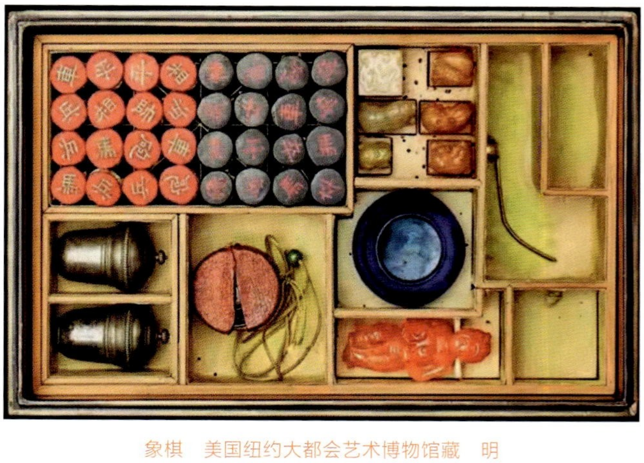

象棋　美国纽约大都会艺术博物馆藏　明

清代是象棋史上的鼎盛时期，名手辈出，棋派纷立，出现了许多名家。清代的象棋谱有不下二十种。最早的象棋谱是康熙四十六年（1707年）刊行的《韬略元机》六卷，这是目前所知最早的清代棋谱。其他如《梅花谱》《心武残篇》《百局象棋谱》《竹香斋象戏谱》等等。雍正皇帝就是一位象棋爱好者，据《清世宗诗文集·园居》诗载："懒问沉浮事，间娱花柳朝。吴儿调凤曲，越女按鸾箫。道许山僧访，棋将野叟招。漆园非所慕，适志即逍遥。"

明清小说里有许多描写女子下象棋的场景。清代无名氏《新刻评点第九才子·二荷花史》中描写红香和紫玉两名女子下棋："只见棋中车马正匆忙，士卒纷纷来又往，棋子敲残有几双，着来急是交关处。"

清代各阶层女子酷爱象棋，"小慧之夫，可尽其技""妇孺农牧，无不可能"。正是在这种社会背景下，不少人以象棋作为谋生手段，充分反映了象棋在当时文化、娱乐生活中占有的重要地位，同时也表明象棋在全国普及的盛况。

六、其他棋牌游戏

中国古代棋牌类游戏活动由于用具简单，规模较小，也较少受到现实环境的限制，因此这类游戏适合各种类型的人们玩乐，其普及化、群众化的程度非常高。棋牌类活动具有一定的偶然性，因此可以运用于赌博。

（一）塞戏

塞戏是春秋战国时期兴起的一种棋类游戏。"塞"即古博塞之戏，塞，同"簺"，《说文解字》："行棋相塞谓之簺。"《庄子·骈拇》："问谷奚事，则博塞以游。"清人郭庆藩注《庄子·骈拇》："行五道而投琼曰博，不投琼曰塞。"意即塞戏不投琼（箸、骰子等），只行棋，是典型的棋类游戏。汉代又称"格五"，如西汉时吾丘寿王因善于格五而待诏宫中，东汉贵族梁冀也精于塞棋，可见塞棋在两汉时期颇具影响力。此种棋类游戏，共十二枚棋子，六黑六白，二人对弈。关于塞戏东汉边韶《塞赋》有详细的描述。边韶所作《塞赋》（《全后汉文》卷六十二）篇幅虽短小，但作者从儒家立场出发，对塞的存在作了种种合乎儒家经义的解释，仿佛以塞寄意，以小喻大，企图挽救东汉王朝的衰败和儒家经典之沦落。作者写了塞的制作材料、规模式样、行走规则和象征意义。塞戏到唐代又叫"蹙戎"（或写作"蹙融"）而行棋方式亦略有不同。到了明清，民间仍流行蹙融，明代谢肇淛《五杂俎》和清代翟灏《通俗篇》均有记载塞戏的行棋方法，明、清变易以后的塞戏与今日流行的跳棋游戏颇为相似。

（二）打马

打马，是古代的一种博戏。与古之樗蒲相类似，为棋类游戏之一种。棋子叫作"马"，棋盘叫"打马图"，通过掷骰子来决定"马"进军位置。"马"可以通过布阵设局来防守，也可以闯关过堑进攻对方，最后计袭敌战绩，以判输赢，并定赏罚。

这种博戏自唐代兴起后，至宋代在贵族阶层中更为盛行。南宋著名女词人李清照视打马为"闺房雅趣"。李清照天资聪颖，精通博弈，因此对当时流行的打马等博戏有独到的见解。李清照著数篇以打马游戏为题材的作品，如《打马图序》《打马赋》《打马图经命词》等。她在《打马图序》中写道："更长烛明，奈此良夜乎。于是乎博弈之事讲矣。且长行、叶子、博塞、弹棋，世无传者……大小象戏、弈棋，又惟可容二人。独采选、打马，特为闺房雅戏。尝恨采选丛繁，劳于检阅，故能通者少，难遇勍敌。打马简要，而苦无文采。"又写道："予独爱依经马，因取其赏罚互度，每事作数语，随事附见，使儿辈图之。不独施之博徒，实足贻诸好事。使千万世后，知命辞打马，始自易安居士也。"这里李清照不仅介绍了她身处的那个时代关于棋艺的状况，还特别介绍了她所最爱的"打马"，并且独创了"命辞打马"的玩法。《打马图序》云："按打马世有二种，一种一将十马，谓之关西马；一种无将二十马者，谓之依经马。流行既久，各有图经凡例可考，行移赏罚，互有同异。”李清照还将打马的制度、图谱、玩法记录下来，并且将复杂的打马规则加以改良，使之更适合赏玩。

（三）马吊牌

马吊牌初起于江苏昆山一带，明万历、天启年间流行于南北各地，并分化出北方的“京吊”和南方的“吴吊”等不同形式。由于马吊牌变化繁多，有很强的娱乐性，因此这种游戏方式深得当时人们的喜爱。据申涵光《荆园小语》中云：“马吊牌，始于南中，渐延都下，穷日累夜，纷然若狂。问之，皆云极有趣。”可见当时玩马吊牌已成了一种社会风气。

（四）麻将牌

麻将牌是由明朝的马吊牌发展而来。其内在结构和游戏规则都承继了马吊的特性，同骨牌、纸牌等斗牌游戏相互结合、嫁接，从而创造出的一种新的娱乐游戏。打麻将时，四人成局，轮流坐庄，以谁能将牌凑成“坎”或

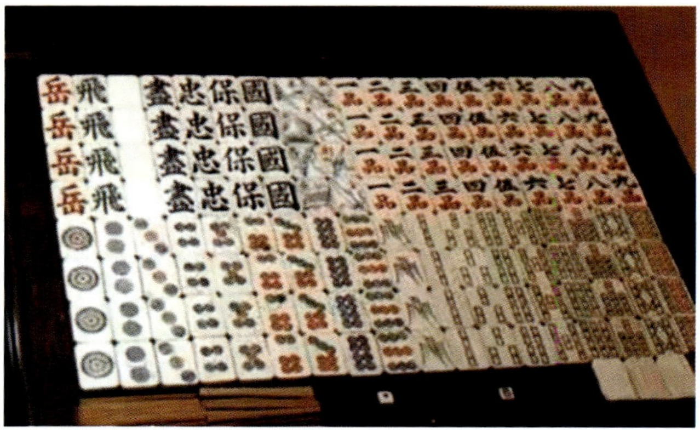

麻将　溥仪曾收藏　清

“成”后摊牌，“和”者为胜。

麻将牌大约起源于清中叶，据说，麻将牌的最终定型是在太平天国军中完成的。《清稗类抄》有“叉麻雀”条云：“粤寇起事，军中用以赌酒……行之未几，流入宁波，不久而遂普及矣。”麻将原称作“雀牌”，而宁波人称“雀”为“麻将”，可见这种排戏的最早渊源的确与宁波有很大的关系。从清朝同治到光绪年间，麻将由江浙闽粤沿海地区传到北京、天津随即发展到全国。由于它具有很强的娱乐性和刺激性，既可用于玩乐又可进行赌博，所以很快成为我国最有影响的一种牌类游戏方式。

玩麻将牌在清末逐渐成为各阶层女子最喜爱的休闲游戏，清宫后妃们的骨质牌以象牙为面，竹木背，内容以“条”“万”字为主，选材精美，造型别致。特别值得一提的是，宫廷麻将牌将民间所用牌中的“中”“发”改为“龙”“凤”，体现了皇家的特色。清人绘制的妇女春节打麻将的插图，生动再现了清代女子日常生活中打麻将的情景。

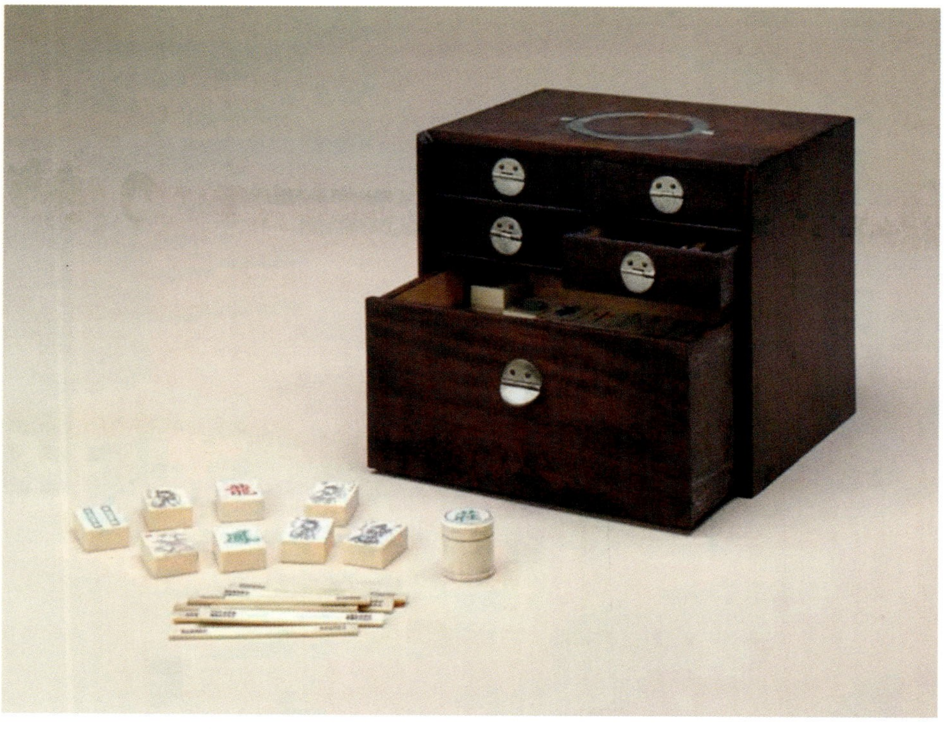

象牙麻将牌　故宫博物院藏　清

打牌图　冷枚　立轴绢本　美国波士顿艺术博物馆藏　明

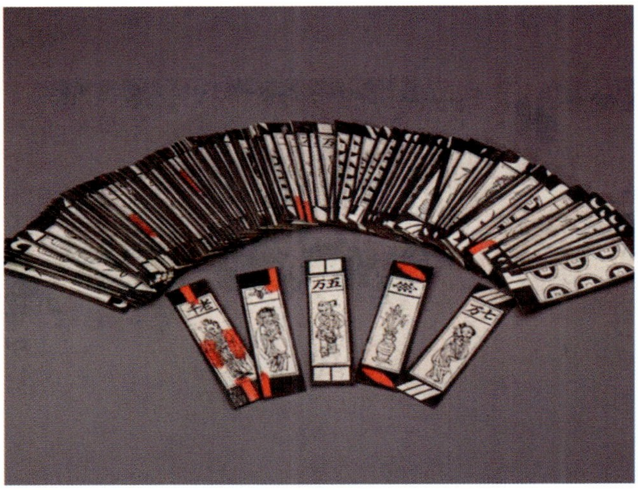

水浒人物图纸牌　清

（五）叶子戏

叶子戏是中国古代一种流行很广的游戏。叶子戏也叫“叶子格”。叶子即纸片，属古代博戏。起源众说不一，有人认为由叶子格、骰子或双陆衍变而成。也有人认为它是由唐代的妇女叶子青发明的。叶子青写了一本以自己名字命名的纸牌书，叫作《叶子格》，后来这种纸牌就叫作叶子。这种游戏后来便发展为影响很大的马吊牌。

《太平广记》引《咸定录》:“唐李郃为贺州刺史，与妓人叶茂莲江行，因撰《骰子选》，谓之叶子。”欧阳修《归田录》:“叶子格者，自唐中世以后有之……骰子格本备检用，故亦以叶子写之，因以为名尔。”唐末进士苏鹗在《杜阳杂编·同昌公主传》里记载:“韦氏诸家好为叶子戏。”

到五代时期，叶子戏更加普及，大量关于叶子戏的著作不断涌现，如南唐后主李煜妃周氏的《遍金叶子格》《新定遍金叶子格》《击蒙小叶子歌》等。但这一深受古人们喜爱的棋牌游戏，后已消失。但有人认为马吊牌（麻将的前身）就是从这种游戏发展而来的，甚至还有人认为它是现代扑克的鼻祖。发展到清代，纸牌因其玩法简单又富有刺激性，成为国人十分热衷的一种游戏。清宫后妃当年使用的纸牌，整副牌为120张，牌呈长方形，牌面以白色为地，四周饰黑、绿、黄等各色边。牌面根据需要呈现不同的图形，诸如“万贯”类有一万至九万，皆为《水浒》人物;“索子”皆为贯钱的索形;“文钱”则以图形表示。牌中图案刻画细腻，线条简洁，人物神态逼真，是清代宫廷游戏中一件别具特色的游戏器具。

仕女娱乐图　佚名　绢本设色　纵 196 厘米　横 70 厘米　美国明尼阿波利斯艺术博物馆藏　清

水浒人物图纸牌　清

叶子戏　佚名　绢本设色　故宫博物院藏　清

博戏图　佚名　纸本设色　故宫博物院藏　清

叶子戏仕女图　纵 101 厘米　横 59.5 厘米　中国美术馆藏　清

第五章　中国古代女子民俗游戏

ZHONGGUO GUDAI NÜZI MINSU YOUXI

游戏是一种与人际关系非常密切的文化现象，具有重要的文化价值和社会意义。游戏娱乐是伴随着人类的物质生产劳动而产生的愉悦身心的活动。游戏本身所具有的技能性、竞赛性、博弈性和交际性等特点，常常使某些游戏活动对人们的社会生活产生重要的影响。

中国古代，社会、文化和经济的发展，为民间游戏娱乐活动的开展提供了基础条件。中外文化交流往来的频繁，也使民间游戏娱乐活动的内容和形式日趋丰富，形成了鲜明的中国特色。丰富多彩的游戏使女子身心愉悦，不仅有助于她们缓解紧张的生活的压力，启迪智慧，还能使古代女子自得其乐，愉快度过闲暇时光。

一、登高、投壶、藏钩、斗鸡、斗草

（一）九九重阳节——登高

重阳节历史悠久，重阳登高早在西汉初年就已兴起。魏文帝曹丕《九日与钟繇书》曰："岁往月来，忽复九月九日。九为阳数，而日月并应，俗嘉其名，以为宜于长久。故以享宴高会。"故称"重九"。据《续齐谐记》载："汝南桓景随费长房游学累年，长房谓曰：'九月九日，汝家中当有灾。宜急去，令家人各作绛囊，盛茱萸以系臂，登高饮菊花酒，此祸可除。'景如言，齐家登山。夕还，见鸡犬牛羊一时暴死。长房闻之，曰：'此可代也。'今世人九日登高饮酒，妇人带茱萸囊，盖始于此。"可见，重阳节登高等寓意辟邪远祸、驱疫长寿等愿望。

魏晋以来，重阳登高之俗逐渐在民间流行开来。《临海记》载："郡北四十里有湖山，形平，正可容数百人坐。民俗极重九日，每菊酒之辰，宴会于此山者，常至三四百人。"《豫章记》也载："龙沙在郡北带江。沙甚洁白，高峻而陂，有龙形，俗为九日登高处。"到唐代，重阳登高被"药王"孙思邈列为一项重要的健身活动，他在《九月九日》中说："重阳之日，必以糕、酒登高远眺，为时宴之游赏，以畅秋志。酒必采茱萸、甘菊以泛之。既醉而归。"重阳之日已是深秋季节，风清气爽，非常适合登高远望。《西京杂记》云："九月重阳，士女游戏，就此祓禊登高。"

重阳节最重要的游赏活动是登高，每逢九九重阳，古人热衷举家登高。一是，登高驱邪避灾，祈求健康；二是，九九重阳时近仲秋，天高云淡，桂花飘香，气爽神清，非常适宜登高远眺，远游野宴。同时，登高远游也是

九月赏菊图（局部） 故宫博物院藏 清

一项有益身心健康的活动，因此重阳登高这一民间体育习俗流传千年，至今不衰。

清人绘制的《雍正十二月景行乐图》中的《九月赏菊图》描绘了深秋菊花盛开的时节，秋山红叶、篱菊盛开，远处数人已登上高山坐而赏景，近处楼阁、庭院里布满赏菊的人们，处处洋溢着重阳节登高赏菊的节日气氛。

（二）投壶

投壶是始于先秦时期一种宴会上的助兴游戏，它用酒壶当箭靶，用棘木代替箭矢，投壶人在一定距离外，用手将箭矢投掷入壶口中，以入壶多少决定胜负的游戏。

参加人数可多可少，运动量可大可小，是老少皆宜的游戏项目，因其娱乐性和技巧性强，尤其适合女子参与。早在春秋时期，投壶游戏已经流行于各诸侯国之间。

《左传》中就有晋昭公宴请齐景公时所行壶礼的记载，说明早在春秋时代投壶已经开始流行。到战国时期投壶更加盛行，据《史记·滑稽列传》记载，淳于髡对威王说："若乃州闾之会，男女杂坐，行酒稽留，六博投壶，相引为曹，握手无罚，目眙不禁，前有堕珥，后有遗簪，髡窃乐此，饮可八斗而醉二参。"说明当时的投壶已成为一种普遍的娱乐游戏，女子也参与其中。《庄子》曰："阴气伏于黄泉，阳气上通于天，阴阳分争故为电。玉女投壶，天为之笑则电。"

河北省平山县三汲战国中山王墓出土了战国时期用于投壶的铜质壶瓶，壶身为桶型，壶的下方有三只奇兽承托，造型大方古朴。

投壶是一种古礼，是古代招待宾客娱乐的一种形式。《礼记·投壶》称："投壶之礼，主人奉矢，司射奉中，使人执壶。主人请曰：'某有枉矢哨壶，请以乐宾。'宾曰：'子有旨酒嘉肴，某既赐矣，又重以乐，敢辞。'"在投壶之前，要奏乐，在投壶时，宾主要互相礼让并致礼辞让，要击鼓为节。当时所用的投壶为席间酒器，壶口径二寸半，壶颈高七寸，壶腹五寸。为了不使投的箭反弹出来，壶中还要装上小豆。所用投壶的箭矢是用不去皮的"柘"或"棘"制成，大头称"本"，小头为"末"。

投壶的规则是：参与者轮流投掷，不能连投，三决两胜；箭末入壶算投入，箭本入壶则不算；双方投入箭数相同的不分胜负；负者要罚饮酒。观礼者不得大声喧哗，不得容貌不肃，不得正面向前，不得遥相谈论，否则也要罚酒。《西京杂记·外五种》记载："武帝时，郭舍人善投壶，以竹为矢，不用棘也。古之投壶，取中而不求还，故实小豆于中，恶其矢跃而出也。郭舍人则激矢令还，一矢百余反，谓之为骁。言如博之掔枭于掌中，为骁杰也。每为武帝投壶，辄赐金帛。"这是有史以来，有文字记载的第一位投壶高手。

西汉中期，投壶器具有了较大发展，出现一种称为"骁"的新投法，减少了许多烦琐的礼节。为了使箭杆更有弹性，改变了传统的"柘"或"棘"箭杆，采用竹箭，提高了投壶的技巧性，增加了娱乐性。汉魏时期，投壶游戏非常流行，《淮南子》里有"投高壶"的记载。《后汉书·祭遵列传》载："遵为将军，取士皆用儒术，对酒设乐，必雅歌投壶。"这说明投壶游戏仍然为当时官僚贵族、文人士大夫和仕女所喜好。汉代《太平御览》卷十三引《神异传》云："东王公与玉女投壶，误而不接者，天为之笑，开口流光，今电是也。"据记载，西晋富豪石崇家中有一位女神投手，能够"隔屏风投之"。

魏晋时期，还出现了专门的投壶著述。如邯郸淳的《投壶赋》、傅玄的《投壶赋序》、虞潭的《投壶经》、郝冲的《投壶道》等等。邯郸淳的《投壶赋》为现存最早且最完整的赋篇，完整地描述了投壶之礼的产生及进行的全过程。作者首先说明投壶乃诸侯朝会、上层贵族宴宾娱乐的方式，其次逐层描写投壶之制作与装饰，进而写技艺之精巧，最后写投壶之悦耳目、乐众心的情景。

南北朝时期，投壶游戏更为普及，出现了许多新奇的投壶技法。颜之推《颜氏家训·杂艺》载：北朝时投壶的花样繁多，有"倚杆""带剑""狼壶""豹尾""龙首"等名目，"其尤妙者，有莲花骁"。从这些投壶技艺中可以看出，投壶的难度越来越大，投壶的技巧越来越高超。当

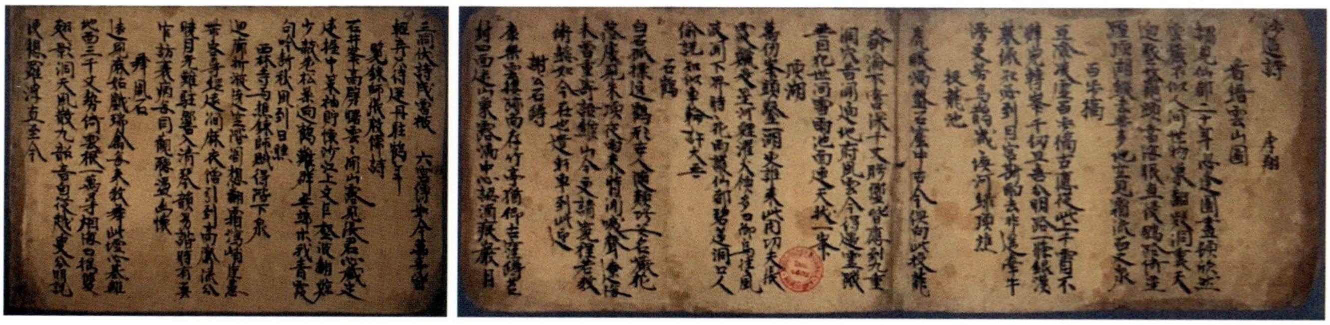

敦煌文献 P.3866　大英博物馆藏　唐

时的宫廷和民间还出现了一些善于投壶的宫女、优伶和侍从，他们为皇帝和贵族在宴饮中的娱乐提供相应的服务。

南北朝时还流行一首女子吟唱的投壶歌，见南朝乐府《华山畿·夜相思》："夜相思，投壶不停箭，忆欢作娇时。"生动地描绘了思妇月夜用投壶来排遣时光的心情，由此可以看出投壶已成为当时民间女子喜欢的闲暇游戏方式。南北朝徐陵在《玉台新咏序》中记载："优游少托，寂寞多闲。厌长乐之疏钟，劳中宫之缓箭。纤腰无力，怯南阳之捣衣；生长深宫，笑扶风之织锦。虽复投壶玉女，为欢尽于百骁；争博齐姬，心赏穷于六箸。"南北朝张正见《神仙篇》载："已见玉女笑投壶，复睹仙童欣六博。"由此可见，投壶已成为当时民间女子喜欢的游戏方式。

唐代的投壶游戏，仍主要在宫廷和文人士大夫之中流行。《新唐书·裴宽传》载："宽性通敏，工骑射、弹棋、投壶，略通书记。"此外，唐代女子也非常喜好投壶游戏。路敬淳在《大唐怀州河内县木涧魏夫人祠碑铭并序》中就提到"灵媛投壶"。诗人李商隐在《韩城门丈请为子侄祭外姑公主文》中也提到这位公主"鲁馆未筑，尧亲尚宴。吹管邀云，投壶笑电"。唐诗中反映女子投壶的诗作很多。王建《宫词一百首》中记载了后宫女子玩投壶游戏的情景："分朋闲坐赌樱桃，收却投壶玉腕劳。"罗虬的《比红儿诗》亦云："五云高捧紫金堂，花下投壶侍玉皇。从到世人都不识，也应知有杜兰香。"这首诗是作者为雕阴官妓杜红儿所作，以杜红儿与仙女杜兰香相比，夸奖了她高超的投壶技艺。

唐诗中描绘女子投壶的诗作非常多，既生动又优美，这些诗作真实地描绘了不同阶层的女子在玩投壶时飘逸的服饰、优美的姿势、高超的技艺和愉悦的心情。如唐彦谦《汉代》："饮酒阑三雅，投壶赛百娇。钿蝉新翅重，金鸭旧香焦。"元稹《春分投简阳明洞天作》："投壶怜玉女，噀饭笑麻姑。果实经千岁，衣裳重六铢。"李白《梁甫吟》："帝旁投壶多玉女，三时大笑开电光，倏烁晦冥起风雨。"李商隐《寄远》："姮娥捣药无时已，玉女投壶未肯休。"陆龟蒙《奉酬袭美苦雨见寄》："其如玉女正投壶，笑电霏霏作天喜。"陈陶《飞龙引》："投壶姹女蛾眉长。"白居易《和春深二十首》云："一先争破眼，六聚斗成花。鼓应投

重屏会棋图（临摹）　周文矩　绢本设色

纵 40.2 厘米　横 70.5 厘米　故宫博物院藏　五代

壶马，兵冲象戏车。弹棋局上事，最妙是长斜。”

五代时期，后蜀花蕊夫人《宫词》中也有宫女学习投壶的描述：“樗蒲冷淡学投壶，箭倚腰身约画图。尽对君王称妙手，一人来射一人输。”说的是后宫女子对樗蒲游戏冷淡而转学投壶，可见投壶游戏深得后宫女子的喜爱。

投壶乐　任熊　清

到了宋代，投壶更为盛行，宋词中有大量描写女子投壶的内容。北宋欧阳修《踏莎行》载：“密约如沈，前欢未便。看看掷尽金壶箭。阑干敲遍不应人，分明帘下闻裁剪。”曹冠《使牛子》载：“翠瓜冷浸冰壶碧，茶罢风生两腋。四座沸欢声，喜我投壶全中的。”赵才卿《燕归梁》载：“细柳营中有亚夫，华宴簇名姝。雅歌长许佐投壶，无一日，不欢娱。”说明投壶游戏在当时社会上已经十分普及。

明代时，投壶仍为士大夫宴饮时所喜好，同时也是

投壶图　台北故宫博物院藏　宋

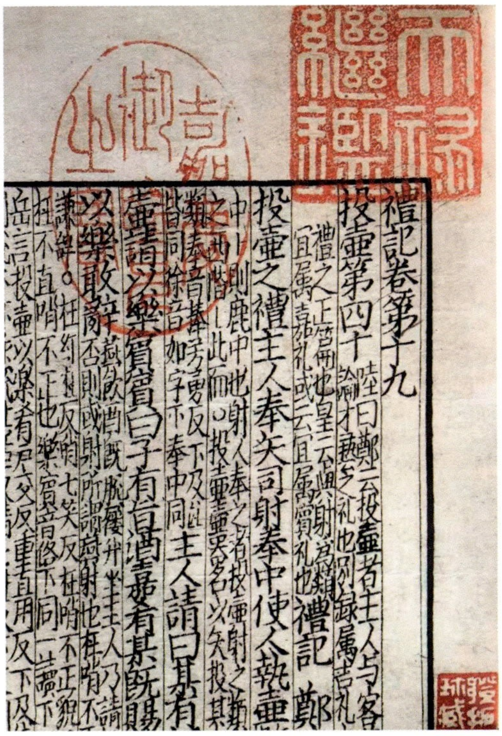

禮記卷第十九

投壺第四十

禮記　鄭

投壺之禮主人奉矢司射奉中使人執壺

主人請曰某有

壺請以樂賓賓曰子有旨酒嘉肴某既賜

以樂敢辭

投壶文献　故宫博物院藏　宋

投壶　高 12 厘米　宽 6.2 厘米　台北故宫博物院藏　明

铜掐丝珐琅贯耳投壶

高 12.3 厘米　宽 6.6 厘米　口径 3.2 厘米　故宫博物院藏　明

女子喜爱的日常游戏。徐应秋辑《玉芝堂谈荟》卷三一《投壶百娇》载："今则以跃为贵，谓之骁。有倚竿、带剑、狼壶、豹尾、龙首之名，其妙者有莲花骁。……今之投壶名最多，有春睡、听琴、倒插、卷帘、雁衔芦、翻胡等项，不下三十余种。"可见投壶在明代的玩法、技艺、种类有所创新，已经是女子常见的娱乐活动之一。

饶智元《明宫杂咏·崇祯宫词》有"玉女投壶天一笑，有人画下谢银牌"之句。明代的投壶活动以娱乐为主，其技艺及壶体都有所变化。明人梅鼎祚《玉合记》载："敢列在金天仗，也曾投玉女壶。"丘浚《投壶诗》载："玳瑁筵开宴玉楼，哨壶枉矢请相投。力期一中端倪巧，语重三辞礼数优。罚盏饮来分胜负，倚竿正处迭赓酬。山翁不管淹淹醉，只倚银瓶漫数筹。"此诗描述了当时的投壶器具的精美，壶都是用白银制造的，另外，明代还有不少文人编撰了关于投壶的著述。

清代，投壶成为民间百戏伎艺之一，除了游戏助兴之外，还有表演观赏成分。清代文人李调元将当时在民间广泛流行的各色伎艺，各成一诗，共百首绝句，名为《弄谱百咏》，其中《投壶》云："枉矢哨壶礼所传，只今空作伎家专。百枭百中终无益，柏棘何如杨叶穿。"清代迦陵在《妇人集》记载"纤腰宜蹴鞠，弱骨称秋千。天为投壶笑，人从争博癫。"从这些诗中的描述可以看到当时女子对投壶的喜爱和女子参与投壶的普及性。

从清代画家传世作品中，也可看到当时女子投壶游戏的场景，如清代画家闵贞《投壶图》就是描绘女子花样投壶的佳作。图中女子右手轻扬，左手腕托箭，侧身回首，注视地上银瓶，女子投壶的姿态极其生动矫健。

再如现藏于台北故宫博物院并收录到清代画家喻兰《仕女清娱图册》的《投壶图》，用细腻的绘画手法所绘的壶具比常见的复杂些，颈部有四耳，腹部还有四耳，更具娱乐性。画中二人，一坐一立，玩得聚精会神，箭矢有空中飞着的，有地上躺着的，更有插在壶口和壶耳的。

清代小说中也有不少关于女子投壶的描述，如李汝珍《镜花缘》第七十四回写林婉如、邹婉春等八个女子在

仕女投壶图（局部） 佚名 南京博物院藏 清

桂花厅投壶，林婉如的投壶姿态是“朝天一炷香”，邹婉春是“苏秦背剑”，米兰芬是“姜太公钓鱼”，闵兰荪是“张果老倒骑驴”，吕瑞蓂是“乌龙摆尾”，柳瑞春是“鹞子翻身”，魏紫樱是“流星赶月”，卞紫云是“富贵不断头”，而紫芝则两手撮了一捆箭，朝壶中一投，说是“乱劈柴”。从各种投壶技艺的文字描述，就足见当时的女子花样投壶难度之大。

中国古代的投壶，传入日本之后，为贵族女子所喜爱。据《日本的游戏》一书记载，仅壶的种类就有三十八种之多，当时使用过的壶和矢，至今还保存在日本正仓院。

投壶　余集　纸本设色　浙江省博物馆藏　清

投壶消夏图　包栋　纸本设色
纵 90 厘米　横 21.2 厘米
南京博物院藏　清

投壶　冯超然　故宫博物院藏　清

仕女投壶插屏　明

铜投壶　清

投壶图轴（局部） 清

投壶　民间藏　清

仕女清娱图册·投壶 喻兰 故宫博物院藏 清

（三）藏钩

藏钩，即猜物游戏。又称为“藏驱”“行驱”“意驱”“打驱”“探驱”“藏阄”等，是一种类似于后代的拈阄、抽签游戏。《太平御览·工艺部·藏钩》载：“藏钩在作驱。”这里的“驱”就是古代女子手指上所戴的金环、玉环之类的首饰，藏钩与藏驱为同一意思，是我国传统的老少皆宜的娱乐游戏。

关于藏钩的起源流传最广的一种说法是源自汉代的钩弋夫人。《宋书·符瑞志》记载：“武帝赵婕妤，家在河间，生而两手皆拳，不可开。武帝巡狩过河间，望气者言，此有奇女子气。召而见之。武帝自披其手，即时申，得一玉钩。由是见幸，号曰‘拳夫人’。进为婕妤，居钩弋宫，大有宠。十四月生男，是为昭帝，号曰‘钩弋子’。”这里讲的是钩弋夫人名号的由来以及藏钩的源起。东汉时辛氏《三秦记》载：“昭帝母钩弋夫人，手拳而有国色，先帝宠之，世人藏钩法此也。”讲的是民间传说钩弋夫人的故事后，当时的女人纷纷仿效，出门见客时全都攥拳，故称这种姿态为“藏钩”。可见藏钩早在西汉时期就已经开始出现。

到魏晋时，藏钩在古代民间也广为流传，并且成为岁前腊日举行的一项重要的游戏活动。盛彦《藏钩赋》载：“以腊之后，因祭祀余胙，要命中外，以行钩为戏。”晋代时每逢腊日祭饮之后，妇女们便用玉钩、银钩等物玩藏钩游戏。据《琅嬛记》卷中引《采兰杂志》：“每月下九，置酒为妇人之欢，名为阳会。盖女子阴也，待阳以成，故女子于是夜为藏钩诸戏，以待明月，至有忘寐而达曙者。”女子通宵达旦地玩藏钩游戏而不觉疲惫，藏钩游戏十分受欢迎。

划拳藏钩画像砖　东汉

西晋周处所撰的《风土记》载：“义阳腊日饮祭之后，叟妪儿童为藏钩之戏。分为二曹，以效（较）胜负。若人偶即敌对，人奇即人为游附，或属上曹，或属下曹，名为飞鸟，以齐二曹人数。一钩藏在数手中，曹人当射知所在。一藏为一筹，三筹为一都（部）。”东晋文人庾阐《藏钩赋》：“叹近夜之藏钩，复一时之戏望……钩运掌而潜流，手乘虚而密放。示微迹而可嫌，露疑似之情状。”此赋文将藏钩游戏的玩法写得极为生动。文中描绘了藏钩游戏的玩法：钩在藏方众人之手掌中，犹如地下潜流一般运来运去，最后神秘地落入其中一人掌中。而与此同时，其他人做出一些假象以迷惑对方，这一切都是在猜方众目睽睽之下进行。因为藏钩之戏多在晚间进行，且藏钩的技巧十分高超，所以，猜的一方经常

玉带钩　西汉

被藏方制造的种种假象所迷惑。玩藏钩游戏不仅有趣，而且对人有一定的锻炼作用，藏方可以锻炼手的灵巧和动作的敏捷，猜方则可锻炼判断力，深受古代女子所喜爱，从宫廷到民间都有这种游戏的记载。

南北朝梁宗懔《荆楚岁时记》载:“岁前多为藏彄之戏，成公绥并作‘彄’字。”这里的“彄”作“钩”字。

唐代初期，皇室宫廷延续了传统的岁前玩藏钩之戏的习俗，杜审言《守岁侍宴应制》:“季冬除夜接新年，帝子王孙捧御筵。宫阙星河低拂树，殿廷灯烛上熏天。弹弦奏节梅风入，对局探钩柏酒传。欲向正元歌万寿，暂留欢赏寄春前。”描写了皇室在除夕夜守岁时玩藏钩游戏的情景。

除了宴席上，藏钩也是一项女子和士人日常玩耍的游戏。唐诗中也有许多关于女子藏钩的描写，如李白《宫中行乐词八首》:“艳舞全知巧，娇歌半欲羞。更怜花月夜，宫女笑藏钩。”李商隐《拟意》:“上掌真何有，倾城岂自由。楚妃交荐枕，汉后共藏阄。”这些诗歌都说明了唐代女子对藏钩游艺的热衷之情。诗人岑参《敦煌太守后庭歌》:“敦煌太守才且贤，郡中无事高枕眠……美人红妆色正鲜，侧垂高髻插金钿。醉坐藏钩红烛前，不知钩在若个边。为君手把珊瑚鞭，射得半段黄金钱，此中乐事亦已偏。”描述了边远的塞外敦煌太守在宴饮时玩藏钩游戏的情景。张说《赠崔二安平公乐世词》云:“十五红妆侍绮楼，朝承握槊夜藏钩。君臣一意金门宠，兄弟双飞玉殿游。”

此外，在敦煌文书中也有不少关于藏钩的记载，如《敦煌变文集·父母恩重经讲经文》载:“几度亲情命看花，数遍藏钩夜欢笑。”《全唐五代词》载:“欲得藏钩语少多，嫔妃宫女任相和。每朋一百人为定，遣睹三千匹彩罗。”敦煌写本S.2049《藏钩》载:“初年万物尽迎新，携手称高望早春。五五三三连玉臂，窗窗歌咏动寮尘。非但菖蒲三两曲，不知藏钩对洛人。”敦煌写本S.4474《释门杂文》中也有对“藏钩”的描写:“公等投名两扇，列位分朋。看上下以探筹，赌争胜负。或长行而远眺，望绝迹以无踪，远近劳藏，或度貌而难测。钩母怕情而战战，把钩者胆碎以兢兢。恐意度心，直擒断行。或因言而失马，或因笑以输筹，或含笑而命钩，或腼腆而落节。连翩九姓，踯躅十强，叫动天崩，声遥海沸，定强弱于两朋，建请斋于一会。”从这段文字可见，唐代敦煌地区流行的藏钩游戏还与斋会结合起来进行。

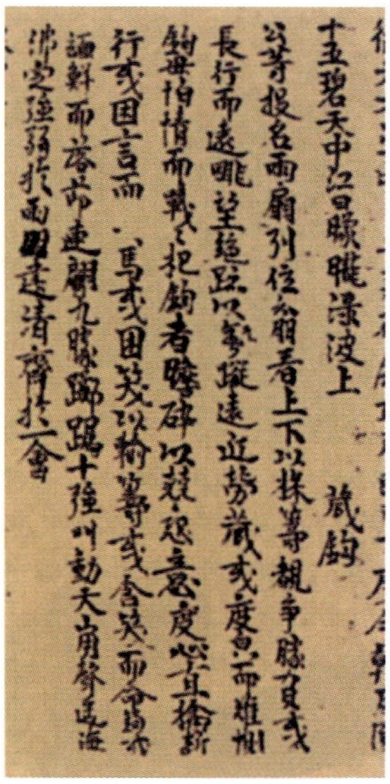
藏钩诗　敦煌文献 S.4474
大英博物馆藏　唐

在吐鲁番文书中也有反映藏钩的文书。如在阿斯塔那193号唐墓中出土了一份《唐道俗藏钩文书》。从这份文书可以看出，即使远在边陲新疆的吐鲁番地区也流行藏钩游戏，可见，唐代藏钩游戏已经广泛深入到社会各阶层之中，成为当时人们非常喜爱的一种游戏。

五代时期，花蕊夫人《宫词》云:“管弦声急满龙池，宫女藏钩夜宴时。好是圣人亲捉得，便将浓墨扫双眉。”在急促的音乐声中，皇帝与宫女们一起玩藏钩游戏，被猜中的藏钩宫女则被皇帝用浓墨涂抹双眉作为惩罚。

宋代的藏钩游戏不仅为文人雅士喜好，也甚得女子喜爱，并成为时尚的女性游戏。宋代梅尧臣的《和腊前》:“土人熏肉经春美，宫女藏钩旧戏存。”写了女子在守岁时进行藏钩游戏，别有一番团圆、和美、欢快的氛围。李昉《太平广记》卷二二八“桓玄”条引《渚宫故事》曰:“殷仲堪与桓玄共藏钩，一朋百筹。桓朋欲不胜，唯余虎探在。”佚名《采兰杂志》载:“每月下九，置酒为妇女之欢，名曰阳会。盖女子阴也，待阳以成。故女子于是夜为藏钩诸戏，以待月明，有忘寐而达曙者。”洪适《满庭芳》载:“旧日盘洲，藏钩卜夜，松儿笑拣双眉。”吴文英《塞垣春》载:“漏瑟侵琼管。润鼓借、烘炉暖。藏钩怯冷，画鸡临晓，邻语莺啭。”方千里《浣溪沙》:“密约深期卒未成。

藏钩春酒坐频倾。向人娇艳夜亭亭。相顾无言情易觉，归来单枕梦犹惊。眼梢怨泪几时晴。”晏几道《清平乐·可怜娇小》：“画堂秋月佳期，藏钩赌酒归迟。红烛泪前低语，绿笺花里新词。”

辽代，藏钩游戏在宫中衍生为藏阄戏，经常在宴饮时游戏助兴，这一游戏还纳入辽代宫廷礼制之中，成为宫廷宴饮必备的法定节目。

到了元代，藏钩已不再是宫廷仪制了，文人墨客宴饮消遣时常玩此游戏。元代对藏钩游戏多有记载。如杨奂《录汴梁宫人语十九首·其四》：“翠翘珠掘背，小殿夜藏钩。蓦地羊车至，低头笑不休。”藏钩游艺在元代十分风行，已是广大女子消遣娱乐生活的重要组成部分。汤舜民《南吕·一枝花·春思》载：“论文时芸窗下摘句寻章，论武时柳营内调丝弄竹，消闲时花阴外打马藏阄。”马致远《汉宫秋》第二折《梁州第七》载：“偏宜向梨花月底登楼，芙蓉烛下藏阄。”关汉卿《一枝花·不伏老》载：“愿朱颜不改常依旧，花中消遣，酒内忘忧，分茶攧竹，打马藏阄。通五音六律滑熟，甚闲愁到我心头。”由此可见，藏钩游艺在元代仍然十分风行，已是广大女子消遣娱乐生活的重要组成部分。

明清时期，藏钩游戏也是除夕夜家家户户守夜时常见的游戏活动。明代陈子壮《闺词四十首·藏钩·其二十》云：“并列芙蓉金井头，蒙珑月下笑藏钩。侬家不识生离事，赢得披拳中一筹。”明代小说《金瓶梅》也有对藏钩游艺的描述。王世贞《古乐府杂题二十绝·其七·藏钩》云：“花前驱戏巧争新，无奈些娘道便真。总为怯输浑不展，依然钩弋赵夫人。”

清代文人史梦兰的《全史宫词》就有记述：“君臣团坐笑藏阄，宴上分朋共几筹。日过金铺茶酒罢，天祥宝殿瑞烟浮。”李调元《弄谱百咏·藏阄》云：“筵上花枝照蜡红，随拈莲子斗雌雄。真空两手君休诧，看破乾坤总是空。”张次溪《清代燕都梨园史料正编》载：“倩颜上酒春红重，纤手藏钩软玉交。似此良宵暂行乐，银屏咫尺忍轻抛。”朱彝尊的《钗头凤·藏钩》词中，也描绘了藏钩这一游戏依然是女子闲暇时的主要娱乐形式。

百美图中的钩弋夫人形象　明

参加藏钩游戏者多半以女性为主，在宫廷藏钩游戏中，大型游戏时每队参加人数达一百多人，人越多，猜钩的难度越来越大，气氛也更为热烈。由于藏钩玩法简单，游戏趣味性强，因此深得广大女子的喜爱。

藏钩传入日本之后，在贵族、妇女中非常流行，其玩法完全照搬自中国。据《文德实录》卷五载：“仁寿三年二月乙丑，帝览藏钩，左右相分，飞鸟游附者不禁。”又据《三代实录》卷十三载：从五位上行肥后守纪朝臣夏井，“兼能杂艺，又善射覆，文德天皇与宫人为藏钩之戏，一钩藏于百手之中，密令夏井筮之，揲蓍布卦曰：有小女藏青衣以白花插首者，钩在其左手中。帝乃探得，大悦焉”。“飞鸟游覆”“射覆”都是中国玩法的一些说法。

（四）斗鸡

斗鸡是一项历史非常悠久的游戏，早在西周时期就开始流行，汉朝历代帝王和宗室贵戚大臣都非常喜爱斗鸡，汉代墓葬画像石中就有斗鸡的场面。之后，斗鸡之风一直十分盛行，并深入到了社会的各个阶层。

斗鸡之风的盛行，致使许多文人士大夫们创作了大量以斗鸡为题材的诗、词、赋作品，敦煌文献也有反映宫禁大内斗鸡场景的诗作，尤其是当时在河南地区对斗鸡的选种、喂养、训练等都有独特的方法。每年的正月初三是斗鸡比赛的日子，首先选择好斗鸡坑，其主持人叫“鸡头”，他也是斗鸡的裁判。

斗鸡之风自先秦一直流行至明清时期，并逐渐形成了一种流行于全社会的民间娱乐活动。

斗鸡图　河南英庄出土　河南博物院藏　汉

斗鸡纹拓片　郑州市天中艺术博物馆藏　汉

斗鸡图　甘肃酒泉丁家闸五号墓壁画　晋

斗鸡图　周文矩　纸本设色　故宫博物院藏　五代

春院斗鸡图　周文矩　绢本设色　台北故宫博物院藏　五代

斗鸡图　佚名　纸本墨笔　民间藏　清

彩绘斗鸡碟　直径 14.5 厘米　厚 2 厘米　民间藏　清

明皇斗鸡图　李嵩　绢本设色　纵 23.5 厘米　横 21 厘米　美国纳尔逊阿特金斯艺术博物馆藏　宋

斗鸡刺绣　民间藏　清

（五）斗草

斗草也称斗百草、斗花草，是一项女子的专门娱乐活动。斗草主要有两种玩法，一是比试草茎的韧性，方法是用草打成结互拉，以先断者为负，另外一种是比赛谁采摘的花草花色品种多和新奇。

每年春季，女子喜爱进行斗草的游戏。斗草源于古代辟邪除毒的风俗活动，《大戴礼记·夏小正》云："此月蓄药，以蠲除毒气。"很多人在这一天还要饮尝蒲酒以除毒气。古代在五月端午时踏百草、采药材、熬汤药、饮药酒的做法，后来便逐渐演变成为一种采花草、斗花草的社会习俗。

斗草为中国历代女子所喜爱，玩法虽然不算高深，但寓教于乐。古代女子通过斗花斗草，可以增长辨别各类花草植物的知识，增进对大自然的了解和热爱，同时也丰富了古代各个阶层女子的娱乐生活，达到娱乐消遣的目的。

斗草游戏历史悠久，源自西周，盛行于魏晋南北朝。斗草和斗花的季节，一般在清明到端午。南北朝梁宗懔《荆楚岁时记》载："五月五日，谓之浴兰节，荆楚人并踏西草，又有斗百草之戏。"此外，南朝梁王筠《五日望采拾》云："长丝表良节，金缕应嘉辰。结芦同楚客，采艾异诗人。折花竞鲜彩，拭露染芳津。含娇起斜盼，敛笑动微嚬。"这首诗描写了女子们折花斗草的情景。

唐代《开元天宝遗事·斗花》记载："长安士女，春时斗花，戴插以奇花多者为胜。皆用千金市名花植于庭院中，以备春时之斗也。"由于天性使然，女子们往往更热心于斗百草游戏。唐诗中就有许多关于斗草的描述，唐代诗人崔颢《王家少妇》："十五嫁王昌，盈盈入画堂。自矜年最少，复倚婿为郎。舞爱前溪绿，歌怜子夜长。闲来斗百草，度日不成妆。"这首诗描写了一位刚嫁入王家的少妇，闲暇无奈，只能靠斗草来打发时光，尽兴之余，甚至忘记了梳妆打扮，可见斗草游戏多么吸引年轻女子。

白居易在中年时所作的《观儿戏》："髫龀七八岁，绮纨三四儿。弄尘复斗草，尽日乐嬉嬉。"三四个七八岁的孩子在嬉闹欢乐地玩着斗草游戏，此情此景勾起了诗人对儿时生活的深情回忆。贯休《春野作》："牛儿小，牛女少，抛牛沙上斗百草。"描绘了一幅春日牧童斗百草图。刘禹锡《有游宴之盛》："若共吴王斗百草，不知应是欠西施。"杜牧《代人作》："斗草怜香蕙，簪花间雪梅。"描绘的都是斗草游戏。

唐代妇女热衷于斗草游戏，甚至专注到了忘我的地步。孟郊《城南联句》云："斗草撷玑珵，粉汗泽广额。"表现的是春游踏青时女子玩斗草游戏的专注心态。司空图《灯花三首》："姊姊教人且抱儿，逐他女伴卸头迟。明朝斗草多应喜，剪得灯花自扫眉。"可见当时女子对这种游戏的痴迷程度。

唐宋时期，宫廷女子也经常开展斗草活动，并痴迷其中。花蕊夫人《宫词》："斗草深宫玉槛前，春蒲如箭荇如钱。不知红药阑干曲，日暮何人落翠钿。"为了参加斗百草游戏，宫女们往往要千方百计地搜寻各种奇花异草。她们从宫池水畔采来似箭的春蒲、如钱的荇菜，在深宫玉槛前以斗草为戏，一直玩到日落黄昏，可见宫女们斗百草之专心致志，乐而忘乎所以。另一首王建的《宫词》写得更为有趣："水中芹叶土中花，拾得还将避众家。总待别人般数尽，袖中拈出郁金芽。"这首诗描写了一位颇有心计的宫女斗百草的举动，极为生动细腻。斗百草游戏之中的种种诗情画意和美妙无比的情趣，使女子神往入迷。

由于宫廷流行斗百草游戏，所以还有人专门谱写了《斗百草》音乐。《隋书》卷十五《音乐志下》记载：隋代宫廷音乐有白明达谱写的《斗百草》乐曲，唐代太常梨园别教院所教的法曲乐章中也有《斗百草乐》一章，敦煌曲子词 S.6537、P.3271 中还保留下来一套《斗百草词》。这首《斗百草词》就是为了配合《斗百草乐》的唱词，从中也可以看出当时流行的斗草风俗，以及可以看出其具有鲜明女性属性的游戏。

在唐代，斗草也经常会成为青年男女之间传递爱情的一种方式。如在古代的敦煌曲子词中，就有一些作品描写了唐代民间的青年男女一边斗草嬉戏，一边谈情说爱的情景。如敦煌文献 P.3271《斗草词》中，第一段说的是姑娘在花林中斗花草时选择了情郎，第二段说的是在斗花草的游戏中男女双方广泛交友，竞相嬉戏，第四段为经过斗草后男女交换定情之词。由于“斗百草”之戏与男女择偶有关，因此这种游戏在唐代民间一直十分盛行。

到了宋代，女子斗百草游戏仍十分风行，宋人诗词中屡有描述。北宋万俟咏《三台·清明应制》：“近绿水、台榭映秋千，斗草聚、双双游女。”词中描写了在细柳垂丝、莺啼燕飞的清明之际，女子欢快地荡秋千与结伴斗草的情景。北宋范仲淹《斗茶歌》：“君莫羡花间女郎只斗草，赢得珠玑满斗归。”宋人描写女子斗草最生动精彩的，是北宋晏殊《破阵子·燕子来时新社》，词中写道：“燕子来时新社，梨花落后清明。池上碧苔三四点，叶底黄鹂一两声。日长飞絮轻。巧笑东邻女伴，采桑径里逢迎。疑怪昨宵春梦好，元是今朝斗草赢。笑从双脸生。”词人捕捉住两位采桑女子斗百草寻乐的场面，写出了少女活泼天真、纯洁无瑕的神态。

南宋韩玉《且坐令》：“闲院落。误了清明约。杏花雨过胭脂绰，紧了秋千索。斗草人归，朱门悄掩，梨花寂寞。”陆游《鹧鸪天》：“东邻斗草归来晚，忘却新传子夜歌。”宋末吴自牧的《梦粱录·二月》记载：“二月朔，谓之‘中和节’，民间尚以青囊盛百谷、瓜、果子种，互相遗送，为献生子。禁中宫女，以百草斗戏。百官进农书，以示务本。”记述了南宋都城临安中和节时宫城中女子斗草的往事。

元代斗草游戏仍然十分盛行。据元代地方志记载，每年二月，元大都的“官员士庶，妇人女子，多游南城，爱其风日清美而往之，名曰踏青斗草”。元曲中斗草游戏的描写清新活泼，富有生活气息。如刘时中《小令·双调·水仙操并引》：“浅绛雪缄桃萼，嫩黄金搓柳丝，风流煞斗草的西施。”张可久《小令·寨儿令·失题》：“斗草踏青，语燕啼莺，引动俏魂灵。”关汉卿杂剧《诈妮子调风月·第二折》：“年例寒食，邻姬每斗来邀会，去年时没人将我拘管收拾。打秋千，闲斗草，直到个昏天黑地。”贾仲明杂剧《萧淑兰情寄菩萨蛮》第三折萧淑兰道：“嫂嫂待将咱病审，我无语似害淋。是前日打秋千斗草处无拘禁，脱衣时敢被风侵。”由此可见斗草游戏已进入元代的千家万户并广泛流行。

明代吴兆《秦淮斗草篇》记载：“乐游苑内花初开，结绮楼前春早来。春色染山还染水，春光衔柳又衔梅。此时芳草萋萋长，秦淮女儿多闲想。闲想玉闺间，罗衣正试单。芳飙入户吹帷动，巧鸟当窗搅梦残。因娇丽日长安道，相戏相要斗芳草。”诗中写的是作者万历年间游历应天府（今江苏南京）时的所见所闻。早春时节，芳草萋萋，秦淮河畔的女子们三五结伴，相约斗草。明代黄澄《绮罗香·斗草》：“绡帕藏春，罗裙点露，相约莺花丛里。翠袖拈芳，香沁笋芽纤指。偷摘遍、绿径烟霏，悄攀下、画阑红紫。扫花阶、褥展芙蓉，瑶台十二降仙子。”描写了明代女子斗草时的情景。

明代画家陈洪绶所绘《斗草图》，画面中五位妙龄女子，围坐一处斗草。女子姿态各有不同，生动微妙，人物面部线条和表情细腻，面部宁静而愉悦。可见，古代女子喜做斗草游戏。

到了清代，每逢清明节，斗百草游戏仍盛行不已，游戏中的文化韵味也更加浓郁。清人张潮在《补花底拾遗》中说，女子生活乐趣之一就是约邻家美艳女子来一起玩斗百草游戏。李声振《百戏竹枝词·斗百草》序云：“古人已有此戏，以吉祥而少见者为胜。闺人春日为之。”并作斗草诗：“一带裙腰绣早春，踏花时节小园频。”可见清代斗百草游戏在女子中非常盛行，为此《红楼梦》《镜花缘》中都对女子斗百草有精彩描述：“百花争艳满庭芳，莺歌燕舞女儿乡。不喜饮酒猜拳乐，闲将斗草过时光。”清人绘制的《斗草风情图》中描绘了一个大家庭中的女子们在端午斗草的家庭活动场景，九位女子围着桌子，桌上摆放许多花瓶，品种丰富。

通过中日文化交流，中国古代的斗花草游戏传入日

斗草　仇英　绢本设色　台北故宫博物院藏　明

斗草图　陈洪绶　绢本设色

纵 134.3 厘米　横 48 厘米　辽宁省博物馆藏　明

汉宫春晓图（局部） 清

汉宫春晓图（局部） 台北故宫博物院藏 明

仿仇英汉宫春晓图卷（局部） 绢本设色 台北故宫博物院藏 清

斗草图　佚名　纸本设色　民间藏　清

本，在贵族妇女中也很流行。据《百练抄》卷五载：鸟羽天皇永久五年（1117年）五月廿九日，"内里有斗鸡斗草"。《文华秀丽集》卷下《杂咏》中收录有《观斗百草简明执一首》曰："三阳仲月风光暖，美少繁华春意奢。晓镜照颜妆黛毕，相将戏逐觅红花……环坐各相猜，他妓亦寻来，试倾双袖口，先出一只梅。千叶不同样，百花是异香。"又《和野柱史观斗百草简明执之作一首》："结伴共言斗百草，竞来先就一枝丛……斗百草，斗千花，矜有嗤无意递奢。初出红茎敌紫叶，后将一蕊争两葩。证者一判筹初负，奇名未尽日又斜。胜人不听后朝报，脱赠罗衣耻向家。"这两首诗将日本的斗草游戏描绘得极为生动。

二、秋千、风筝、踢毽子、绳技

（一）秋千

秋千，古字写为"鞦韆"，均有"革"字旁，意思是揪着皮绳而迁移，故最早称之为"千秋"，又称彩索、彩绳。秋千以其场地简单，玩法随意，成为古时女子闺房院落中的必备游戏。

早在远古时代，先民为了谋生，需要借助藤蔓来回摇荡的方法来摘果子或捕猎，这便是秋千的雏形。后来的秋千多用树丫为两边支架，再悬系两绳，下拴踏板而成。传说秋千为春秋时期的北方山戎族所创，开始仅是一根绳子，双手抓绳而荡，用来练习身体的灵巧度。后来，齐桓公北征山戎族，把"秋千"带入中原，随后渐渐地为中原女子所喜爱。宋代高承编撰的类书《事物纪原》就有记载："《古今艺术图》曰：'北方戎狄，爱习轻趫之能，每至寒食为之。后中国女子学之，乃以彩绳悬树立架，谓之秋千。'或曰本山戎之戏也，自齐桓公北伐山戎，此戏始传中国。一云正作'秋千'字，为'秋迁'非也；本出自汉宫祝寿词也，后世语倒为'秋千'耳。"相传，汉武帝祈祝自己有千秋之寿，故而汉家后宫都喜好秋千游戏。

南朝梁宗懔所著《荆楚岁时记》中有记载：每一年立春之日，人们为"施钩"之戏，又为"打球"。隋人杜公瞻对此注说："春节悬长绳于高木，仕女袨服，坐立其上，推引之，名秋千。"可见当时的秋千与今日荡秋千区别不大。

秋千以其场地简单，玩法随意，成为古时闺房院落中的必备游戏。在秋千的发展过程中，演变出了许多不同的种类，如荡秋、磨秋、观音秋、纺车秋、转轮秋、二人秋、胆子秋等。主要有三种：一是传统的荡秋千，即"植木为架，上系两绳，下拴横板"，像钟摆一样来回摆荡。二是车轮秋，"磨秋""观音秋""纺车秋"等都属于车轮秋，它是植大木于地，上安车轮状圆轮，在呈辐射状横木上，系绳于下，以架坐板。活动时，坐秋千的人，用脚蹬地使车轮旋转，然后悬空转动。三是担子秋，也叫二人秋，"竖长柱，设横木于上，左右各坐一个。以互落互起而飞旋不停"，类似蹊跷板的旋转秋千游戏。

秋千游戏最为普通的形式是在木架上悬两绳，下系横板，游戏者在板上或坐或立，用力荡起而摆动秋千。古时女子环佩叮当，裙裾宽大，彩袖披帛，自空中飘荡而落，颇有些仙女下凡来的意味。荡秋千之所以深受古代女子的喜爱，不仅仅是因为它是一种情趣盎然的娱乐运动，是一种养生健体的活动，还在于其运动形式与中国古代女子的生活方式非常吻合。中国古代封建礼教严苛，女子外出机会很少，更少有机会参与户外体育娱乐活动。秋千便成为被“幽闭”在深深庭院中少女们的主要运动游戏，成为她们寻求快乐刺激、锻炼身体、调节身心的最佳方式。

两汉魏晋南北朝时期，秋千在民间和宫廷逐渐流行，秋千已成为寒食节、清明节、端午节等广为普及的民间游戏。南朝梁宗懔《荆楚岁时记》载:“春节悬长绳于高木，士女袨服，坐立于其上，推引之，名曰打秋千，楚俗谓之施钩，《涅槃经》谓之罥索。”高无际《汉武帝后庭秋千赋》:“乍龙伸而蠖屈，将欲上而复低，擢纤手以星曳，腾弱质而云齐。一去一来，斗舞空之花蝶，双上双下，乱晴野之虹霓。径如风，捷如电，倏忽顾盼，万人皆见，香裾飒以牵空，珠汗集而光面，时进时退，以游以遨，类七纵而七舍，期必高而让高，第取其至乐，靡辞其体劳。徒观其天仙步虚，飞鸟颉颃，飞鸟不离于羽族，天仙不举而自上。”赋文将宫女们荡秋千的情景描绘得最为生动传神，可见当时宫女们秋千技巧的确娴熟。

秋千在唐代宫廷极受欢迎，据《开元天宝遗事》记载，天宝年间，每到寒食清明，宫中都要竖起秋千架，宫女们登上秋千，上下凌空，彩衣绣裙迎着春风起舞，宛若仙女自天而降。唐玄宗看得高兴，呼之为“半仙之戏”，遂使这一活动传遍南北，“万里秋千习俗同”。唐代诗人咏宫女秋千的诗作非常多，王仁裕《开元天宝遗事》载:“天宝宫中至寒食节竞筑秋千，令宫嫔辈戏笑以为宴乐，帝呼为半仙之戏，都中士民相与仿之。”王涯《宫词三十首》:“春风摆荡禁花枝，寒食秋千满地时。又落深宫石渠里，尽随流水入龙池。”韦应物在《寒食》写道:“晴明寒食好，春园百卉开。彩绳拂花去，轻球度阁来。”描写的是宫女们在清明节秋千游戏的活动情景。唐人和凝《宫词百首》载:“司膳厨中也禁烟，春宫相对画秋千。清明节日颁新火，蜡炬星飞下九天。”生动描绘出宫女们活泼可爱玩秋千的场景。

唐代，秋千之戏不仅为皇宫内宫女们所喜好，而且也盛行于民间。唐人描写民间女子玩秋千的诗词更为丰富。刘禹锡在《同乐天和微之深春二十首》一诗中，就有“何处深春好，春深幼女家。双鬟梳顶髻，两面绣裙花。妆坏频临镜，身轻不占车。秋千争次第，牵拽彩绳斜”的描写。王建《秋千词》载:“长长丝绳紫复碧，袅袅横枝高百尺。少年儿女重秋千，盘巾结带分两边。身轻裙薄易生力，双手向空如鸟翼。下来立定重系衣，复畏斜风高不得。”徐铉的《柳枝辞十二首》写道:“蒙蒙堤畔柳含烟，疑是阳和二月天。醉里不知时节改，漫随儿女打秋千。”描写了在百花盛开的春天里，细雨蒙蒙，女孩子荡秋千的情景。成彦雄《柳枝辞九首》:“鹅黄剪出小花钿，缀上芳枝

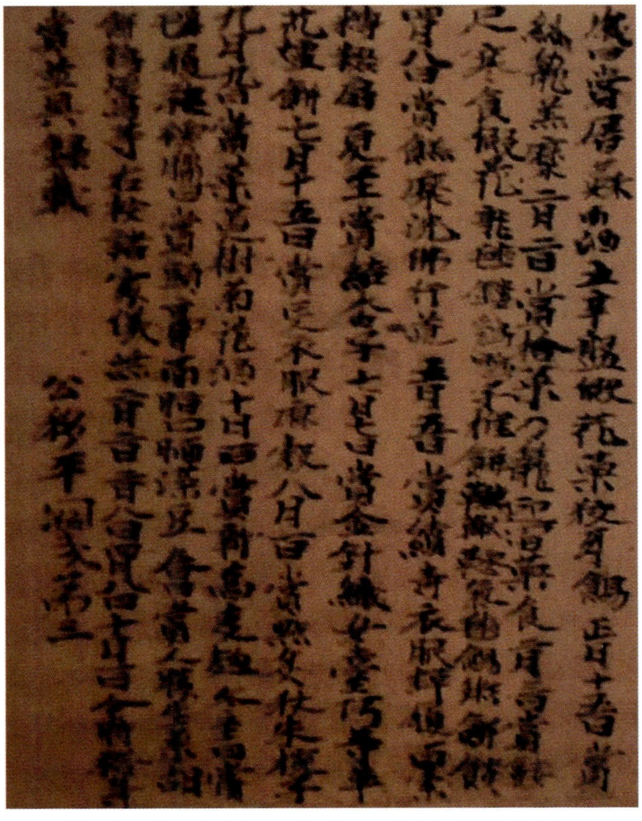

秋千　敦煌文献 S.6537 大唐新定吉凶书仪·节候赏物第二

大英博物馆藏　唐

色转鲜。饮散无人收拾得，月明阶下伴秋千。”诗中明月佳人，秋千院落，描写了女子喜悦之情。白居易《和春深二十首》：“碧草追游骑，红尘拜扫车。秋千细腰女，摇曳逐风斜。”诗人们用优美的文字描绘了各阶层女子或在深闺庭院，或在农家乡间，或在阳光明媚的春日，或在朦胧月色夜下荡秋千的愉快场面。

荡秋千是古代寒食节和清明节女子最主要的活动。众多唐诗中还原了唐代女子在岁时节庆里荡秋千的情景。杜甫《清明二首》中有：“寂寂系舟双下泪，悠悠伏枕左书空。十年蹴鞠将雏远，万里秋千习俗同。”孙鲂的《柳》写道：“金堤堤上一林烟，况近清明二月天。别有数枝遥望见，画桥南面拂秋千。”李山甫《寒食二首》载：“年年今日谁相问，独卧长安泣岁华。风烟放荡花披猖，秋千女儿飞短墙。”诗中描写了唐代寒食清明时节流行秋千戏的盛况。柳中庸《寒食戏赠》载：“春暮越江边，春阴寒食天。杏花香麦粥，柳絮伴秋千。”韩偓《秋千》载：“池塘夜歇清明雨，绕院无尘近花坞。五丝绳系出墙迟，力尽才瞵见邻圃。”众多唐诗佳句，将古代女子秋千游戏的情景描绘得活灵活现，意象万千，这无疑表明在唐代，秋千与宫廷或民间女子生活密切相关，是女子主要的娱乐游戏之一。

五代时期，民间清明节的秋千游戏仍在进行。王仁裕的《开元天遗事》中记载：“天宝宫中，至寒食节，竞竖秋千，令宫嫔辈戏笑以为宴乐。”李煜《蝶恋花》：“谁在秋千，笑里轻轻语。一片芳心千万绪，人间没个安排处。”也许是身处五代十国的乱世之中，从李煜这首词中再也找不到唐代少女荡秋千的欢快身影了。

宋代民间盛行的节令游艺活动也有荡秋千。宋人王禹偁《寒食》诗云：“今年寒食在商山，山里风光亦可怜。稚子就花拈蛱蝶，人家依树系秋千。”陆游《乌夜啼》词曰：“冷落秋千伴侣，阑珊打马心情。绣屏惊断潇湘梦，花外一声莺。”苏东坡《蝶恋花·春景》词曰：“墙里秋千墙外道，墙外行人，墙里佳人笑。”李清照《浣溪沙》词曰：“海燕未来人斗草，江海已过柳生绵，黄昏疏雨湿秋千。”这都是说女子荡秋千活动的情景。此外，宋代女词人李清照的《点绛唇·蹴罢秋千》写道：“蹴罢秋千，起来慵整纤纤手。露浓花瘦。薄汗轻衣透。见客入来，袜刬金钗溜。和羞走。倚门回首，却把青梅嗅。”此词写出了少女初次萌动的爱情，真实而生动，其中荡完秋千的精神状态，更妙在静中见动。北宋文坛领袖欧阳修也写了不少以女子荡秋千为题材的诗词，如《浣溪沙》：“堤上游人逐画船，拍堤春水四垂天，绿杨楼外出秋千。”《渔家傲》：“三月清明天婉娩，晴川祓禊归来晚。况是踏青来处远，犹不倦，秋千别闭深庭院。”《满路花》：“春禽飞下，帘外日三竿。起来云鬓乱，不妆红粉，下阶且上秋千。”宋代文人将玩秋千的情景和人物表达得如此生动活泼，从字里行间流溢着女性的柔美风韵。

宋代描绘民间女子玩秋千的词句也十分丰富。叶绍翁《田家三咏》：“抱儿更送田头饭，画鬓浓调灶额烟。争信春风红袖女，绿杨庭院正秋千。”严仁《蝶恋花·春情》载：“院静日长花气暖。一簇娇红，得见春深浅。风送生香来近远，笑声只在秋千畔。”贺铸《凤栖梧》：‘挑菜踏青都过却。杨柳风轻，摆动秋千索。啼鸟自惊花自落。有人同在真珠箔。”张镃《蝶恋花》：“杨柳秋千旗斗舞。漠漠轻烟，罩定黄鹂语。”黄庭坚《蓦山溪·春晴》：“朝来风日，陡觉春衫便。翠柳艳明眉，戏秋千，谁家倩盼。”万俟咏《三台·清明应制》：“乍莺儿百啭断续，燕子飞来飞去。近绿水、台榭映秋千，斗草聚、双双游女。”

此外，宋代的秋千还有一定的创新。据宋代孟元老的《东京梦华录》卷七《驾幸临水殿观争标锡宴》记载：“有两画船，上立秋千，船尾百戏人上竿，左右军院虞候、监、教，鼓笛相和。又一人上蹴秋千，将平架，筋斗掷身入水，谓之水秋千。”这就描写了当时水秋千运动的盛况，不仅有参与者精彩的表演，而且围观的群众情绪激昂，有鼓笛在旁造势，整个场面可谓热闹非凡。另据生活于宋末元初的陈元靓所编著《岁时广记》引《岁时杂记》的说法：“都城（汴京）寒食……民间又卖小秋千，以悦儿童。团沙为女儿立于上，亦可举之往来上下。又

仕女秋千图　李公麟　绢本设色　纵 51 厘米　横 64 厘米　民间收藏　宋

秋千　明

秋千　辽宁省博物馆　明

绿地洒线绣仕女秋千经面　故宫博物院藏　明

以木为之，再加彩画者甚精。”这种儿童秋千有两种，一种是由父母举在手上；一种是立木架于地，并用彩画涂饰，秋千架十分精巧。像宋代这样寒食秋千的情景是前所未见的，说明宋代秋千民俗活动相当普及。

到了元代，秋千游戏仍然盛行不衰。元曲中反映得更加生动，如关汉卿的小令《双调·碧玉箫·八》描写少女荡秋千的情景：“红袖轻揎，玉笋挽秋千。画板高悬，仙子坠云轩。”贯云石《双调·寿阳曲》：“下秋千玉容强似花，汗溶溶借人罗帕。”张可久写了三首秋千曲，宛如三幅荡秋千的风俗画，清新而迷人。之一《越调·天净沙·书所见》：“窥帘口语喧阗，避人体态婵娟，门外金铃吠犬。谁家宅院？杏花墙以秋千。”之二《商调·梧叶儿·春日书所见》：“蔷薇径，芍药阑，莺燕语间关。小雨红芳绽，新晴紫陌乾，长日绣窗闲，人立秋千画板。”之三《越调·寨儿令·秋千》：“住管弦，打秋千，花开美人图画展。翠髻微偏，锦袖轻揎，罗带起翩翩。钏玲珑响亚红绵，汗模糊湿褪花钿。绿烟浓春树底，彩云散夕阳边。天，吹下向飞仙。”这三首元曲既写出了元代女子对打秋千的喜爱，又写出了打秋千人的娇美。从这些元曲及戏文里可以见到，在明媚的春天，女子荡秋千的倩影随处可见，为我们勾勒出一幅幅佳人荡秋千的风情画面。

明代，每逢清明，宫中宫女都要进行荡秋千游戏。据《灯宫遗事》载，清明时，三宫六院都要各设秋千一架，嫔妃宫女相邀嬉戏为乐，宫女们干脆称清明节为“秋千节”。

王问《秋千行·顾园作》载：“东风桃李斗芳辰，城边陌上啼莺新。当窗美人罢针线，并结秋千招比亲。百尺长绳挂香雾，结束衫裙学仙举。一回蹴踏一回高，渐绝飞尘逼清宇。”董遐周《春情诗》：“千秋戏罢莺同坐，百草赢来柳共眠。”王錂《六十种曲春芜记》“杨柳边莺迁绿荫。秋千外燕蹴红英。”抱瓮老人《今古奇观》“秋千戏蹴方才罢，忽惊墙角生人话。”刘若愚著《酌中志》载：“清明则秋千节也……坤宁宫后，及各宫皆安秋千一架。”

明代流行荡秋千活动，还见于小说《金瓶梅》中详细描述的女子荡秋千场景。王圻《三才图会》中也附录有女子荡秋千的插图。

明代的文学作品写出了女子对打秋千的喜爱，又写出了打秋千人的娇美。悠悠荡起的秋千衬出少女婀娜的身姿，放飞自我的

秋千 仇英 绢本设色 台北故宫博物院藏 明

四季仕女图（局部） 明

岁华纪胜图（局部） 台北故宫博物院藏 明

秋千图　仇英　台北故宫博物院藏　明

吴月娘春昼秋千　摘自《新刻绣像批评金瓶梅》 明

浪漫，可见秋千在明代的普及和明代女子对秋千的喜爱程度。

清代，上自内苑，下至乡村，每逢节日都要竞立秋千架，嬉戏为乐。据《燕京岁时纪胜》等书记载，从京城到市镇中的百姓“家家树秋千为戏”，那种场面非常壮观，女子们难得迎来秋千节，自然要尽情玩乐一番。正如《盐源竹枝词》所云：“高悬彩架接云天，共庆新年胜旧年。姊妹艳装争奇丽，倩郎抛索送秋千。”《帝京岁时纪胜》载：“白塔寺打秋千者，不一而足。”各地的方志中，也多见女子在清明期间荡秋千以娱乐身心的有关记载。清代袁枚《随园诗话》：“新妆时样髻盘鸦，六幅裙拖越女纱。戏罢秋千身怯怯，倩郎插好鬓边花。”

清代画家任熊依据诗人姚大梅（姚燮）“内家汉戏秘秋千”诗意画出《大梅诗意图》，第十册中的《仕女秋千》描绘宫中女子荡秋千的画面。图中秋千有两个荡板。一女子已坐在板上，二女仆正牵曳千绳，伺候另一个女子登板，生动、细致地反映了清代秋千的双板“二人秋”的游戏方式。

清代的《月曼清游图册》描绘的是清代宫廷嫔妃们一年十二个月的深宫生活，杨柳荡千图上的秋千头横板离地面较高的“高架秋千”。作者细腻地描绘了仕女玩秋千时的秀润飘逸，令人赏心悦目。

在少数民族地区，秋千也是许多少数民族妇女喜爱的传统运动项目。在我国新疆南部地区，流行着一种维吾尔语叫“萨哈尔地”的维吾尔族秋千，汉语意为“转轮秋千”，在阿克苏地区它还被称作“恰克皮来克”。它的产生与西域的“竿术”有关。据唐代苏鹗撰的笔记小说集《杜阳杂编》记载，唐代有一位名叫石火胡的西域女子，能于百尺竿上张弦五条，以八九岁女子各居一条之上。这种技艺与维吾尔族的“萨哈尔地”（转轮秋千）颇有相似之处。

秋千图纹漆器　民间藏　清

朝鲜族妇女也非常喜欢在端午节、中秋节荡秋千，朝鲜的秋千从高丽中期开始有文字可查。《高丽史·崔忠献传》记载道：“端午忠献设秋千戏，于柏井洞宫，宴文武四品以上三日。”可见，秋千当时盛行于以王宫为中心的贵族阶层之中了，同时，秋千、摔跤、跳板等也是大众喜爱的民间游戏。

在我国云南地区也有不少打秋千风俗的民族，如哈尼族、壮族、傣族、彝族、拉祜族、纳西族、普米族、布朗族等。像金平县的哈尼族，在过“六月年”时打秋千，这一天又

汉宫春晓图（局部） 清

古代仕女行乐图·荡秋千（局部） 南京博物院藏 清

十二月月令图之二月·秋千

台北故宫博物院藏 清

月曼清游图册·曲池荡千　陈枚　清

秋千　焦秉贞　台北故宫博物院藏　清

被称为“磨秋节”“砣扎扎”，是哈尼族传统节日，也是哈尼人庆祝农事顺利结束、祈祷平安吉祥和五谷丰登的节日。节日当天，当地的哈尼人身着盛装，村中男女老少集体参与祭祀和打磨秋运动。同在云南生活的布朗族年轻女子也有打磨秋的爱好。他们会在院子空地上栽一棵木桩，再将一棵六七米的龙竹或圆木于正中凿一孔于桩上，使之能自由转动升降。活动开始时，每端一人，或骑或扑，上下向前旋转，以转动迅速而长久坚持者为优胜。此项运动布朗族男人和老人是不参加的，仅在一旁围观。

在位于湘西和黔东北的苗族同胞生活地区，打秋千运动的历史也十分悠久。这里的人们自古就深信“习此可以却病”，青年男女在“赶秋”时，特别爱打“八人秋”。每年的农历“立秋”后赶集日“赶秋”，在村里或山坡上，人们会击鼓起雾，荡秋欢歌，庆贺丰收。有些地方，立秋这天，在八人秋前站会着一对“立秋老人”——秋公、秋婆，秋上分别乘坐四男四女。立秋老人先说几句吉祥如意的话，然后唱“开秋歌”，并亲手转动秋千，印算开秋。开秋后，男女青年便可自由转秋千了。坐秋千的规矩是：当旋转的秋千停下时，谁坐在上方谁唱歌。青年男女通过转秋千唱歌的活动，增进友谊，寻找爱情，因而转秋千也就成了苗族青年男女最喜爱的娱乐性传统体育项目之一。此外，在我国其他少数民族，诸如土家族、傈僳族、仡佬族、羌族、景颇族、普米族、锡伯族、畲族、阿昌族、布朗族等也都有自古形成、充满本民族妇女生活情趣、玩法各异的秋千游戏。

生活在我国台湾地区的高山族也有荡秋千的活动，高山族的秋千结构是以4根十几米长的木柱子做支架，它们斜竖顶端交叉捆绑住，并设一根短横木在其上，垂下一条藤索，加上横木制成的秋千板。这种形制犹如临时吊取重物的“葫芦架”。《台海使槎录》记载“各社户前因大树缚藤，纵送为乐，日夕歌唱不绝口”。《诸罗县志》记载有的“高可丈许，中以木为异，止客一人绕梁旋转如纺，上下可数十回，汉人效之，辄晕而呕”。

内家汉戏秘秋　任熊　纸本设色　故宫博物院藏　清

在台湾，秋千的名称也因区域的不同而有差异。如日月潭的邵人称之为lalausin，排湾人称之为putiuma，曹人称之为totoxo-ga，等等。据清代《番社采风图考》载：“番女有缈绵氏之戏。即秋千也，以缈为飞，以绵氏为天，意以为飞天耳。”所以在清代，秋千又可以称为“缈绵氏之戏”。《番社采风图考》记载，高山族“每风和景明，招邀同伴，椎髻盘花，靓妆丽服，以银铛、珊珠贯肩背，条脱缠腕，累累相比，欢呼游戏”。其场面之欢愉热烈，游戏者之轻盈洒脱，服饰之艳丽多彩，并有“云霭碧梧飞彩凤，花移丹桂下姮娥”的优美诗句咏其事。高山族的秋千形式简单，因陋就简，以增强体质、娱乐身心为主要目的。

邵人、鲁凯人也是在春暖花开举行播种祭时，搭设有秋千架，供社里的妇女们荡秋千，祈愿将来一年中谷物能得到丰收。到了秋高气爽时节，一年的辛劳获得丰硕成果，他们在举办丰年祭等仪式时也搭有秋千架，让社中的姑娘们忽上忽下地纵情欢乐，以尽兴尽乐的荡秋千活动，来表达他们丰收的喜悦，并感谢神灵对他们的馈赠。

荡秋千不仅常在一些年度祭仪中举行，而且也在其他仪式里举行。在排湾人的婚礼中，秋千活动是不可缺少的一环。举办婚礼之日，女家姐妹和女伴盛装丽服，喜气洋洋地成群结队来荡秋千，为婚礼的喜庆增光添彩，也象征与预示新婚夫妇日后的生活能步步高升，白头偕老，幸福美满。

中国古代的秋千戏也很早就传入日本并在社会上非常流行。据《三余清事》卷六《女人秋千》载：“秋千戏旧矣，震旦（注：中国）使女人为此，以供王公大人览观。日本亦有此戏。”嵯峨天皇曾作有《杂言秋千篇》诗曰：“幽闺人，梳妆早。正是寒食节，共怜秋千好。长绳高悬芳枝，窈窕翩翩仙客姿。玉手争来相互推，纤腰结束如鸟飞。”滋贞主还赋诗《杂言奉和秋千篇一首》以和之，诗曰：“寒食节，周旧制，禁火余风犹未废……借问游踪攸向处，秋千好树一园春……耸于高横来似落，长绳倒著去如飞。”

（二）风筝

风筝起源于春秋时期，至今已有两千多年的历史了，在中国古代具有很大影响。据《韩非子》记载：“墨子为木鸢，三年而成，蜚一日而败。”相传最早的风筝是墨翟以木头制成，后来鲁班用竹子改进墨翟的风筝材质。直至东汉，蔡伦改进造纸术后，坊间才开始以纸做风筝，称为“纸鸢”。

两汉魏晋南北朝时期的风筝，史书上称作纸鸢、纸鸦、纸鸱，多为形制很大的风筝。当时，人们就喜爱在闲暇时，到郊外和空旷之处，放风筝娱乐。据传出自两汉卓文君的《怨郎诗》中就提到过风筝：“忽匆匆，三月桃花随水转。飘零零，二月风筝线儿断。噫，郎呀郎，巴不得下一世，你为女来我做男。”

从唐代起，在传统的寒食和清明两个节日，民间流行女子和儿童放纸鸢。唐时在风筝的制作技术上也有了很大的提高，还创造出能发出哨声的风筝。唐采的《纸鸢赋》中描写了风筝的制作和放风筝的情景，有些在高空翩翩然飞来飞去的鸟形风筝，竟然引来野雁与其做伴。

唐代关于描写女子放风筝的诗词佳句很多，刘禹锡《酬湖州崔郎中见寄》：“风筝吟秋空，不肖指爪声。”刘得仁《访曲江胡处士》：“落日明沙岸，微风上纸鸢。”从罗隐的《寒食日早出城东》一诗中可以看出当时寒食清明放风筝风气之盛：“不得高飞便，回头望纸鸢。”清明时节，放风筝也是最受欢迎的游戏了。杜甫《冬日洛城北谒玄元皇帝庙》：“风筝吹玉柱，露井冻银床。”李白《登瓦官阁》：“两廊振法鼓，四角吟风筝。”鲍溶《风筝》：“何响与天通，瑶筝挂望中。彩弦非触指，锦瑟忽闻风。雁柱虚连势，鸾歌且坠空。”唐代诗人李商隐《秋》：“月浪衡天天宇湿，凉蟾落尽疏星入。云屏不动掩孤嚬，西楼一夜风筝急。”高骈《风筝》：“夜静弦声响碧空，宫商信任往来风。依稀似曲才堪听，又被移将别调中。”

宋代，放风筝成为宫廷和民间一种日常性的活动。据《挥麈后录》记载，宋徽宗在即位之初就喜欢放纸鸢为戏。北宋名相寇准就有《纸鸢》：“碧落秋方静，腾空力尚微。清风如可托，终共白云飞。”刘辰翁《水龙吟》：“是处风筝，满城昼锦，儿郎俊伟。”王从叔《秋蕊香·用清真韵》：“故人信断风筝线。误燕归。”另外，在《西湖老人繁胜录》和《武林旧事》中都有放风筝和以扎风筝为业的手工业者。南宋宫廷画院待诏苏汉臣所画的《百子图》，生动地描绘了当时放风筝的场面。

元朝时，民间风筝习俗已很普及，风筝的式样逐渐增多，扎制技艺更趋成熟。元曲中有许多描绘风筝的词句。无名氏小令[双调·水仙子]《喻纸鸢》反映了这种习俗："丝纶长线寄天涯，纵放由咱手内把。纸糊披就里没牵挂。被狂风一任刮，线断在海角天涯。"

五代时期，人们在风筝上加入竹哨，风入竹哨，声如筝鸣。据明代陈沂《询刍录》云："五代李郑于宫中做纸鸢，引线乘风为戏。后于鸢首以竹为笛，使风入竹，声如筝鸣，故名风筝。"从这条记载中，我们可以看出至五代时期，风筝的名称才真正出现，当时的人们制作风筝时在鸢的头上装上了竹笛，放上天空后，风进入竹笛，便会发出筝鸣般的声音，故称"风筝"。

明清时期，是风筝发展的鼎盛时期。明代画家徐渭创作了不少风筝画并题诗，多达二十五首载："筝儿个个竞高低，线断筝儿打一交。若个红靴不破绽？若人红袄不鏖糟。"杨宛有《看美人放纸鸢五首》，就是女子放飞风筝的生动写照，载："共看玉腕把轻丝，风力蹉跎莫厌迟。顷刻天涯遥望处，穿云拂树是佳期。"广为流传的《十姐妹放风筝》民歌，展现了青春少女清明踏青放风筝的生动景

仕女硬翅风筝图　宋元磁州窑　故宫博物院藏　清

象："二月寒食是清明，姐妹十人去踏青，捎带放风筝……姐妹风筝已放完，欢欢喜喜回家转，大地好春光。"明代文学家徐渭写过"村庄女儿竞鸢嬉"的诗句。

从清人画家所绘《十美放风筝》中可以看到，十位女子身着香艳华丽的服装，神情愉悦，每人手中各持一个风筝，有人物形风筝、有龙形风筝、有蝴蝶和鸟形风筝等，可见，清代的风筝制作形态各异、绘画精美、工艺高超。

明末清初柳如是《声声令·咏风筝》载："杨花还梦，春光谁主？晴空觅个颠狂处。尤云殢雨，有时候，贴天飞，只恐怕，捉他不住。"清代张令仪《临江仙·咏美人放风筝》载："节近清明天气困，佳人消遣春慵。纸鸢擎出小庭中。悠然轻扬去，漂泊似郎踪。"清代史梦兰《全史宫词》："满苑春风放纸鸢，液池新柳尽飞绵。"清代著名戏曲家李渔有一剧《风筝误》，其有小诗一首："何处金声掷自天？投阶作意醒幽眠。纸鸢只合飞云外，彩线何缘断日边？"

放风筝在清代人们的观念里还有"放晦气、放秽气"的含义。古人认为，风筝一飞冲天预示着一年丰收、万事如意，风筝上的哨鸣可以震天地、慑妖魔、保平安。古代民间习俗中还有等风筝升入高空后，剪断放飞线，让高空气流携带风筝，越飞越远，最后消失在蓝天白云中。这样做意思是放晦气，让病痛、灾祸和种种不吉利都随断线风筝一去不返。《红楼梦》第七十回《林黛玉重建桃花社，史湘云偶填柳絮词》中有一段林黛玉与众姐妹放风筝的描写，其中李纨对林黛玉说："放风筝图的是这一乐，所以又说放晦气，你更该多放些，把你这病根儿都带了去就好了。"由于放风筝能放掉晦气，由此别人放过而掉下的风筝，是断不能拾来重放的，以免沾上晦气。

在清明节前后，天朗气清，万物生长，农事稍稍止歇，又是扫墓的时节，人们通常在这时外出踏青放风筝。清人潘荣陛所著的《帝京岁时纪胜》中记载："清明扫墓，倾城男女，纷出四郊，担酌挈盒，轮毂相望。各携纸鸢线轴，祭扫毕，即于坟前施放较胜。"清代曾任潍县县令的"扬州八怪"之一郑板桥，在他的《怀潍县》一诗中，形象

春风得意 故宫博物院藏 清

杨柳青年画 天津博物馆藏 清

红楼梦图（局部） 孙温　清

放风筝　清

放风筝 佚名 纵 15.5 厘米 横 24.3 厘米 台北故宫博物院藏 清

地描绘了清明时节潍坊一带放风筝的情景："纸花如雪满天飞，娇女秋千打四围。五色罗裙风摆动，好将蝴蝶斗春归。"风筝满天竞飞像雪片一样纷纷飘舞，少女们则在院子里荡秋千，衣裙飘飘，这就是春暖花开的美好画面。

京城和许多市镇中的民众们"家家树秋千为戏"，场面非常壮观。放风筝也是明清时期的一项十分普及的传统游戏活动。清代文学家曹雪芹在《红楼梦》中也曾写到贾宝玉在神游太虚境翻阅《金陵十二钗正册》时，看到册中有两个人在放风筝的情节。曹雪芹还写过一部介绍风筝品种和制作技艺的专著叫《南鹞北鸢考工志》，书中所记载的风筝品种有比翼燕、双燕、双鲤、彩蝶、螃蟹、宓妃、双重等等，并有工艺歌诀和图谱。这些作品和专书，反映了明清时期放风筝活动的炽盛。

（三）踢毽子

踢毽子，即在铜钱眼上缚鸡毛用脚弹踢，踢毽子有着悠久的历史。在古籍中，毽子也称作箭子、燕子或蹀。据历史文献和出土文物考证，踢毽子约起源于汉代，在考古发现的汉砖上，就有踢毽子的画面。

魏晋南北朝时，踢毽子已十分普遍。《唐高僧传》二集卷十九《佛陀禅师传》中记载："沙门慧光，年立十二，在天街井栏上反蹋蹀，一连五百，众人喧竞，异而观之。佛陀因见怪，曰'此小儿世戏有工'。"即记载有一个叫跋陀的人到洛阳去，在路上遇到了十二岁的慧光，在天街井栏上反踢毽子，连续踢了五百次，观众赞叹不已。亦表明作为一种游戏，踢毽子在当时社会上已较为流行了。

到了唐宋时期，踢毽子就更为盛行，踢法丰富多彩。唐代皇宫里嫔妃宫女均爱踢毽子，踢毽子和荡秋千并列为宫廷两大游戏活动。

从宋代开始，出现了用鸡毛做成的毽子。据宋人周密《武林旧事》"小经纪"条记载，临安城的手工业中，有"毽子、象棋、弹弓"等作坊。宋人高承在《事物纪原》一书中，对踢毽子有这样的记载："今时小儿以铅锡为钱，装以鸡羽，呼为鞬子。三四成群走踢，有里外廉、拖抢、耸膝、突肚、佛顶珠、剪刀、拐子各色。"宋代，踢毽子的难度也愈来愈大，花样也愈来愈复杂。

到了明清时期，踢毽子的游戏进一步发展，关于踢毽子的记载也更多了。刘侗、于奕正在《帝京景物略》中记道："杨柳儿青，放空钟；杨柳儿死，踢毽子。"可见踢毽子已成为民谚的内容。

清代女子更是热衷此戏，文献中多有踢毽子的记载。清人潘荣陛《帝京岁时纪胜》："都门有专艺踢毽子者，手舞足蹈，不少停息，若首若面，若背若胸，团转相击，随

踢毽子　木版画　清

其高下，动合机宜，不致坠落，亦博戏中之绝技矣。”

毽子在皇宫里，亦是嫔妃宫女的消遣乐事。清光绪皇帝的瑾妃，堪称踢毽子高手。每当瑾妃踢毽子时，太监和宫女们在旁边喝彩叫好：“瑾主妃踢得妙！”

清康熙年间李声振《百戏竹枝词·踢毽儿》中描写少女踢毽子：“青泉万迭雉朝飞，闲蹴鸾靴趁短衣。忘却玉弓相笑倦，攒花日夕未曾归。”清初著名词人陈维崧有一首《沁园春》专咏闺中女子踢毽子，写得趣味盎然：“向花冠尾畔，剪他翠羽。养娘箧底，检出朱提。裹用绡轻，制同球转，簸尽墙阴一线儿。盈盈态，讶妙逾蹴鞠，巧甚弹棋。”详细展示了妙龄女郎轻盈娇捷的身姿和身手不凡的踢毽子技艺，观者频频夸赞。

踢毽子给宫廷宫女和闺中少女带来了许多乐趣，为了玩得痛快，少女们常脱掉裙裳，身着轻便短衣，聚集翻踢，以为休闲娱乐。清屈大均《广东新语》载：广州每逢元宵节，“昼则踢毽五仙观。毽有大小，其踢大毽者市井人，踢小毽者豪贵子。”清末北京的谭俊川是一位踢毽子高手，被后人尊称为“毽神”，其著有《翔翎指南》，专门描述踢毽子的方法。

民间踢毽子爱好者，代代相传。每遇岁时节日，城乡庙会，各路能手，步行相聚，观摩比赛，甚是热闹。尤其自明清开始已经有了正式的踢毽子比赛，在北京，民间踢毽子艺人发展为各种流派，他们各有绝活，还广收门徒。

踢毽子也是少数民族地区女子喜爱的游戏活动。例如，哆毽是侗族男女喜爱的游戏项目，相传产生于宋代，侗族民众从插秧时互抛秧苗的动作中受到启发，便用稻草扎成小球或小饼在寨前屋后和小坡上抛打，逐渐演变成今天的哆毽。侗族青年男女非常喜欢拍哆毽，春节前后更是

踢毽图　吕焕成　纸本设色　杭州博物馆藏　清

踢毽　民间藏　清

踢毽子图　纸本设色　民间藏　清

踢毽图　吕焕成　纸本设色　杭州博物馆藏　清

婴戏图　绢本镜心　焦秉贞
台北故宫博物院藏　清

踢毽　故宫博物院藏　清

户户拍哆毽，飞花传情意。侗族哆毽的打法与打羽毛球相似，但不用拍子只用手，以拍得最高最远，接得最稳、落地最少为优胜，其打法多样，因场地不同而定。比赛形式有：男子单打、女子单打、男女对打或十多人围成圆圈的团体赛等。

（四）绳技

绳技是古代百戏的一项重要节目。绳技，又称为高絙、舞絙、戏绳、踏绳、履索、走索等，意即在高空悬索上行走跳舞。絙，意即粗绳。高絙，即在高空绳索上表演各种平衡腾跃等惊险动作的一种游戏技艺活动。绳技的表演类似于现在的走钢丝。《汉书·西域传》载乌秅国“县度者，石山也，溪谷不通，以绳索相引而度云。”《水经注》记“所谓罽宾之境，有磐石之隥，道狭尺余，行者骑步相持，絙桥相引，二十许里。”走索之戏或因此演变而来。又《法苑珠林》卷四引王玄策《西国行传》云：“王使显庆四年至婆栗阇国。王为汉人设五女戏……又作绳伎，腾虚绳上，著履而掷。手弄三仗刀楯枪等。”可见走索之戏流传于西域一带。

汉画像砖　百戏图　东汉

绳技早在汉代就开始流行，据蔡质《汉仪》说：每年元旦大朝会都有百戏表演。绳技是其中主要内容之一。《晋书·乐志》载：“天子临德阳殿受朝贺，舍利从西方来，戏于殿前……以两大丝绳系两柱头，相去数丈，两倡女对舞，行于绳上，相逢切肩而不倾。”舍利为天竺人，擅长幻术和戏绳，还让女伎在绳索上表演歌舞。李尤《平乐观赋》（《全后汉文》卷五十）：“陵高履索，踊跃旋舞。”张衡《西京赋》（《全后汉文》卷五十二）中“走索上而相逢”，或在绳索上跳舞，或在绳索上对走，技巧颇为精湛。在汉画像石中，也有表现绳技的场面。在山东沂南县北寨村东汉墓中发现的画像石上，有一幅走索图：绳子的两头从架上斜拉至地，缠绕在固定的木橛上。绳上表演者一共有三人，中间一人在绳上倒立，左右各有一人，手舞橦竿前进，右边一人正在跳跃，绳下有四把向上的尖刀，十分惊险。此外，在河南新野也出土过类似刻画走索的汉画像砖，这表明汉代的绳技已经具有了相当高的水平。

到魏晋南北朝时期，绳技在继承传统技艺的基础之上继续流行。公元220年，魏文帝曹丕大飨六军，表演百戏，其中就有“上索踰高”，也即绳技表演。平冽在《舞赋》中说：“王乃奏长歌，登舞阁。征绝伎于行宫，命天姬而走索。同曳绪之翩联，状跳丸之挥霍。”这说明观赏绳技表演是当时贵族们在宴集娱乐活动中的一项重要节目。天兴六年（403年），北魏道武帝下令增修百戏，也有“高絙”，说明绳技在当时也非常流行。

到隋唐时期，绳技有了更大的发展。每逢重大节日或朝会，如元旦、清明、中秋节等，朝廷通常都要举行一系列的百戏表演，走索是其中一项重要的表演节目。隋炀帝大业二年（606年）举行的一次百戏表演中，就有精彩的绳技节目，据《隋书》卷十五《音乐志下》记载：“以绳系两柱，相去十丈，遣二倡女，对舞绳上，相逢切肩而过，歌舞不辍。”伎人在绳上对舞唱歌，显然其难度比单纯走索要大得多。

到了唐代，戏绳表演颇为流行，难度也极大。如梁肃记述了扬州官府聚宴时的百戏表演情况，便有马舞、马术、盘舞、橦悬、走索、飞丸、拔距、扛鼎、逾刃等节目。在《全唐文》中还收录了张楚金的《楼下观绳伎赋》与皇家侍卫胡嘉隐的《绳伎赋》两篇文章。《楼下观绳伎赋》载：“掖庭美女，和欢丽人，身轻体弱，绝代殊伦。被罗縠与珠翠，铺琼筵与锦茵。其彩练也，横亘百尺，高悬数

走钢索　纸本设色　浙江省博物馆藏　明

女子走绳　仇英　辽宁省博物馆藏　清

女子走绳　清

丈，下曲如钩，中平似掌。初绰约而斜进，竟盘姗而直上，或徐或疾，乍俯乍仰……”《封氏见闻录》也载：开元二十四年（736年）八月五日，唐玄宗在宫内御楼前设戏绳表演。先扯出一根长绳，两头垂地，埋两个木辘轳系住绳两端，辘轳间距有几丈长，然后立起木柱把绳撑起来，转动两头辘轳，将绳子像琴弦一样绷紧。“（女伎）自绳端蹑足而上，往来倏忽，望若飞仙。”有侧身而过的、有穿靴而行的，从容俯仰。或脚踩高跷在绳上自如行走，或踏肩踏顶至三四重，一会儿倒立，一会儿翻身，往返来去全无失手蹉跌，身姿全都应和鼓乐的节奏变化。可见，长安城里绳技艺人表演时，从绳端蹑足而上，在绳上运行自如，中间相遇，侧身而过，互不妨碍。有的还可在绳上踩高跷，甚至还在绳上叠罗汉三四层者，底层艺人翻身抛出上层艺人，均能在绳索上站稳，无一跌落。从这段描写中可以看出，盛唐时期绳技表演时所搭建的绳架与汉画像石《走索图》中所表现的画面基本相同，但绳架的高度却大为提升，达数丈以上。其表演花样也越来越多、难度也越来越大。杜甫《千秋节有感二首》：“罗袜红蕖艳，金羁白雪毛。舞阶衔寿酒，走索背秋毫。”诗中描绘了寒食节绳技表演的场景。

安史之乱后，宫中绳技艺人

履索表演 清

流落各地，继续从事表演活动，客观上促进了民间绳技的发展。中唐诗人刘言史《观绳伎》记载："重肩接立三四层，著屐背行仍应节。两边丸剑渐相迎，侧身交步何轻盈。闪然欲落却收得，万人肉上寒毛生。危机险势无不有，倒挂纤腰学垂柳。下来一一芙蓉姿，粉薄钿稀态转奇。坐中还有沾巾者，曾见先皇初教时。"这首诗反映了安史之乱后绳技艺人流落各地的状况，表演的内容有绳上倒立、叠罗汉达"三四层"、穿木屐倒行（背行）等，难度最大的是绳上跳丸、跳剑等表演。只见两个表演者在绳上边走边手跳丸、剑，相向而来，侧身而过，在一闪身之间仿佛要跌落下来，又忽然收起，表演丝毫也没有受到影响，倒是将观众吓得寒毛直竖。这样惊险的表演，反映了唐代绳技艺术的高超水平。

宋代绳技继续向高难度发展，还创造了"索上担水""踏晚上紫"以及装鬼神等许多新节目。宋人刘克庄两首《绳技》其一载："公卿黠似双环女，权位危于百尺竿。身在半天贪进步，脚离实地骇旁观。"其二载："愈悲登华高难下，载却寻橦险不安。谁与贵人铭座右，等闲记取退朝看。"可见，宋代女子绳技表演十分精彩惊险，技术难度很高，但缺乏应有的保护措施，非常不安全。

明清时期，女子空中绳技表演依旧存在，明代"三才图会"绘有一幅女子走高索的场景。明代王夫之《寄咏落花十首·其九·剑技》云："排场别样飞绳技，黄阁微酡效拍张。朱影半星挥雪练，一丝血缕染轻霜。"事实上，自明代中叶以后，民间的娱乐和游艺活动得以普遍兴盛起来。

古代女子绳技还传播到了周边少数民族地区，如回鹘游戏中就有绳技，据《新唐书》卷二一七下《回鹘传下》记载："戏有养驼、师子、马伎、绳伎。"由清人福庆所编纂的《异域竹枝词》中有一首诗记载了新疆女子玩走索的情景："清歌妙舞玉人妆，绮席初开出侑觞。试问边庭羁旅客，春风可忆杜韦娘？"在原诗有注："叶尔羌（新疆南部河名）俗尚宴会，妇人多长于歌舞，尤重百戏。"此书中还有另一首诗记载新疆回族妇女玩走索：'高架双竿与屋平，铜绳盈丈两头横。持裙莫漫留飞燕，看取凌风蹑影轻。"

杂技　明

三、竿技、跟斗、舞狮、抖空竹

（一）竿技

竿技，意即戏竿技艺，主要分为爬竿和顶竿两种。爬竿又称"缘竿"或"缘橦"，是艺人爬上竖立的竿木进行各种精彩的空中表演项目；顶竿，又称"戴竿""竿木""透橦""都卢寻橦"等名目。它是由一人顶戴一根长竿并使其保持平衡，然后由另一人或多人沿竿爬上，在竿上进行各种惊险的空中表演的项目。顶竿比缘竿的难度更大，表演技巧更高。《国语·晋语四》中记载的"侏儒扶卢"即是春秋时期就有小矮人攀缘矛戟之柄的技艺。

竿技的起源很早，当人们还处于巢居时代，缘树而上习以为常，这大概就是竿技的最初源头。"都卢寻橦"起源的另一种说法，来自"夫甘都卢国"，《汉书》卷九十六下《西域传赞》注说："都卢，国名也。"其国人，

杆上人物　岩画

“体轻善缘”。这里多热带雨林，人民善于爬树，由此发明了竿技一类的项目，并传入中国。但是作为一项娱乐项目进行表演则是在春秋战国时期。据《国语·晋语》所载，晋国就有“侏儒扶卢”之戏。韦昭注曰：“扶，缘也。卢，矛戟之柲（柄）。缘之以为戏。”这是由侏儒艺人攀缘矛戟杆柄表演的“扶卢”之戏。

班固《西都赋》：“既庶且富，娱乐无疆。”描写了西汉京城长安因富庶而极尽娱乐之现象。可见，只有社会稳定，经济昌盛，百戏游艺方能持续成长。汉代橦技相当流行，竿技正式成为“百戏”表演节目。汉代的竿会称“寻橦（幢）”，又名“都卢伎”。都卢是国名，汉代表演的“寻橦”技传自都卢国。到魏晋南北朝时期，竿技有了进一步的发展。西晋傅玄在《正都赋》中描写“都卢伎”道：“乃有材童妙妓，都卢迅足。缘修竿而上下，形既变而景属。忽跟挂而倒绝，若将坠而复续。虬萦龙蜒，委随纡曲。杪竿首而腹旋。承严节之繁促。”

根据汉画发现当时竿技有三种表演方式：一是固定于地上爬至竿顶献技；二是移动式的扛竿表演；三是将长竿固定于马车上表演，此技演员不仅要承受马车奔驰时的颠簸，同时在高竿上得做出各种动作，难度虽高，但演出者的技巧却更为娴熟。李尤在《平乐观赋》（《全后汉文》卷五十）中提及的“驰骋百马”“覆车颠倒”，张衡《西京赋》（《全后汉文》卷五十二）所谓的“百马同辔”“弯弓”等表演，都是在马车上表演缘竿的绝技。由于汉代爬竿已有深厚之功底和技术水平，因此魏晋以后，表演者不仅具有高难度之技巧动作，其形式也更加多样化了。

秦、汉宫中艺人演出与民间的百戏活动，促进了游戏与竞技的发展。如春秋战国时期的寻拔（爬竿），到了汉代更加技巧化，出现了“额上顶竿”“掌托竿”“戏车高

百戏图　陕西历史博物馆藏　唐

百戏顶竿　山西大同南郊仝家湾北魏九号墓北壁画

橦技图 敦煌莫高窟第 156 窟 唐

舞台”等竞技表演形式;走索竞技、乌获扛鼎、骑驴驰射、马戏等活动也以鲜明的时代特色展现在人们面前。

到了唐代，竿技有了更大的发展，主要表现在花样创新，形式多样。王邕《勤政楼花竿赋》对勤政楼广场上的花竿表演进行了精彩的描写，从赋中可以看出当时表演用的戴竿是五色彩绘，故称花竿，竿长百寻（寻为古代长度单位，以八尺为一寻，“百寻”，极言其长，含有夸张成分在内，未必为实际长度）。表演竿技的美丽伎人，在一片急促的金鼓弦管声中，缘竿而上，在竿上做着各种徘徊往复、腾跃倒挂的惊险动作。竿技表演时，通常分为左右两队，以角逐优劣，还有伴奏音乐《带（戴）竿子》，事前表演者都要进行精心准备。竿木表演艺人通常称为“竿木家”，《教坊记》提到有“竿木侯氏”和“竿木家范汉女大娘子”。唐玄宗曾于开元二年（714年）“置内教坊于蓬莱宫侧，居新声、散乐、倡优之伎”。在禁中蓬莱宫（东明宫）旁设立内教坊，集中控制和管理散乐百戏与俗乐，加速了散乐的发展与繁荣。

唐明皇还曾在东都洛阳举行大酺活动，即大宴群臣并举行杂技演出。梁涉曾写有《长竿赋》以咏其事，赋中描写了竿技女艺人“独步华场”的精彩表演，只见其身着华丽的锦衣，靓妆如玉，身轻若飞，在空中做出各种惊险的回还、旋转动作，并保持着长竿的平衡。

橦技图　敦煌莫高窟第61窟　五代

唐代时，戴竿的承重也超越前代，《独异志》载:“戴竿三原王大娘，长竿上能载十八人而行。”可见其承重力相当惊人。《太平御览》记载:“明皇御勤政楼，大张乐，罗列百技。时教坊有王大娘者戴百尺竿，竿上施木山，状瀛洲、方丈，令小儿持绛节出入于其间，歌舞不辍。”当时，教坊的杂技艺人王大娘，头顶着长长的竿子，竿顶架一座木头制作的形如瀛洲、方丈的仙山，小杂技演员们手持仙家的仪仗舞具，在上面进进出出，载歌载舞。

在西安唐金乡县主（唐高祖李渊的孙女）墓中出土了7件缘橦杂戏俑，皆穿紧身衣裤，目前复原了三组，中间一组，下面一人双臂展开，头顶竿，竿顶人双臂伸开，也用头抵竿，倒悬于空中，与下面的顶竿者相

橦技图（摹本） 敦煌莫高窟第72窟 五代

呼应。左边一组，下面一人头扎短巾，脑后梳一小髻，双手于腹部托竿，竿上一人以臀部骑坐于竿顶端，双臂上举，头顶上左右各有一孔，原来应当插有支架，支架上通常悬物或有童子表演；右边下面一人脑后垂髻，手置腹前托竿，竿上有两人，皆倒悬空中做表演状。这三组戴竿俑中有两组的底座承力者，头扎短巾，脑后露出短髻，为妇人形象，与诗中描写正好吻合，是唐代戴竿女艺人的真实写照。

唐敬宗时，幽州有一位戴竿艺人石火胡，她不但具有非常精湛的技艺，而且富有技艺创新。据苏鄂《杜阳杂编》卷中记载："上（敬宗）降日，大张音乐，集天下百戏于殿前。时有伎女石火胡，本幽州人也。挈养女五人，才八九岁，于百尺竿上张弓弦五条，令五女各居一条之上，衣五色衣，执戟持戈，舞《破阵乐》曲。俯仰来去，赴节如飞，是时观者目眩心怯。火胡立于小重朱画床子上，令诸女迭踏，以至半空，手中皆执五彩小帜。床子大者才一尺余，俄而手足齐举，为之踏浑脱，歌呼抑扬，若履平地。上赐物甚厚。文宗即位，恶其太险伤神，遂不复作。"

中唐诗人顾况的《险竿歌》描写得非常形象生动："宛陵女儿擘飞手，长竿横空上下走。已能轻险若平地，岂肯身为一家妇。宛陵将士天下雄，一下定却长稍弓。翻身挂影恣腾蹋，反绾头髻盘旋风。盘旋风，撇飞鸟。惊猿绕，树枝袅。头上打鼓不闻时，手蹉脚跌蜘蛛丝。忽雷掣断流星尾，矐睒划破蚩尤旗。"诗中描写了宛陵竿技女子的精彩表演，她们不但能够在长竿上横空上下地自如走动，虽

檀技图　敦煌莫高窟第 454 窟壁画　南壁　宋

蹬梯子图　摘自《北京民间风俗百图》　清

然惊险却如履平地，而且能够做出各种动作，如手持红旗、翻身倒挂、随意腾踢、盘旋如风，宛如仙女。又如王建的《寻橦歌》也写得很精彩："人间百戏皆可学，寻橦不比诸余乐。垂髫短髻下金钿，红帽青巾各一边。身轻足捷胜男子，绕竿四面争先缘。习多倚付欺竿滑，上下蹁跹皆著袜。翻身垂颈欲落地，却住把腰初似歇。大竿百夫擎不起，袅袅半在青云里。纤腰女儿不动容，戴行直舞一曲终。回头但觉人眼见，矜难恐畏天无风。险中更险何曾失，山鼠悬头猿挂膝。小垂一手当舞盘，斜惨双蛾看落日。斯须改变曲解新，贵欲欢他平地人。散时满面生颜色，行步依前无气力。"诗中盛赞竿技是"人间百戏"中非比寻常的一种特殊杂技艺术。表演者大都是垂髫短髻的少女，她们身着"红帽青巾"，脚皆着袜，"身轻足捷胜男子"。她们四面围绕着矗立的竿木，争先恐后地缘竿而上，有的"翻身垂颈"倒挂于竿上，有的手中还拿着舞盘表演着各种动作，顶竿者随着伴奏音乐的旋律行走舞动，表演者在竿上袅袅娜娜就好像在青云里飘舞。刘晏《咏王大娘戴竿》载："楼前百戏竞争新，唯有长竿妙入神。"柳曾《险竿行》载："始以险技悦君目，终以贪心媚君禄。百尺高竿百度缘，一足参差一家哭。险竿儿，听我语，更有险徒险于汝。"张祜《千秋乐》："倾城人看长竿出，一伎初成赵解愁。"诗人们的诗句描绘了高竿上的惊险和婉妙，以及超凡的演技，出神入化，给人们带来了美的享受，也佐证了竿技已是唐宋时期民间的主要表演项目。

宋代，竿技更加丰富，奇巧迭出，风态别具，深受民众的欢迎。宋仁宗就曾亲眼见过竿技艺人失手殒命，其"恻然怜之"，从此宋仁宗将橦竿的长度减去三分之一。

敦煌莫高窟的隋、唐、五代、宋各时期的多个石窟，如第 156、第 454 等窟和瓜州榆林窟西夏第 3 窟的壁画中也都可以看到形象生动的橦技表演。由于橦技的精彩，当时被称为妙艺。

清代诗人黄景仁《献县汪丞坐中观技》云："结来腰躯瘦可怜，翻身便作缘竿乐。初凝微睇搴高絙，欲上不上如未能。失势一落似千丈，翩然复向空中腾。下有一髯挝画鼓，枨枨节应竿头舞。”

中国古代竿技也传到日本。在日本正仓院收藏的一张唐代漆绘弹弓上，也绘有精彩的竿技表演的画面，顶竿者为一女艺人，竿载六人，扬手而行。还有一张漆弹弓上表现的是一人戴竿，竿上有三人攀援，一女童端坐在竿顶的盘中，旁有乐队伴奏。

叠罗汉　中宁县贺兰山南端余脉黄羊山黄羊湾凿刻岩画

（二）跟斗

跟斗是古代技巧游艺中形体动作的基础，中国跟斗素以高、飘、帅、稳著称。春秋战国时期，“跟斗”技艺已成为游艺技巧的主要内容。“翻金斗”是“跟斗”的原型。《榖城山房笔度》一书在解释“翻金斗”一词的词义和考“金斗戏”的真正起源时说：“齐梁以来，散乐有‘倒掷’伎，疑即翻金斗也。翻金斗，字义起于赵襄子之杀代王，后之工人以头委地而翻身跳过，谓之‘金斗’。”以头点地腾身翻过，实际上是跟斗的一种，后世名之为“加官”。因此，春秋战国之时，较为典型的跟斗——“翻金斗”技巧就已经出现了。

西周至春秋战国可以说是我国民间游戏和竞技流传过程中第一个被予以重视的历史时期；而汉代则是民间游戏与竞技不断发生、发展和流传的历史时期。汉代百戏中出现了大量的跟斗、倒立以及柔术等游艺形式，如山东曲阜出土的汉画像石中有一幅画面，图中一人正后仰翻跟斗。山东藤县于村画像石亦有一伎做持空后仰翻姿势，旁有乐队伴奏，四人拊掌为节，另一人击鞞鼓，这些均表现了这种出自先秦的跟斗技巧。

双人叠立　岩画

汉代以后，跟斗技巧更为兴盛，成为一种大众化的游艺技巧。甘肃省酒泉市丁家闸五号墓出土的壁画中，有一幅翻跟斗的画面。画面中，在乐队的伴奏下，两名发髻高梳，身着彩衣的赤足女伎，正在一条长席（或毡毯）上翻跟斗。从画面所表现的动作形态看，左侧一女伎翻的是“软翻”或“手翻”之

灰陶加彩乐舞杂技俑　汉

百戏画像砖　汉

翻跟头画像砖　汉

倒立表演　画像石（局部）　汉

翻跟斗　甘肃酒泉丁家闸魏晋五号墓壁画　魏晋

叠罗汉　莫高窟第 220 窟壁画　唐

倒立图　唐

类动作，右侧一女伎的动作是"毽子"一类翻转动作。

新疆吐鲁番阿斯塔那古墓中也出土有跟斗俑，他右手撑地，左手推地，双脚并拢，正在做翻转动作，唐代西域一带把这种表演称作"倒舞伎"。《旧唐书》卷四载：苻坚尝得西域舞伎，舞人倒行。唐代在教坊中，有专门练习跟斗的男女伎人"筠叉子"，即指这种"倒舞伎"，也就是"足以蹈天，头以履地"的跟斗。《教坊记》中记载："筋斗裴承恩，妹大娘善歌，兄以配竿木侯氏。"从唐代甘肃敦煌莫高窟第220窟壁画的描绘看到，叠罗汉旁边有个人在一块方形地毯上翻跟斗。

宋代市井瓦肆表演盛行，跟斗有了更大的发展，跟斗表演是当时人们喜爱的技艺之一。宋代是我国民间百戏繁荣兴盛的时期，此时都市繁荣，市民人数激增，加上统治者竞尚奢侈，人们沉溺于对现实物质享受和世俗娱乐的追求，因此娱乐游艺活动尤其是城市娱乐文化活动异常丰富。百戏演出的场所瓦舍勾栏遍布城乡，演出的节目可达百种，不仅有固定的艺人队伍，艺林高手，也有少数流浪艺人卖艺。吴自牧《梦粱录》记载了"村落百戏之人，拖儿带女，就街坊桥巷，呈百戏使艺"，可见宋代文化展示了一种通俗化、娱乐化的取向，人们多追求享受，欣喜猎奇，致宋代游戏活动大量产生，且普及民间市井。

明清时代，跟斗技艺不仅难度又增加，而且还融入戏曲、歌舞、杂技等表演之中，成为一门专项的形体艺术表演技艺。

（三）舞狮

舞狮子来自西域，作为佛教的伴随物进入东亚，与东亚各地区的信仰与民俗融合，

驯狮 唐寅 民间藏 明

舞狮　美国纽约大都会艺术博物馆藏　明

狮子戏绣球　故宫博物院藏　清

并取代了一些地方原有的瑞兽崇拜和拟兽演艺，成为迄今为止的流传最广、影响最大、最有“人气”的一种动物演艺。

狮子演艺来自狮子崇拜，但所谓狮子辟邪驱鬼的说法，以及在宫殿、官衙住宅门石立一对石狮子守卫的做法，在中国历史上约兴起于魏晋时期。最早的文献记载，出现于三国时期。古人认为，狮子是兽类中威武而祥瑞之物，便将古时的“舞年”改称为“舞瑞狮”。

唐代狮子舞发展为两大系统，其一是“西凉伎”，其二是“五方狮子舞”，它被认为是今日狮子舞的雏形。明

舞狮　焦秉贞　绢本设色　故宫博物院藏　清

舞狮图　苏汉臣　绢本设色　台北故宫博物院藏　宋

抖空竹　佚名　纸本设色　故宫博物院藏　清

朝时期，舞狮风气更为盛行，并糅合舞蹈及武术动作风姿，成为娱乐性极强的一项观赏演艺。

（四）抖空竹

抖空竹是我国一项古老的传统体育项目。空竹，古称胡敲、空钟、空筝。抖空竹也有“放空竹”“风葫芦”“地铃”等其他称谓。把空竹悬于系在两根小棍顶端的细绳上，玩者两手各持一棍来回拉动，便可旋转，并随速度加快发出“嗡嗡”的响声。当它转到一定速度时，玩者还可将它抛向空中，做出种种花样动作然后再将它接住。抖空竹时双臂运动，娱乐性和技巧性强，器材轻巧简单，不需要特定的场地，适合儿童和女子玩耍。

庄子在《达生》篇中记叙：“工倕旋而盖规矩，指与物化，而不以心稽，故其灵台一而不桎。”这里的“倕”类似于现代的“抖空竹”。

三国时期，曹植《空竹赋》载：“精灵盘丝任翻飞。”此后，关于空竹的文字图像等历史文献资料很少。

宋代时，在孟元老的《东京梦华录》与周密的《武林旧事》中，都有关于“弄斗”（空竹）的记述。

明代的刘侗《帝京景物略》介绍了一种空竹玩法：“空钟者，刳木中空，旁口，荡以沥青，卓地如仰钟，而柄其上之平。别一绳绕其柄，别一竹尺有孔，度其绳而抵格空钟，绳勒右却，竹勒左却。一勒，空钟轰而疾转，大者声钟，小者蜕飞声，一钟声歇时乃已。制径寸至八九寸，其放之，一人至三人。”这种地上旋转的空竹，有的地方管它叫“扯铃”或“抖闷壶卢”。

到了明清两代，关于空竹的史料更加丰富，关于空竹玩法、做法、参与的人群等记载也更加详尽。明代的古谣谚《二月二日小儿戏具谣》：“杨柳儿活，抽陀螺；杨柳儿青，放空钟；杨柳儿死，踢毽子；杨柳发芽，打柭柭儿。”

此外，在明定陵出土的两件孝靖皇后的陪葬品刺绣百子衣背面，发现一幅“放空钟图”。这幅图中两童子挽臂并肩，相互配合，正在合力施放一个大型的空钟，而地上也正旋转着空竹。

到了清代，抖空竹游戏传入宫中，成为宫女聊以解闷的游戏。清无名氏《玩空竹》咏道：“上元值宴玉熙宫，歌舞朝朝乐事同。妃子自矜身手好，亲来阶下抖空中。”玩空竹的花式有鹏子翻身、飞燕入云、响鸽铃等，空竹到了艺人手中，还创造出许多高难度动作。清代诗人康发祥在《海陵竹枝词》写泰州的风俗中也描述了当地抖空竹的制作、玩法，以及参与人，曰：“百戏清明笑尔曹，扯铃掷向半天高。红鞋老妪红裙女，盘古台边走几遭。”并注：“清明百戏，善扯铃者，以双重竹筒，裹之以铁，贯绳扯之；佚铃声酣足，掷向半天，铃从天落，以绳承之，铃仍归绳上。”

抖空竹　清

清人还记载了抖空竹的多种技艺与空竹制作的不同方法。清人李虹若所编《朝市丛载》中《厂甸正月竹枝词》记载：“狗熊傀儡互喧闹，汗粉淋漓跑旱船，抖起空竹入云表，千人仰面站沟沿。”以及其在《朝市丛载·时尚》中记载的：“抖空竹，每逢庙集，以绳抖响，抛起数丈之高，仍以绳承接，演习各种身段。”都描写了抖空竹表演抛高的情景。可见，在清代，抖空竹已经走进了皇室后宫和普通女子的日常生活。

四、抛球、踏球、扑蝶、踩高跷

（一）抛球

抛球有两种类型，一种是杂耍艺人的表演，另一种是女子游戏。跳丸、弄剑，是属于手技类游艺，是一种用手熟练而巧妙地耍弄、抛接各种物体的技巧表演。跳丸也称为弄丸，《庄子·徐无鬼》中记载了春秋战国时期的弄丸技艺高手宜僚，可见弄丸游艺在先秦时期就已出现。到了汉代，跳丸技艺已经从单纯用手抛接发展到兼用臂、肩、臀、膝等人体其他部位，不仅难度增加，表演花样也增多。而弄剑应是秦汉时期出现的新杂技，即在跳丸的基础上增加发展而来。《论衡·累害》：“弄丸剑之倡，手指不知也。”正是杂技艺人手上的精妙功夫。

李尤《平乐观赋》：“飞丸跳剑，沸渭回扰。”张衡《西京赋》：“跳丸剑之挥霍”中所谓的“飞丸跳剑”“跳丸剑”，均为抛丸掷剑，即将剑和丸抛掷在空中，以手承接，不能落地。“沸渭回扰”“挥霍”则描述演员表演时上下来回，身体放开、快而有序、活泼奔放的气势。据汉画像石资料，最精彩的跳丸剑场面是艺人将三只剑抛向空中，又有十一个丸从手中和足上抛起。这种耍弄游艺，讲究的是抛接物体的数量、花色变换的巧妙，以及抛接物的不同形状和大小差异。历经不同时代，在出奇翻新的表演中，道具增多，技巧也更加高。

抛球游戏是我国古代历史悠久的女子游艺活动，是唐人宴集行酒令时经常玩的一种击鼓巡传游戏，也称抛彩球，又名传花枝，须争速度，情势紧张，当音乐停止时，球在谁的手中，就罚谁喝酒或者演节目。所以唐时宫廷以及民间宴饮时，常以抛绣球行令来催酒助兴。抛球游戏分为两种类型，一是传巡游戏，另一种是抛接游戏。

唐代诗文中有许多抛球戏的描绘，从这些描述中我们可以了解到这种游戏的大致情况。如元稹在《香球》诗中描写的就是筵席之上依次抛香球的情景："顺俗唯团转，居中莫动摇。爱君心不恻，犹讶火长烧。"白居易《醉后赠人》诗云："香球趁拍回环匼，花盏抛巡取次飞。"陆海《句》曰："城外平人驱欲尽，帐中犹打衮花球。"张祜《陪范宣城北楼夜宴》云："亚身摧蜡烛，斜眼送香球。"杜牧《羊栏浦夜陪宴会》云："球来香袖依稀暖，酒凸觥心泛滟光。红弦高紧声声急，珠唱铺圆袅袅长。"李商隐《拟意》

古代风俗图（局部） 清

云："仁寿遗明镜，陈仓拂彩球。"李白《宫中行乐词》载："素女鸣珠佩，天人弄彩球。"刘禹锡《抛球乐词》二首云："五彩绣团圆，登君玳瑁筵。最宜红烛下，偏称落花前。上客如先起，应须赠一船。春早见花枝，朝朝恨发迟。及看花落后，却忆未开时。幸有抛球乐，一杯君莫辞。"诗人们用优美的诗句详尽地描写了女子玩抛球戏的情景。这说明，抛球戏是宫中宫女和民间仕女们特别喜爱的一项游戏。

从皇甫松的《抛球乐》歌词可知，抛球戏所用的彩球还缀有带珍珠的彩带："红拨一声飘，轻球坠越绡。带翻金孔雀，香满绣蜂腰。少少抛分数，花枝正索饶。金蹙花球小，真珠绣带垂。几回冲蜡烛，千度入春怀。上客终须醉，觥杯自乱排。"徐铉《抛球乐辞二首》也对这种游戏进行了描写，当时以抛掷绣球为戏大型宴会上扮演重要的角色："歌舞送飞球，金觥碧玉筹。管弦桃李月，帘幕凤凰楼。一笑千场醉，浮生任白头。灼灼传花枝，纷纷度画旗。不知红烛下，照见彩球飞。借势因期克，巫山暮雨归。"

抛球戏除了宴集游戏外，还可以是室内户外躲避飞球的游戏，该种抛球游戏的身体活动性强，娱乐性高，活动量大，对女子更具有吸引力。如《酉阳杂俎》续集卷三记载："主人延于堂中，珠玑缇绣，罗列满目，又有琼杯，陆海备陈。饮彻，命引进妓数四，支鬟撩鬓，缥若神仙。其舞杯闪球之令，悉新而多思。"可见，欢快轻松的抛球游戏为古代女子所喜爱。

到了宋代，抛球游戏仍十分流行。宋人孙宗鉴的《东皋杂录》曰："城头催鼓传花枝，席上搏拳握松子。"《小抛绣球令》载："两行花窍占风流，缕金罗带系抛球。"《太平广记》卷四八九《冥音录》记载"每宴饮，即飞球舞盏，为佐酒长夜之欢"。

柳永《抛球乐》载："是处丽质盈盈，巧笑嬉嬉，争簇秋千架。戏彩球罗绶……"在宋宫中曾有"抛球乐队"，女子身穿"四色绣罗宽衫，系银带，奉绣球"而舞。宋徽宗还将"抛球乐"乐舞赐赠朝鲜王朝，《高丽史·乐志》中

苏州桃花坞套印伞画《十美踢球图》 王荣兴 纵 30 厘米 横 52 厘米 清

记载，该乐舞的情形是两人执彩竿为前导，后有十二人，列为两队，“回旋而舞”，分别依次向设立在场中的“球孔”中抛掷绣球，同时，歌咏诗句，仪式感极强。通过朝鲜王朝的有关记载，可以反溯出宋代宫宴时上演“抛球乐”乐舞的欢乐状况。

在清人所绘《十美踢球图》中，我们看到两个女子在用手抛球，另一位女子在用脚踢球。可见，当时抛球游戏还发展为用脚球，类似女子踢花毽。

在我国少数民族的发展历史中，也有各种由女子作为主要参与对象的抛球类活动。例如，投绣球就是广西壮族的一项传统体育项目，历史十分悠久。据广西宁明花山岩画资料考证，壮族群众抛绣球活动要追溯到两千多年前，绣球的前身是一种用青铜铸造的兵器，谓之曰“飞砣”，用于甩投，多在作战和狩猎中使用。后来，人们为了互相抛接娱乐，便对“飞砣”加以改进，换成了绣花五彩囊，里面装有豆粟一类的谷物。到了宋代，逐渐演变成为壮族男女青年表达爱情的媒介和娱乐游戏。据宋代诗人朱辅的《溪蛮丛笑》中记载:“土俗岁极日，野外男女分两朋，各以五色彩囊、豆粟往来抛接，名飞砣。”

布朗球也是一种抛球类运动，别名“打竹球”，是西双版纳布朗族青年男女喜爱的体育娱乐形式。布朗球是由细竹片或细藤编织而成的空心的竹球，直径 15 厘米左右，里面放置一点草。游戏时，参加的人相约聚集在村子的空地上，并围成一个圆圈，先由一个人把竹球抛向空中，然后由离球最近的人接球后用手托向空中传给别人。如果传不到位或未接到球，则要受罚，大家抛来托去，场面非常热闹。

丢包也是一种类似抛球的运动，是傣族青年男女娱乐和选择对象的一种方式，据说始于明代。黄桂枢在《版

踏球图画像石　汉

画像石　汉

纳竹枝词》中写道："五彩流星云里飞，傣家男女情相随。无言信使传心话，含情丢接包做媒。"在傣族泼水节期间，男女青年相距二三十米各站一边，姑娘先把手中的小香包丢到男方一边，男方接到了又回抛过来，接不着的一方要认输送礼物给对方。

（二）踏球

踏球是唐代才开始在宫廷女性中流行的一种球戏。是一种从蹴鞠发展演变而来的踏球游戏，又被称作球技、蹑球，是一种集观赏性和娱乐性于一身的球戏。《封氏闻见录》记载："今乐人又有蹑球之戏，作彩画木球，高一二尺，女妓登蹋，球转而行，萦回去来，无不如意。"踏球是一种双足立于球上，并使之滚动旋转的运动形式，玩法是站在一尺多高的大木球上旋转而行。这种游戏结合了舞蹈与杂技等元素，主要是在宫廷女子中流行。踏球要求玩者有高超的球上平衡技巧，能够自如地驾驭和控制球的滚动。也有人认为，盛行于长安的百戏结合演化为踏球戏。唐代的这种踏球戏应是由汉代的"旋球"形式发展、演化而来的，只不过是由原来的以手滚动圆球变为以双足滚动圆球。

时人王邕《内人踏球赋》，赞颂了宫人表演的球技，曰："球犹求也，展转驰逐兮，将求仁而得仁。球上有嫔，球以行于道，嫔以立于身。出红楼而色妙，对白日而颜新。旷古未作，于今始陈。俾众伎而皆掩，擅奇能而绝伦。于是扬袂叠足，徘徊踯躅；虽进退而有据，常兢兢而自勖。球体兮似珠，人颜兮似玉；下则雷风之宛转，上则神仙之结束。无习斜流，恒为正游；球不离足，足不离球……"唐玄宗李隆基曾曰："方知吾君偃武之日，修神仙（导引）之术，

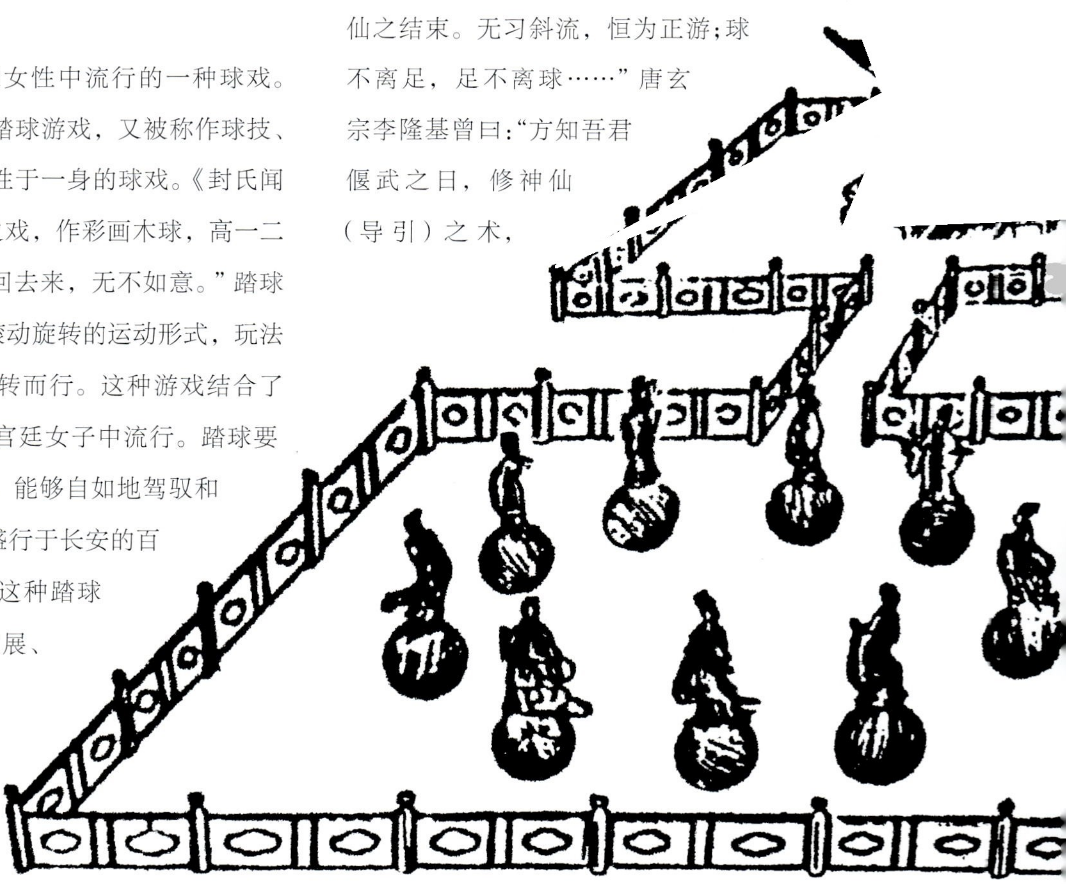

唐代踏球图

但欲扬其善教，岂徒悦其淑质，谓艳色兮可轻，使宫女兮程功而出。”踏球引入宫中，是为宫女健身、娱乐、保持形体之用。宫女踏球不仅继承了少数民族踏球运动方式，动作技巧性也更高难度化了。

由此可见，女子踏球精彩刺激，人随球转，迅疾如风，不能从球上跌落，同时还要在球上表演各种高难度的动作，如弄金盘、舞宝剑等，既具有美感又具观赏性。白居易《新乐府·胡旋女》曾这样描述道：“胡旋女，胡旋女……弦歌一声双袖举，回雪飘摇转蓬舞。左旋右转不知疲，千匝万周无已时。”

唐人段安节《乐府杂录》、宋人王说《唐语标》等也有关于踏球的记述。据段安节《乐府杂录·俳优》载：“有夷部，乐即有扶南、高丽、高昌、骠国、龟兹、康国、疏勒、西凉、安国……舞有骨鹿舞、胡旋舞，俱于一小圆球子上舞，纵横腾踏，两足终不离于球子上，其妙如此也。”可见，踏球在当时是一种娱乐性、技巧性很强的游戏。游戏者进行表演，主要展示各种球上技巧，要求表演的女子有高超的球上平衡技巧，能够自如地驾驭和控制球的滚动，人随球转，迅疾如风。在《全唐文》卷五一八梁肃《中和节奉陪社尚书宴集序》中还提道：淮南节度使杜佑曾于中和节，“修式燕之礼”，大宴宾客，盛列百戏，其中有一种“球蹈”之戏，大约也是这种踏球戏。这种游戏后来演化为杂技的踏球，杂技“踩大球”大概就来源于古代这种踏球游戏，并作为一种传统节目，保留至今。

（三）扑蝶

蝴蝶是一种色彩缤纷斑斓的昆虫，种类较多，古时称之为“蛱蝶”。它被认作是一种吉祥物，在中国历史上有较深的文化意蕴。

春天，百花盛开，彩蝶飞舞在花丛中，宫中嫔妃闺中少女扑蝶嬉戏，是她们赏心之乐事。历代诗词作家对仕女扑蝶都有精彩吟诵，明清著名小说《金瓶梅》《红楼梦》等都有描写，同时历代画家也有许多扑蝶的杰作，他们对当时女子扑蝶嬉戏都有生动的记载。

仕女扑蝶图　徐崇矩　绢本设色

纵 158.1 厘米　横 66.5 厘米　美国弗利尔美术馆藏　宋

扑蝶　谢之光　绢本设色　上海博物馆藏　清

扑蝶仕女图　陈宇　纸本设色

纵 93 厘米　横 30 厘米　故宫博物院藏　清

扑蝶　故宫博物院藏　清

扑蝶图　费以耕　绢本设色　纵 91 厘米　横 38.9 厘米　浙江省博物馆藏　清

扑蝶图　费丹旭　纸本墨笔　浙江省博物馆藏　清

（四）踩高跷

高跷是我国一项古老的民间传统游戏活动。《列子·说符篇》记载：宋国有个叫兰子的人，用比自己身体长一倍的两根木条绑在足胫上，去朝见郡主。表明在春秋时期就有高跷了。陈旸《乐书》记载，当时百戏中就有高跷这种技艺。

在甘肃省敦煌莫高窟壁画中，就有北魏时期的高跷图。唐代《封氏闻见记》中记载，有人踩着五六尺的高跷在绳上踏舞，使人惊叹不已。宋代以后，踩高跷已十分流行，《东京梦华录》《都城纪胜》《梦粱录》《武林旧事》等都对高跷活动有所记载。宋代称高跷为“踏跷”，每逢节庆，艺人们都会成群结队，表演各种高跷动作，技艺性和难度都很强。到了清代，高跷已更为普及，观赏性、技

踩高跷　清

艺性也有进一步提高。李调元《观高跷灯歌》描写:“正月十四坊市开,神泉高跷南村来。锣鼓一声庙门出,观者如堵声如雷。双枝续足履平地,楚黄州人擅其技。般演亦与俳优同,名虽为灯白日至。”古代高跷分文武两种:文高跷着重于踩、扭和人物情节的表演;武高跷除了一般的动作表演外,主要是特技显示。如一个人肩上驮着几个人,单腿跳走几十步,在跷上向后折腰,两腿劈叉坐地后又一跃

高跷秧歌图 木版年画 清

而起，跳过三四条高搭起来的长凳，或从很陡的斜木板登上一人多高的独木桥等，有的地区高跷与秧歌舞相结合而成为颇负盛名的高跷秧歌舞。

踩高跷也是土家族、苗族和布依族等民族较为喜爱的一项运动。踩高跷形式新颖、简单易行，不受场地、季节限制，男女老少皆宜。苗族称为“吉磨列”，布依族称为“ma gang”，广西京族人称“高跷”。

五、中国古代少数民族女子游戏

我国是一个统一的多民族国家，在我国古代的少数民族群体中，亦有许多民间女子体育活动。

（一）北方少数民族

在我国北部地区，主要生活的少数民族包括蒙古族、满族、回族、朝鲜族等。这些少数民族古代妇女体育运动项目中比较有代表性的有：朝鲜族跳板、朝鲜族顶瓮竞走；鄂伦春族撒布卡；满族点顺星接力、走百病，以及由满族、蒙古族、锡伯族等少数民族所共有的抓嘎拉哈等。这些运动项目中许多都具有鲜明的女性特色。

跳板是朝鲜族妇女喜爱的一项传统体育活动，常在元宵节、端阳节、中秋节举行。关于跳板的起源，朝鲜族民间一个说法：古时朝鲜族女子由于受到封建礼教的束缚，难得出家门，她们为了欣赏院外风光，就在自家的庭院里架起了压板，常常玩跳板游戏，腾跃半空来观看围墙外风景。虽然没有确切的文献记载，但相传跳板在高丽以前就已经流行了。清乾隆年间，文人徐葆光所著《中山传信录》中，称之为“板舞戏”。朝鲜李朝（1392—1910年）诗人柳得恭在《岁时风谣》中记载：“盈庭板舞小宾娘，绿褶绖裙一样装。超跳争高使捷体，不羞全面出前墙。”此外，作为一种以蹬跳为特征的运动游戏，古时朝鲜族妇女通过这种游戏锻炼身体，培养明朗而健全的气魄。通过朝鲜族关于跳板的俗语，可以了解当地人认为跳板会对女子身体健康产生影响，如：“正月里跳跳板则当年脚底不会入刺”“姑娘时不跳跳板，出嫁后易难产”。这些谚语也反映出跳板运动在朝鲜族女子生活中十分普及。

顶瓮竞走也是朝鲜族妇女喜爱的传统体育活动，是一项从朝鲜族妇女日常生活劳动演变而来的古老运动。用瓦罐取水，放在头上顶着回家，这是朝鲜族妇女的传统习惯。每逢节日时，朝鲜族妇女都要参加顶水罐竞走比赛，在100—200米的距离内，头顶着盛满清水的水罐，手不扶，水不洒，向前疾走，可见，朝鲜族女子顶水罐的技巧十分娴熟。

点顺星接力是满族传统的田径比赛，参赛者身背竹篓，手持布包，男子穿运动鞋赛跑，女子穿旗鞋竞走。

抓嘎拉哈是一项包括蒙古族、锡伯族、满族等北方少数民族妇女均喜闻乐见的一项传统游戏活动。嘎拉哈这一名称源自满语，汉语意思指从猪或其他的动物腿上取出的距骨。在古代，锡伯族主要以狩猎、游牧和捕鱼为生，因獐、狍、鹿、羊等猎物的嘎拉哈小巧玲珑又便于携带，得来容易，很适宜用作玩具，久之相沿成习，成了锡伯族男女老幼咸宜、百玩不厌的家常游戏。有考证认为，远在北魏时期鲜卑人就已经用嘎拉哈作为民间游戏玩具。当时，在拓跋鲜卑已统治中国黄河以北，形成了民族杂居、民族文化融合的情况下，嘎拉哈已经成为北方狩猎游牧民族，甚至中原地区人们的玩具。据《元朝秘史》记载，金元时期，嘎拉哈也是蒙古儿童游戏的玩具。作为婚礼仪式用品和相互馈赠的礼品，满族玩嘎拉哈历史悠久，每至春节，村中家家老少妇女，特别是姑娘、媳妇皆玩此戏。富家大室闺秀，常年以此为乐。清宫慈禧皇太后，也喜此种游戏。

嘎拉哈玩法很多，规制不同。据《吉林通志》记载：“玩嘎拉哈是以蹄腕骨随手摊掷为戏。视其偃仰横侧为胜负。小者以獐，大者以鹿，莹泽如玉，儿童妇女围坐，掷以相乐，以薄圆击之，则曰帕格。投石军中，以戏称手弹腕骨，俗相似得四色方愉快。”“腕骨一具，四面各不同，持四枚掷之各得一色，则为四色全，大约以此为胜负。”

撒布卡是鄂伦春族的一种多为妇女玩耍的古老游戏，

由20根细木条组成，每根木条长短、粗细与筷子差不多，参加游戏者人数不限。具体玩法是：先由一人用一只手将所有木条拿在手中，然后向高抛起，用手背接住落下的木条，接不住为失败，得让给别人玩。如果全部接住，再向上抛起，这时用拇指和食指去夹落下来的木条，以夹一根为胜，然后可继续玩，否则为失败，让给别人玩，最后看谁夹的木条多。

满族冰上运动丰富，其中的踢形头是一种体育游戏。形头，是使用熊皮和猪皮缝制成的球，内装柔软之物，或将猪膀胱灌鼓做囊，大小如同今日的足球，在冬季旷野河冰上踢，以高远为佳，也可以分成两方对踢。

（二）南方少数民族

在我国南部地区，主要生活着包括壮族、傣族、布依族、黎族、苗族等众多少数民族。这些少数民族古代妇女主要参与的游戏项目也十分丰富，包括：苗族的手拍鸡毛毽、掷鸡毛、穿针赛跑、穿花衣；苗族、瑶族、仫佬族等民族所共有的古代飞砣，以及布依族丢花包，仫佬族打篾鸡蛋；黎族的打狗归坡、打狗棍；壮族的板鞋竞速；土家族和白族所共有的抢贡鸡；土家族、苗族和布依族等许多少数民族所共有的踩高跷；傣族、京族、黎族、苗族的跳竹竿；彝族的披毡舞、达体、望骂掷、跳大海、绵羊拉绳、尔满古等。

南宋朱辅所著《溪蛮丛笑》中记述："土俗，岁节数日，野外男女分为两朋，各以五色彩囊豆粟往来抛接，名飞砣。"该书还说，这种"飞砣"活动，是居住在五溪的苗、瑶、仡佬等族的共同风俗。这种"飞砣"活动，与今天之打篾鸡蛋基本相似，仅仅是将彩囊豆粟换成蔑鸡蛋，抛接改为拍打罢了。也有学者认为朱辅所描绘的"飞砣"是对布依族"丢花包"活动的较早的文字记载。康熙年间编纂的《贵州通志》也记述了"丢花包"活动："仲家（明清两代对布依族的称谓）……于孟春跳月，取彩巾结为小圆球，名曰花球，视为欢者掷之。"康熙后，布依族居住的各府、厅、州、县的方志，对这项活动也多有记载。这说明丢花包确实在很早以前就盛行于布依族，是布依族青年男女喜爱的一项活动。关于丢花包的方法，据清道光初年编纂的《安平县志》记载："男抛女接，女唱男随。"

侗族碑刻踩歌堂舞图　清

打手毽与吹芦笙、阿细跳月并称为苗家的三大民俗文艺体育活动。手拍鸡毛毽，又称打手毽，在苗族也称"麻古""打麻由"。打手毽是贵州苗族、水族同胞喜爱的传统体育项目。每逢春节，苗族青年男女都要进行传统的打手毽活动。从正月初二到十五日，身着盛装的苗族姑娘和小伙子手拿花毽，聚集在毽塘上（"毽塘"即打手毽的活动场所，有的一寨一塘，有的数寨一塘），对抛对打。各村寨的毽塘往往都由未婚姑娘们把持着，只允许外寨的小伙子进塘打毽。毽塘上，姑娘们和小伙子相对而立。对打中，边打边说话或者相互对歌。许多素不相识的小伙子和姑娘们，通过打手毽而相互结识。这种风尚，有利于促进苗家世代实行远缘结亲，因而，打手毽活动长期以来一直深受苗族人的重视。

苗族掷鸡毛，即掷鸡毛球。鸡毛球不用脚踢，不用手打，而是进行掷远比赛。可男女互相比赛，也可男女混合分队比赛，掷得最远者为胜。此活动在年节或闲时举行，也是儿童的经常性活动游戏。

壮族的节日中，多有群众性的歌唱活动，以春秋尤多。每当举行歌圩时，附近男女青年云集一处，成百上千，进行娱乐和社交活动，歌声此起彼伏，有赛歌、对歌等，有时一唱就是几天。舞蹈娱乐最著名的是扁担舞，每逢节日男女相对而舞，相互碰击。在广西西北山区，春节期间有掷毽子的游戏，一般在空中进行，参加者各为三至七人不等，依次轮流掷击别人，以掷中为乐。此外，壮族

苗族舞蹈图　清

还有射鸡、打棍、打陀螺等娱乐活动。

苗式穿针赛跑是苗族姑娘的传统运动项目，按照参加比赛的人数多少，编成若干组。比赛时，参加者排列成一字形，由裁判员发给每一参赛者三至七根缝纫针、棉纱线一支。裁判员发令起跑后，参赛者在规定的赛程内，将线穿进针眼内，并跑完全程，以先后决定名次胜负。另一种比赛方法是，待三颗针眼对齐后，便将线从三颗针眼穿过去，再向终点跑去，以先后决定名次胜负。

苗族姑娘穿花衣、花裙赛跑，赛跑距离在一百至两百米内。赛前，苗族姑娘把自己刺绣或缝制的花衣、花裙分别放在各等分距离内，当裁判员发令，比赛者边跑边穿花衣、花裙，直到穿好，也就跑到了终点。另一种比赛是，在起跑之前，穿好花衣、花裙，裁判员一声令下，按规定的距离，先解绑腿，再脱花衣、花裙，跑到终点，又跑回来，再穿花裙、花衣，最后打上绑腿，先跑回到起点者为胜。

打篾鸡蛋，又称玩花龙，是贵州遵义、仁怀、织金等地仫佬族青年男女喜爱的体育活动之一。花龙，是用柔韧的竹篾精编细织而成的圆球，与篾球的形状及大小基本一样，里面装着碎瓷片和几枚铜钱。玩花龙，多由青年男女们自由结合成几组或几十组。比赛时，一般以两人为一组，相距十几米面对而立，相互对掷花龙，花龙里面的铜钱和碎瓷片在空中发出“铮铮”的撞击声清脆悦耳，随着对掷的快慢，花龙发出的响声时轻、时重、时缓、时急。胜负以每对选手掷花龙的次数和接球的成功率，或是看花龙击中对方的多少来决定。击中次数少者为胜。比赛一般分个人和集体两种形式进行。玩花龙通常是在喜庆之日或节假日、农闲时进行。平时青年们兴致高时也相邀就地比赛，深受人们喜爱。

打花棍俗称为“打狗棍”，在黎族聚居的地方颇为流行，逢农历每月的十五前后，在月明星稀之夜，黎族的青年男女欢聚在约定的场地打花棍，往往通宵达旦，尽兴而归。传说，很久以前，有两个小伙子同时爱上一位姑娘，都托媒人来说亲，姑娘及其父母无法拿定主意择谁为婿。十五月圆的晚上，两个小伙子都不约而同来到姑娘家里，姑娘的父母急中生智，让其女执一约两米长拇指般粗的木棍居中，请两个小伙子分站在其东西两边棍子够得着的地方，并规定两人不得跑出以棍（为半径）画的圈。接着，姑娘便开始抡起棍子，时而上下左右点打，时而来回旋转横扫。两个小伙子则在圈内左右前后跳跃、闪避。其中一人多次被棍子扫倒打着，被迫跳出圈外，另一小伙子则灵巧闪、跃，即使偶尔被棍触及也坚持留在圈内，终于被选中为姑娘的夫婿。围观者看着这扣人心弦的竞争，也在情不自禁地喊着、跳着。打这以后，村里的男女老少也都学着嬉戏，逐渐成为一种体育娱乐活动而流传开来。

苗族打花棍也叫花棍舞，类似土家族的“金钱棍”，至今已有五百多年历史。原来是祭祀舞蹈，意在送神驱魔，后随时代的变迁，演变为苗族民间娱乐的体育舞蹈，内含狩猎和御敌等内容，表演时多为双数，四人一组，人数不限。通常是在春节、苗族跳场和四月八等民族传统节日和集会上表演。参加者多为女性。花棍木质，长一两米，直径四厘米。表演时，分组对打，棍与棍、棍与地做有节奏的碰击，攻守进退，均有章法。

抢贡鸡是湘西土家族、白族聚居区同胞喜爱的一项传统体育活动，土家族也称之为“打草把鸡”。据有关资料记载，抢贡鸡活动在唐代以前就在土家族人聚居的地方盛行。最早的文字记载是清雍正“改土归流”前所撰《永顺县志》，距今已有三四百年历史。“贡鸡”有四种，由青草、稻草、细篾编制而成的分别叫青草鸡、稻草鸡、竹篾鸡；另一种用鸡毛制作，先用两层白瓜壳做圆球，并嵌以一定数量的铜钱，外面用布缝好露出钱眼，然后在钱眼上插上各色鸡毛，穿上彩珠，踢起来发出清脆的响声。该项目每年农历正月时最为盛行，玩法类似篮球，可分“帮赛”（即团体赛）、个人赛和表演赛三种。团体赛，一般各为五人以上。有男女对抗赛，偶尔也有男女混合赛。如只有姑娘参加，则可自由组队或猜拳成队。

跳竹竿是包括傣族、京族、黎族、苗族在内的多个少数民族所喜爱的一项传统体育游戏项目。其中，傣族人民喜爱的跳竹竿可分打竿和跳竿。打竹竿者十几人成队，两人一组，相对而坐。竹竿互敲或敲击地面，时起时落，时分时合，随着音乐的伴奏，竹竿一击一分的频率不断变化、加快。跳竿者灵巧地跳跃在竹竿的分合之间，运用双脚跳、单脚跳，变化出优美，舒展的动作。有时男打女跳，有时女打男跳，有时男女混合跳。此外，作为广西京族民间传统体育项目的跳竹竿则流传于海南岛的黎族、苗族和广西东兴市的万尾、巫山、山心，盛行于海南岛五指山区的乐东、东方、昌江、白沙等地区，据考证已有数百年的历史。

跳大海是彝族的一项传统游戏项目，游戏的方式是在地上画各种阵形，用脚推击石片或瓦片入阵，按照一定次序及规矩将石片推击入预定区域或得分区域为胜，过或不及为失败，得依次重来，以累计得分定输赢，游戏流传广泛，多在女性青少年及儿童中进行。

“望骂掷”俗称拔萝卜，同样也是彝族的一项传统游戏。数十名男女青年相互抱腰鱼贯而坐当“萝卜”，另有一男子充当拔萝卜者。方法有：最前面的一人双手紧握一根木棍，和拔萝卜者共同竞争，不让身后坐着的“萝卜”被拔起。如敌不过，身后的“萝卜”便会一个一个地被拔起，拔萝卜者从队尾抱住最后一个人的腰部，将其用力拉起，直到全部“萝卜”被依次拔起。

绵羊拉绳是彝族女子的一种传统对抗性游戏。两人

东宁陈氏番俗图（局部） 中国国家博物馆藏 清

以背相对，用一根长度适中的绳子斜挎在肩上，绳中间扎一个标志物，各自朝己方用力，手可扶地，越线以定胜负，饶有情趣。

尔满古是彝族男女青年都喜欢的田间地头游戏。用一根绳子结成圈，同时套在三个人的腰间，成三角形。在圈外三方对等约一米的距离放三块石头。每人拼命用力去捡，先捡到者为胜。

（三）东部少数民族

分布在我国东部地区的少数民族主要是畲族、高山族等。在畲族自古流传的体育活动中，女子参与的项目有“打尺寸”、节日登山等。高山族是对台湾少数民族的统称，其内部还可以分为多个不同族群，在这些不同族群中，女子主要参与的体育活动包括荡秋千、背篓球等。

“打尺寸”流行于福建闽东地区畲族村寨。每年正月十五、“二月二封龙节”、“九月九”歌会，畲族民众便群集在一起“打尺寸”，借以增添欢愉的节日气氛。“尺寸”的玩法是：选择一块三十至五十米长的平坦场地，在场地的一端，画上一个直径两米左右的圆圈，圈中站立一人，左手持一根筷子长短的小竹条（叫作“寸”），右手持一根一尺多长的小木棍（称为“尺”），其余的人则站立在圆圈之外。游戏开始时，中立者用木棍猛击竹条，使竹条旋转着向圈外飞去，圈外的人们则竞相奔跑而承接，得到一定的尺寸或捡起竹条即回投圈内，中立者用木棍再将竹条击出圈外，如是反复持续，不断地接击，圈外者不使竹条落地而把竹条投落在圆圈内就算得胜，胜者便可轮换站入圈内。

竿球（刺球）是我国台湾少数民族的一项运动。这种球类运动是男女混合在一起游戏的。球用细藤编成，像瓜

高山族风俗图（局部） 台北故宫博物院藏　清

儿那么大，里面装着棉花，外面画着彩色图案。运动的时候，先用手把球抛到空中，大家用手里所拿的长竿上端将球顶上去，待球落下时又把它顶上去，不使球落地，谁没有把球顶上去而落了下来，就算是输，罚他（她）喝酒。游戏的时候，场地四周观看的人都看得兴高采烈。

背篓球又称背篓会，原是高山族青年男女求爱的一种形式，逐步发展成一项传统体育项目。台湾高山族许多族群每逢喜庆佳节，都举行以槟榔为球，以竹篓为篮的球赛。比赛时，身着盛装的姑娘站成一排，每人身背一个半日形状竹篓，每个小伙子手里拿着槟榔当球。球赛一开始，姑娘们便背着背篓，小伙子紧跟在后边，在追逐中，于相距五米左右处，用象征常青、长寿、吉利、幸福的槟榔朝女子背的背篓里投掷。投中者如被姑娘看中，她便徐步不前，表明投中有效。如不满意，女子则侧肩倾篓倒出槟榔，继续向前跑，表明投中无效。高山族背篓球始于何时，目前无法考证。其起源与高山族槟榔文化有关。清代周钟瑺《诸罗县志》记载："高山族男亲送槟榔，女受之即私焉，谓之牵手。"台湾孙尔准《番社竹枝词》曰："槟榔送罢随手牵，纱帕车螯作聘钱，问到年庚都不省，数来明月几回圆。"说明台湾高山族嫁娶用槟榔作聘礼。把槟榔送给姑娘，表示爱慕，祝愿她爱情生活幸福、美满和睦。

（四）西部少数民族

在我国西部地区，主要生活的少数民族包括藏族、维吾尔族、哈萨克族、回族等。这一地区少数民族古代女子主要参与的运动包括：柯尔克孜族的月下赛跑、追姑娘、女子赛马，以及哈萨克族的姑娘追等。

月下赛跑是柯尔克孜族古老的体育游戏之一，一般是在大型集会和婚礼上由妇女们在月光下进行。有三种形式：一种是沿着规定的路线，从出发点跑到终点（折回点），拾取预先放置在那里的羊骨或其他物品，然后再跑回到起点，根据跑回起点的先后顺序决定名次；另一种是，在赛跑路线上设置障碍，或将赛场选在有深涧、水渠、山丘的地方，拾取放置在终点的羊角骨或其他物品；还有一种是负重赛跑，即背负小孩或书包、包袱等赛跑。月下赛跑，不但比速度、力气，而且还比赛胆识，是一项很好的体育活动。赛时，女人们穿着节日的盛装，戴上各种首饰，欢歌笑语和着皎洁的月光流淌，别有一番情趣。

柯尔克孜族的女子赛马主要在本族女子中举行，比赛参加的人数不限。赛马比赛的距离为五里到十里，多在平坦的大草原上进行，有时也在比赛的路线中选有深涧、山丘、河流等自然障碍或设置人工障碍物。比赛前，妇女们刻意装饰自己和座下的骏马。出发后，必须按照指定的路线飞马奔驰，并跃过一道道障碍物，向终点冲去，以到达先后的次序排列名次。

"姑娘追"在哈萨克语中称作"克孜库瓦尔"。这是哈萨克族青年人喜欢的一种爱情游戏，多在节日庆典时举行。"姑娘追"开始，小伙、姑娘成双结对向指定地点骑马并肩缓慢而行，到了指定地点开始往回走时，小伙子必须纵马疾驰，而姑娘则紧追不舍。如果追上了，姑娘可以举鞭抽打小伙子，小伙子不得抗拒。但通常只是虚晃几下，或象征性地轻轻鞭打。这种戏谑性的相互追逐，往往会促成爱情结合。

柯尔克孜人的"追姑娘"，既是传统的民间体育，又是传统的订婚仪式，游戏在一些柯尔克孜人聚居区流行。古代柯尔克孜族姑娘，选对象的标准是骑马射箭，其快如飞。柯尔克孜民间流传着"不会骑马的人，不是柯尔克孜人"，"不会骑马的人，得不到姑娘的爱情"的说法，"追姑娘"的游戏也就由此产生。

第六章　中国古代女子乐舞

ZHONGGUO GUDAI NÜZI YUEWU

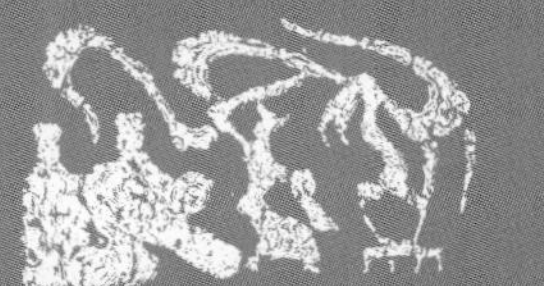

我国历史悠久，地域辽阔，各民族传统舞蹈种类众多。依据舞蹈的目的和功能，中国古代民间舞蹈大致分为“娱神”“娱人”“娱己”三类。“娱神”类舞蹈主要是用于祭祀拜神，具有鲜明的宗教特征。“娱人”类舞蹈主要是用于舞台表演，具有鲜明的艺术表演特征。“娱己”类舞蹈是大众在特定的情境中自娱自乐，具有广泛参与性。

舞蹈最初主要为了祭祀活动，古代先民们通过舞蹈表示对神明的崇拜，舞者主要是大祭司或主要祭祀者。渐渐地，舞蹈脱离祭祀性，先民们通过歌舞表达对胜利和丰收的喜悦，全民参与，娱乐自己，实现了最初的“娱己”功能。随后，舞蹈向着表演性方面发展，成为舞台艺术的重要组成部分。通过优美的舞蹈表演，为欣赏的人们带来欢乐和享受，“娱人”成为舞蹈的主要功能。随着人类文明的进程，舞蹈的功能由最初的娱神逐渐向娱人和娱己共存的方向转变。

舞蹈本身具有身体运动的属性，与体育可谓同源。古时，人们将舞蹈分为“武舞”和“文舞”，或分为“雅舞”和“健舞”，其中“武舞”和“健舞”身体运动特征突出，具有自娱自乐的性质和锻炼健身的目的与功能。

一、原始社会的舞蹈

在我国上古神话传说中，就能发现原始舞蹈发展的痕迹。在古老的岩画上也有许多原始舞蹈的珍贵形象。岩画上描绘了原始人类敲击石片，吹着陶哨和埙，在拍击陶鼓的和声中，用粗犷豪放的动作，欢快起舞。例如，内蒙古巴彦淖尔市的狼山岩画为我们描绘出古代舞者逼真的形象，参加舞蹈者包括了男女老幼，舞姿率真而有力，毫无扭捏做作之态，还有舞者可以翻空心跟斗，已经有了较高的水平。最初的乐舞主要是在祭奠神祇、庆祝丰收、欢庆胜利等场合进行。大量的史前岩画中印证了史前人类确有聚会娱乐的活动。云南省的沧源岩画绘有一条横线，上面站着六个舞蹈者，分为两组，三人一组，两组间有一段距离，六个人一律左臂向上扬起，右臂下垂，身体均向右方

舞蹈图　西藏日土岩画

对舞图　西藏日土岩画

舞蹈图　嘉峪关黑山岩画

舞人图　云南沧源岩画

祈祷舞图　广西花山岩画

舞蹈图　新疆呼图壁岩画

略倾。在沧源崖画的一组图像上，还有三位舞者排成横排拉手舞。有研究者指出，这种组舞属于原始先民自娱性舞蹈。先人们在舞蹈时，渐渐地增加了节奏与和声，又加入了乐器伴奏，逐渐产生了乐舞。最初的乐舞主要是在祭奠神祇、庆祝丰收、欢庆胜利等场合进行。

在夏朝建立后，舞蹈沿着表演性舞蹈和宗教祭祀舞蹈两个方向发展。桑林之舞源于商代，大约是商汤祭祀神灵时的乐舞。桑林之舞在春秋时期为殷商后裔的宋国所独有，舞者可能戴有面具，举着旌旗一类的饰物表演，场面壮观，独具魅力。桑林之舞对于人的感官颇有刺激性，在春秋时期可能为普通民众所喜爱。春秋末年的墨子曾说："燕之有祖，当齐之社稷，宋之有桑林，之有云梦也，此男女之所属而观也。"

彩陶鼓　整体通长 37 厘米　大头口径 22 厘米　小头口径 12 厘米
甘肃永登出土　甘肃省博物馆藏　马家窑文化

舞蹈纹彩陶盆　甘肃会宁出土　新石器时代

舞蹈纹彩陶盆　新石器时代

鸳鸯池　甘肃永昌出土　马家窑文化

舞蹈纹彩陶罐　青海大通出土　新石器时代

陶埙　吹奏乐器　河南辉县玻璃阁 150 号墓出土

大的高 7.3 厘米　小的高 4.3 厘米　河南博物院藏

乐舞双耳罐　马家窑文化

鲁山窑花瓷腰鼓　长 58.9 厘米　鼓面直径 22.2 厘米　故宫博物院藏

二、夏商和秦汉时期的乐舞

夏商时期，宫廷朝会、祭祀庆典、节庆宴饮等多以舞蹈相伴。当时舞蹈的内容主要分为文舞与武舞两大类，之后又出现了乐舞、傩舞、歌舞、巫舞等不同形式。周代乐舞出现了大型的、成序列的乐舞，由于实现宗法等级制，乐舞也被等级化了。据《周礼·春官·乐师》载："凡舞，有帗舞，有羽舞，有皇舞，有旄舞，有干舞，有人舞。"即所谓的"六舞"，既有祭祀之舞，又有武舞、徒手舞等。

在周代各个诸侯国间，最为流行的乐舞是《大武》，有乐、有歌、有舞。《大武》应当是周王朝最富时代特色的大型乐舞。《大武》气势雄伟，春秋时期吴公子季札曾以"美哉！周之盛也，其若此乎"来形容其场面。武舞是一种蕴含搏杀技术的操练方式。夏商西周时期，军队常常以集体的武舞演练来增强军队士气。西周时期，学校教育中把"舞"归属在"乐"的教育之中。周代用这 6 种乐舞作为教育手段和方式，并以课程形式实施，学生在学习时往往还要以诗伴舞、以舞和节。

在山东章丘女郎山发现的东周中期大墓出土的一批陶俑，反映了当时女性墓主生前的生活场景。最引人注目的场景是，由三十八件小型陶俑组成的俑群，表现了一个乐舞队伍，其中十名女舞人在乐师的伴奏下翩翩起舞，周围十人袖手观看，展现了东周时期贵族家庭乐舞的真实场景。

湖南长沙出土有战国时期彩绘舞女漆奁上所画的舞女，身着长长的曳地宽袖长裙，其中有三名舞女正在舞师的督促下演练。她们双手作抱拱状，似乎正在做侧腰或左右摆腰的动作，画面正中站立一位额头有明显皱纹的年长的舞师，卷袖执鞭，表情严厉。画面上另有五人坐在一边休息，离舞师较远处有两个人正走向坐在那里休息的舞者。这幅漆画正是舞女受训图。

秦汉时期，乐舞继续盛行于民间。当时的民间乐舞可分为三种：以手和袖为容的舞蹈、手执武器的舞蹈、手执

金链双舞人双龙玉组佩　洛阳金村出土　美国弗利尔美术馆藏　东汉

乐舞　山东章丘女郎山出土　山东博物馆藏　战国

吉林省辽宁辑安舞俑冢　汉

乐器的舞蹈。其中，手执武器的舞蹈如秦汉时代的“剑舞”极为盛行。刀剑既是当时的战斗武器，又是表演的舞器。剑是古代文人、武士随身佩带用以防身、御敌的武器，持剑起舞可以起到开拓心志、陶冶性情的作用。另外，手执武器的舞蹈还包括手执棍的棍舞、手执干（盾）的盾牌舞、手执斧的斧舞以及手执刀的舞蹈等，这些持兵器的舞蹈为日后中华武术器械套路的形成产生了重要的影响。

秦汉朝代，女子乐舞技艺逐渐丰繁，汉代的诸多皇后、妃子都精于歌舞。汉高祖的戚夫人“善为翘袖折腰之舞”，“在宫内时，尝以弦管歌舞相欢娱，竞为妖服，以趣良时”。汉赋描绘了很多乐舞的盛况，如傅毅的《舞赋》，张衡的《两京赋》《舞赋》《南都赋》《七盘舞赋》等等。李尤《平乐观赋》和张衡《京西赋》两赋罗列的各种游艺节目不仅反映出当时百戏技艺繁盛之状，亦呈现出乐舞与百戏多种艺术的联合演出模式。此外，通过画像砖、壁画、陶俑等文物，后人也能了解到，汉代民间乐舞是十分普及。

从出土于公元前一世纪西汉早期的墓壁画中可以看到，一座大屏风前的大榻上六位女子与十位女宾客在欣赏两名女子挥动长袖起舞，画面真实清晰，完整地再现了西汉女子的生活，可见，乐舞已经成为当时女子娱乐生活的重要组成部分，这是目前所知中国绘画中最早描绘女性生活场景的大型壁画。

舞俑　汉

舞蹈 东平壁画 东汉

舞蹈壁画 西汉

舞蹈壁画 新疆克孜尔石窟第 77 窟 西汉

弹琴 徐州驮蓝山西汉楚王墓出土 徐州博物馆 汉

绕襟衣陶舞俑 徐州驮蓝山西汉楚王墓出土 汉

三、唐宋时期的胡旋与柘枝舞

自丝绸之路开通以来，“胡舞”也开始大量传入汉地。外来的“胡舞”受到统治阶层和社会大众的普遍欢迎，据《后汉书·五行志一》载：“灵帝好胡服……胡空侯、胡笛、胡舞，京都贵戚皆竞为之。”

唐代国力强盛、政治安定、经济繁荣，民众拥有安乐的太平生活，歌舞升平。加上唐代广泛吸收了外来文化，且女子在舞蹈活动中充当重要角色，宫廷与民间的乐舞愈发丰富。

唐代舞蹈种类繁多，教坊由此产生了根据动作和风格来划分的健舞、软舞两大类，广泛流传于宫廷、贵族家中及民间。“健舞”矫健有力，节奏明快，动作洒脱，豪放流畅；“软舞”优美抒情，节奏和缓，动作柔媚，婉约雅致。在我国古代，通常也把舞蹈分为文舞和武舞。唐代的健舞即武舞，著名的有《剑器》《柘枝》《胡旋》《胡腾》等。软舞即文舞，一般为宫廷和贵族的表演性舞蹈，节奏舒缓，优美柔婉，属于小型娱乐性乐舞。

西安长安区出土的盛唐时期宰相韩休墓壁画《乐舞图》，经考证似为“双人胡旋舞”，图中唐女与胡男对舞于庭前，两边乐队分别由5名中原女乐（笙、竖箜篌、拍板、筝、歌者）和7位胡人乐工（竖箜篌、琵琶、铜钹、排箫、筚篥和2名歌者）组成，左下方有指挥（持杆人）1名。这是目前考古发现的唯一呈现汉、胡男女对舞和对奏的唐墓乐舞壁画，具有极高的史料价值。

唐代诗人不惜大量笔墨描写美人跳舞。唐李峤五律《舞》：“非君一顾重，谁赏素腰轻。”杜牧《题桃花夫人

胡旋舞　李其琼临摹　敦煌莫高窟第341窟　唐

胡旋舞　敦煌莫高窟第 220 窟　唐

彩舞人俑一组　河南博物院藏　唐

乐舞　唐

乐舞俑　南京博物院藏　唐

乐舞俑　江西省博物馆藏　唐

乐舞 敦煌莫高窟第196窟 唐

庙》也有诗句："细腰宫里露桃新，脉脉无言几度春。"亦是描写舞者素腰轻盈，彩衣翩翩。五代李后主李煜《喜迁莺》："啼莺散，馀花乱，寂寞画堂深院。片红休扫尽从伊，留待舞人归。"描写等待跳舞的女子归来。

"胡旋舞"是从中亚传来的一种舞蹈，是健舞的一种形式，以快速矫健的旋转动作为主要特征。白居易的《胡旋女》曰："胡旋女，胡旋女，心应弦，手应鼓。弦鼓一声双袖举，回雪飘摇转蓬舞。左旋右转不知疲，千匝万周无已时。人间物类无可比，奔车轮缓旋风迟。"诗中不但描写了盛唐时期"胡旋舞"的流行状况，而且对其舞姿舞态也有非常生动的描写。元稹也写有一首关于胡旋女的诗，对胡旋舞疾速旋转的舞蹈特点的描述也非常传神，诗曰："天宝欲末胡欲乱，胡人献女能胡旋。旋得明王不觉迷，妖胡奄到长生殿。胡旋之义世莫知，胡旋之容我能传。蓬断霜根羊角疾，竿戴朱盘火轮炫。骊珠迸珥逐飞星，虹晕轻巾掣流电。潜鲸暗噏笡波海，回风乱舞当空霰。万过其谁辨终始，四座安能分背面……柔软依身着佩带，裴回绕指同环钏。"

柘枝舞也是健舞的表演形式之一，舞者大多为青年女子，舞蹈形式有独舞和双人舞。舞者身着专门的舞服，应着鼓声和音乐的节奏翩翩起舞。唐人对这种舞蹈的记

舞俑 陕西省昭陵博物馆藏 唐

舞俑 故宫博物院藏 唐

舞伎　敦煌莫高窟第 12 窟　唐

乐舞图（柘枝舞） 彩绘俑

四川成都龙泉驿赵廷隐墓出土 成都博物馆藏 后蜀

舞俑 珠海市博物馆藏 唐

唐三彩胡旋舞纹凤首壶

西安大唐西市博物馆藏 唐

舞蹈图 陕西历史博物馆藏 唐

巾舞壁画 唐

仕女图　张萱　绢本设色　故宫博物院藏　唐

仕女歌舞图　周文矩　绢本设色　美国弗利尔美术馆藏　五代

观舞仕女图（局部） 周文矩 纵 180.9 厘米 横 102.1 厘米 故宫博物院藏 五代

调婴图 周昉 绢本设色 纵 29.5 厘米 横 142.9 厘米 台北故宫博物院藏 唐

舞伎　敦煌莫高窟第 100 窟　五代

载和描写很多，从中可以看出这种舞蹈的美妙与动人之处，如刘禹锡《观柘枝舞二首》云："胡服何葳蕤，仙仙登绮墀。"白居易《柘枝词》曰："绣帽珠稠缀，香衫袖窄裁。"张祜《李家柘枝》云："红铅拂脸细腰人，金绣罗衫软著身。"描写舞者纤细的腰身，束垂着花带和珠翠等饰品。章孝标《柘枝》："柘枝初出鼓声招，花钿罗衫耸细腰。移步锦靴空绰约，迎风绣帽动飘摇。"杜牧的《怀钟陵旧游四首》载："滕阁中春绮席开，柘枝蛮鼓殷晴雷。"刘禹锡的《和乐天柘枝》载："柘枝本出楚王家，玉面添娇舞态奢。"徐凝的《宫中曲二首》载："身轻入宠尽恩私，腰细偏能舞柘枝。"郑谷的《牡丹》载："春风爱惜未放开，柘枝鼓振红英绽。"

到了宋代，宫中和民间乐舞仍然十分流行。宋代宫廷的"队舞"，都是节日时在宫中演出。《宋史·乐志》载："每上元观灯，楼前设露台，台上奏教坊乐、舞小儿队。台南设灯山，灯山前陈百戏，山棚上用散乐、女弟子舞。"可

合乐图（局部）　周文矩　绢本设色　纵 41.9 厘米　横 184.2 厘米　美国芝加哥美术馆藏　五代

见，北宋初年，宫廷乐舞百观演出场面还比较可观。

胡旋舞在宋代仍十分风行，时常有邦国向宋王朝进献胡旋美女。李壁《浣溪沙》载："娇娃短舞看胡旋。崇桃积李自年年。"贺铸《换追风》载："掌上香罗六寸弓。雍容胡旋一盘中。"王义山《王母祝语·宫柳花诗》载："好似雪茵胡旋舞，楼台帘幕燕初飞。"敦煌壁画中也有多幅宋时期的胡旋舞壁画，可见胡旋舞风之盛。宋代也非常盛行柘枝舞，宋词中有许多描绘。如王义山的《乐语》载："年年摘取献天阶。齐舞柘枝来。"朱敦儒的《南歌子》载："住近沈香浦，门前蕙草春。鸳鸯飞下柘枝新。"柴望的《桂枝香》载："柘枝犹在，春风那似，旧时宋玉。"

许多文人用诗词描写古代女子舞蹈时优美的身姿和高超的技艺。宋晏几道的《玉楼春》曰："露桃宫里随歌管，一曲霓裳红日晚。"贺铸的《翻翠袖》曰："令随阄，歌应弹。舞按霓裳前段。"晁补之的《斗百花》曰："教展香裀，看舞霓裳促遍。"陈德武的《百字谣》曰："舞按霓裳，歌扬红豆，高处风光别。"宋词描写了宫女霓裳羽衣的美妙，叙述了乐舞给人们以精神愉悦，体现了宋时文化审美韵调。

两宋时期，随着城市经济的繁荣，民间节日自娱舞蹈活动十分兴盛，各种专业艺人绝大部分不再依附于皇家贵族生活，转向广大民间进行艺术创作。许多民间女子自小习练舞蹈。柳永在词中写道："心娘自小能歌舞。""才过笄年，初绾云鬟，便学歌舞。"贺铸《行路难·缚虎手》："笑嫣然，舞翩然，当垆秦女，十五语如弦。"

元代的歌舞活动非常丰富，蒙古人在入主中原建立元朝后，除了本民族歌舞仍然流传外，其宫廷宴乐及其他表演性舞蹈，也带有十分浓厚的民族色彩。如宫廷舞中的胡旋舞、柘枝舞、霓裳羽衣舞、舞判、天魔舞，民间舞中的社火、踏歌、迓鼓、高跷、村田乐以及少数民族舞中的女真舞等等。同时，元代的乐舞一方面在汉人儒士的坚持下被用以维护传统的礼乐制度，一方面又成为宫廷中必不可少的娱乐演出方式。

元代"柘枝舞"依然盛演不衰，元曲中也有记载。如周德清《赠小玉带》："细思，好称瘦腰肢；围上偏宜舞柘枝。"汤舜民《赠素云》："弄春阴杨柳帘栊。讴清歌依依金屋，舞霓裳队队瑶空。""舞霓裳队队瑶空"说明元时的"霓裳羽衣舞"已由唐代的独舞发展为领舞与队舞相结合，霓裳羽衣舞也在元代瓦舍勾栏演出。白朴杂剧《唐明皇秋夜梧桐雨》第二折："（高力士云）请娘娘登盘，演一回霓裳之舞。（正末云）依御奏者。（正旦做舞）（众乐撺掇科）（正末唱）。"元曲记写的民间舞蹈很多，如迓鼓舞，无名氏《元宵》："元夜值，风景奇。闹穰穰的迓鼓喧天，明晃晃金莲遍地。"迓鼓是一种以自娱为主的纯农民式的鼓乐舞。

四、明清的乐舞

据《清史稿·乐志》载，清代用于宫廷宴享的乐舞叫"队舞"，是承袭宋代宫廷宴乐总名。清代的宫廷宴乐，具有鲜明的民族色彩。"队舞"最初总名"莽式舞"（亦称"玛克式舞"），原是满族的传统民间舞蹈，乾隆八年（1743年）改各色队舞总名叫"庆隆舞"。

清代民间还流行"秧歌"，清人黄浚《红山碎叶》中载："红山灯市有秧歌，秧歌之'秧'或作'姎'，谓女子之歌。"《说文》释"姎"云："女人自称姎，我也，从姎声。"还有少数民族至今有女子自称"阿央"的。日后，东北、华北、西北、江南一带都称之为"扭秧歌"。

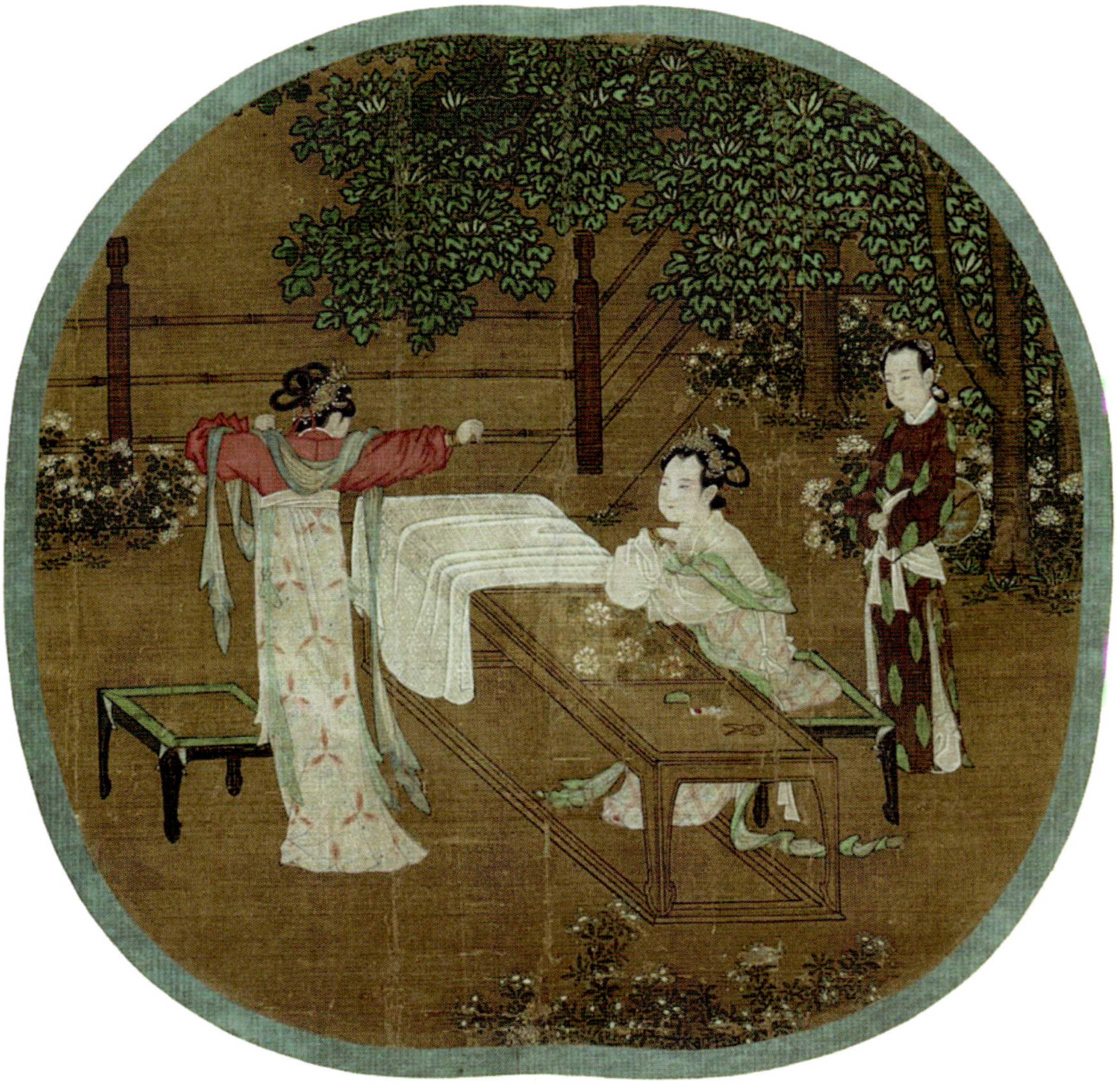

乐舞　刘松年　故宫博物院藏　南宋

听阮图 李嵩 绢本设色 纵 177.5 厘米 横 104.5 厘米 台北故宫博物院藏 宋

吹箫 赵孟頫 浙江省博物馆藏 元

歌乐图 佚名 绢本设色 纵 25.5 厘米 横 158.7 厘米 上海博物馆藏 宋

乐舞图　敦煌莫高窟第 465 窟　元

乐舞图　敦煌莫高窟第 465 窟　元

彩绘飞天　西夏

飞天 敦煌莫高窟第 97 窟 西夏

陶谷赠词图（局部） 唐寅 绢本设色 纵 168.2 厘米 横 102.1 厘米 台北故宫博物院藏 明

弹琴　谢时臣　绢本设色　民间藏　明

女乐图　仇珠　绢本设色

纵 145.5 厘米　横 85.5 厘米　故宫博物院藏　明

宴乐图卷（局部） 仇英 绢本设色 大英博物馆藏 明

汉宫春晓图卷（局部） 仇英 绢本设色 台北故宫博物院藏 明

絮才瑟弦小冯舞 清

千秋绝艳图（局部） 佚名 绢本设色 中国国家博物馆藏 明

《顾曲斋元人杂剧选》插图 明

伴奏　仇英　绢本设色　民间收藏　明

吹箫仕女图　唐寅　绢本设色
纵 184.8 厘米　横 89.5 厘米　南京博物院藏　明

美人图（局部）　余玘　绢本设色　金申私藏　明

吹奏图 唐寅 绢本设色 台北故宫博物院藏 明

仕女图卷（局部） 杜堇 绢本设色 纵 30.5 厘米 横 168.9 厘米 上海博物馆藏 明

抚琴　丁观鹏　故宫博物院藏　明

抚琴图　唐寅　立轴绢本　纵 109 厘米　横 40 厘米　明

乐舞图　崔鏏　绢本镜心　纵 129 厘米　横 51 厘米　清

八美图册·弹奏图　陈范　中国嘉德国际拍卖有限公司藏　清

女子打鼓舞　清

古代仕女行乐图（局部）　佚名　绢本设色　天津博物馆藏　清

汉宫春晓图（局部）　丁观鹏　绢本设色　纵 34.5 厘米　横 675.4 厘米　台北故宫博物院藏　清

十宫词图（局部） 冷枚绘 梁诗正书 绢本设色 纵 33.1 厘米 横 29.3 厘米 故宫博物院藏 清

五彩《鸳鸯绦》故事图棒槌瓶 清

月下吹箫图 费丹旭 纸本立轴

纵 136 厘米 横 56 厘米

清华大学美术学院藏 清

二女对舞图 清

唐明皇击鼓图（局部） 王素 纸本设色

故宫博物院藏 清

《红楼梦图咏》插图　改琦　浙江省博物馆藏　清

桂林秋月图　袁江　绢本设色

横 119 厘米　纵 243 厘米　美国弗利尔美术馆藏　清

第七章　中国古代女子节日体育活动

ZHONGGUO GUDAI NÜZI JIERI TIYU HUODONG

节日是自然岁时与特定岁庆文化内容的结合体，具有浓厚的文化色彩，所反映的文化内容多种多样。我国自古民俗活动丰富，民俗节庆和民俗项目繁多。尤其是汉唐以来，岁时节庆的游艺、娱乐与体育竞技蓬勃发展，以其鲜明的特征在世界古代体育史上占有一席重要地位。同时，在我国漫长的历史岁月中，也产生了一些为女子所独有的节庆。在古代各种岁时节日中，女子的文化心态是非常丰富的，她们期望生活幸福美满，祈求驱邪禳灾，平平安安。

一、我国岁时节庆的起源与发展

中国人把“岁”作为对年度周期的表述，是出于生产和生活的需要，是农耕社会的产物。“岁”字的原形为收割农作物的一种工具，因为每年收获一次，于是借这种工具的形象来表示特定的时间段落。“时”，指季节。东汉许慎《说文》:“时，四时也。”中国人很早就有时的感受，西周末期有了春夏秋冬四时的明确划分。“积分为日，累日为月，连月为时，纪时为岁。”日、月、时、岁都是中国人的计时单位，其中岁是年度周期，时是年度的季节段落，岁与时的配合，构成中国古代社会的时间标志体系，而“岁时”作为一个时间名词，始终为中国传统社会所沿用。

岁时节日萌生于上古时期，服务于原始宗教与原始生产需要的季节性祭祀活动与农事仪式。进入夏商以后，随着部落联盟国家的出现，原始自发的岁时活动逐渐上升为部落或国家的岁时礼俗，掌管着社会权力的统治阶层利用月令祭仪，支配与垄断着民众的岁时生活，原始的宗教时间演变为涂饰着浓厚神秘色彩的政治性的权力时间。春秋战国之后，以天道自然崇拜为信仰核心的时间观念开始向祖灵崇拜的方向转变。由于原始宗教的神秘性质的衰减，岁时观念开始发生根本性的变化，并逐渐获得了新的人文特性。

我国依据岁时而产生的传统节日萌芽于先秦。这一时期随着历法的逐步完善和历日的确定，敬天顺时的先民们就渐渐将各种祭祀、庆贺、占卜、禁忌等活动集中于某些比较特殊的日子里举行，由此出现了节日的萌芽。

汉代中期以后，随着社会政治经济文化条件的变化，传统的岁时月令体制逐渐向世俗的岁时节日体系过渡。此时，岁时节庆变为娱神与娱人结合的节日，到了东汉魏晋时期，影响中国两千多年的岁时节日体系已基本形成。

隋唐两宋时期是中国传统节日发展史上的重要阶段，这一时期，中国传统社会全部重要的岁时节日均已出现，岁时节日的全民狂欢性质得到快速发展。岁时节日里则充满了各种户外游艺活动，从而呈现出比前朝更加明显的娱乐化倾向。

例如唐代的上元节，不仅长安的上元节十分繁华欢乐，东都洛阳、江南扬州，甚至地处边远的凉州之地的上元节，也都有男女老少热情参与其中。长孙正隐《序上元之游》云，此时节，“美人竞出，锦障如霞;公子交驰，雕鞍似月。同游洛浦，疑寻税马之津;争渡河桥，似向牵牛之渚。实昌年之乐事，令节之佳游者焉”。在扬州，“灯烛华丽，百戏陈设，士女争妍，粉黛相染”;甚至凉州一带，亦是“灯影连旦数十里，车马骈阗，士女纷委”。在这天，女子们也不再做活，同样参与到社日活动中来，所谓“今朝社日停针线，起向朱缨树下行”。

元明清三朝，虽然娱乐性的节日风俗仍在持续，但一些传承久远的节日或节日习俗则渐渐退出了民众的日常生活。与此同时，地方性庙会蓬勃兴旺，成为由一方民众共建、共有和共享，是集经济、社会、政治、娱乐等多种功能于一体的重要集会。各地民众在节日里有众多的习俗活动，如祭祀神灵和祖先，占卜未来生活，进行广泛的社会交往，观赏精彩的娱乐表演，享用各色的美味佳肴以及参与多种多样的体育竞技活动。

清代百戏的范围更为宽广，包括音乐、舞蹈、杂技、曲艺、喜剧、体育等娱乐形式，基本上代表了清人娱乐生活的门类。据李声振《百戏竹枝词》载，清代过年时，京师之百戏就有霸王鞭、十不闲、踏谣娘、打盏儿、八角鼓、打花鼓、太平鼓、莲花落、大头和尚、跳钟馗、秋千架、影戏、反腰、竖蜻蜓、角抵、扎高脚、台阁、舞中幡、五索、刀山、飞刀、舞叉、射天球、弄丸、舞冰盘、坛技、扇技、蹬梯、拔不倒、旱船、吞剑、吞火、飞钱、走马灯、狮子、滚绣球、龙舟跨鼓、杠箱、杠子、双石、秧歌、五虎棍等，“百戏”反映了民间娱乐的特点，即表演简便易行，不受表演场所的限制，各种娱乐形式交织在一起，没有精确的分类，具有综合性。

二、我国古代女子岁时节庆体育活动

我国古人非常看重岁时节俗，古代岁时节日众多，异彩纷呈，其中最让民众群情振奋的是各种岁时年节活动。时令节日时，人们不仅会进行各种游戏、休闲、娱乐文化活动，而且还有相应的传统体育活动。体育活动在年节民俗活动中发挥了重要作用，在娱乐大众的同时使自身成为民俗的一部分。

我国素有岁时民俗的记述传统，岁时民俗文献几乎代代有之，早在秦汉时期即有多种岁时文献问世。我国历史上第一部岁时记是南朝梁宗懔的《荆楚岁时记》，此后，唐朝李琢的《秦中岁时记》、宋代吕希哲的《岁时杂记》、元代费著的《岁华纪丽谱》、清朝的潘荣陛的《帝京岁时记胜》，以及对特定区域岁时节日民俗记述的文献，如周处的《风土记》、吴自牧的《梦粱录》、孟元老的《东京梦华录》以及周密的《武林旧事》等众多古代民俗文献，流传千百年的诗词歌赋也对古代岁时节日的体育活动进行过详细的记载和精彩的描绘。在这些历史文献中，对我国历代女子岁时节庆活动的描述，使后人能够对中华古老的传统节庆文化中女性扮演的角色、女性的形象与情绪和女子娱乐与运动方式有大致了解。

同时，节日也是体育活动最为集中，形式最为丰富，规模最为盛大，最为热闹的日子。中国古代社会不同阶层的女子也都积极参与到各种岁时节庆活动中。适合女子参与的时令活动种类十分丰富，包括百戏、踏青、秋千、端午赛龙舟、乞巧、登高、踏舞、节庆舞蹈等。在节日中，对于女子的限制、管束都较松，因而节日往往成了古代女子最为快乐、放松、游玩和嬉戏的时光，也是女子娱乐最为集中的时间。

史料记载，除了男女共娱的岁时节庆外，在中国传统的岁时节庆中，有专门属于女性的节庆。如中国有“男不拜月，女不祭灶”的说法，正月十五和八月十五，这两个月圆的节日之夜，女子得以主持节日典礼，此举完全符合中国传统男女阴阳观点。月圆之夜，各地都流行女子结伴走桥，也称“走百病”和“走月亮”的习俗。七月初七是女儿节，全国各地的女子会举行各类民俗活动。按照传统习俗，女子的岁时节庆活动只限于女性圈子之内，不允许男性参加。社日也是古代妇女一个重要的节日。《采兰杂志》云：“古人以每月十九为下九，每值九，置酒为妇人欢，至夜为藏钩诸戏，有忘寐达旦者。”在这一天妇女们可以大吃大喝，游戏玩乐，它们都被视作是吉利的，因此不会受到封建势力的阻挠和限制，这种活动，也因此而称作“阳会”。

广大妇女在属于自己的岁时节庆中，暂时摆脱礼教的束缚，在各种游艺与嬉戏活动中，尽情欢愉，享受快乐时光，反映了古代女子对于美好生活的向往与追求。

宫女游园图　佚名　绢本设色

纵 211.1 厘米　横 101.3 厘米　美国克利夫兰艺术博物馆藏　元

（一）踏青、走百病、采莲、观莲、乞巧

1. 三月三上巳节——踏青

古人的上巳节最初带有浓厚的宗教色彩，以祓禊为主题，也是具有女性属性的节日。其女性节日属性源于先民春天在郊外设社坛祭祀主管土地和农作物收成的社神（大地母神）和祭祀象征人类生育和爱情的高（皋）媒神（始祖母）。我国现存最早的一部记录传统农事历书《夏小正》中称这类活动的参与者“多女士”。古时，上巳节女巫要在河边举行祭神驱鬼仪式，民众也要在河里沐浴，洗秽去疾。久而久之，人们便将这种祭神活动视作外出郊游、踏赏春色的一种休闲活动，逐渐成了一种民间习俗。此外，与上巳节在时间上极为相近的清明节亦有踏青习俗。

先秦时，《周礼·地官》“媒氏”条称：“仲春之月，令会男女，于是时也，奔者不禁。”在周代，人们常聚集在水边，“以香薰草药沐浴”，这种活动称之为“祓禊”，意为祛除病气。《诗经·郑风》中的《溱洧》一诗写的就是春秋时郑国上巳节的情形：男女倾城而出，约会溱洧水滨，手执兰草洗濯身体，祓除不祥，“献玫瑰”定情：“维士与女，伊其将谑，赠之以勺药。”《诗经·郑风·溱洧》：“溱与洧，方涣涣兮。士与女，方秉蕑兮。”描述了上巳节的春水之畔，众多青年男女在水滨嬉戏笑闹的情景。可见，上巳节出外郊游，宴请踏青，源于一种传统的祭祀礼仪和迎春习俗。

到汉魏时，上巳节完全成熟，有祓禊、禊饮、游乐三大内容。《后汉书·礼仪志上》

仕女游园图 吴道子 绢本设色

长 2.54 厘米 宽 1.44 厘米 民间藏 唐

"祓禊"："是月上巳，官民皆洁于东流水上，曰洗濯祓除去宿垢疢为大洁。"根据西汉刘歆《西京杂记》记载，每逢一年一度的上巳节来临之际，京城长安万人空巷，络绎不绝地前往城东的灞水之滨，沐浴郊游，席地宴饮，群情欢悦。连深居内宫的皇帝也游性大发，带上宠姬侍女，在流水之滨歌舞弹唱，饮酒赋诗，与民同乐，可见汉代的上巳节踏青活动已成为举国上下、万民同乐的习俗。寒食节、清明节都与上巳节不远，因此唐代以后，这种活动逐渐扩展到寒食、清明前后的一段时间。魏晋以后，上巳节改为每年的三月初三，而且已不再进行祭祀活动，逐渐演变成一种宴饮、游玩、踏青活动。

唐代，踏青成为上巳节的主要活动，尽管古代女子通常是"大门不出，二门不迈"，但每年上巳节、寒食节和清明节前后，女子却可以外出踏青，参加赏花、斗草、荡秋千、放风筝、蹴鞠等各种户外活动。唐代长安"士女游春野步，遇名花则设席藉草，以红裙递相插挂以为宴幄。"（《开元天宝遗事》）可见，当时踏青风气之盛。

唐诗中也留下了大量描写踏青的诗词。杜甫《丽人行》"三月三日天气新，长安水边多丽人。态浓意远淑且真，肌理细腻骨肉均。绣罗衣裳照暮春，蹙金孔雀银麒麟"描写了上巳节时，长安郊外的丽人出行景象。李商隐《无题二首》："十岁去踏青，芙蓉作裙衩。"刘禹锡《杂曲歌辞·竹枝词》："昭君坊中多女伴，永安宫外踏青来。"李嘉祐《春日淇上作》："清明桑叶小，度雨杏花稀。卫女红妆薄，王孙白马肥。相将踏青去，不解惜罗衣。"唐彦谦《上巳》："上巳接寒食，莺花寥落晨。微微泼火雨，草草踏青人。"吴融《上巳日花下闲看》："十里香尘扑马飞，碧莲峰下踏青时。"这些去春游踏青的女子，个个衣装缤纷，舞弄春情，纵兴欢洽，这无疑给踏春带来了新的景致与遐想。

宋元时期，踏青更为流行，描写踏青的诗词众多。黄庭坚《水调歌头》："瑶草一何碧，春入武陵溪。溪上桃花无数，花上有黄鹂。我欲穿花寻路，直入白云深处，浩气展虹霓。只恐花深里，红露湿人衣。坐玉石，攲玉枕，拂金徽。谪仙何处？无人伴我白螺杯。我为灵芝仙草，不为朱唇丹脸，长啸亦何为。醉舞下山去，明月逐人归。"

仕女游归图轴（局部） 佚名 绢本设色

纵 173.4 厘米 横 105.7 厘米 故宫博物院藏 明

庭院仕女图（四屏） 仇珠 绢本设色 故宫博物院藏 明

词人在一次春游中，把所到之处的自然风景描写得那么美好而生机勃勃，那么富有意动和灵气。王令《春游》："春城儿女纵春游，醉倚层台笑上楼。满眼落花多少意，若何无个解春愁。"欧阳修《阮郎归》："南园春半踏青时，风和闻马嘶。青梅如豆柳如眉，日长蝴蝶飞。花露重，草烟低，人家帘幕垂。秋千慵困解罗衣，画梁双燕归。"描写了一个女子在春日踏青时的所见所闻，以及荡秋千后的心情。张先《木兰花·乙卯吴兴寒食》："龙头舴艋吴儿竞，笋柱秋千游女并。芳洲拾翠暮忘归，秀野踏青来不定。行云去后遥山暝，已放笙歌池院静。中庭月色正清明，无数杨花过无影。"此诗描写了一幅欢乐的寒食春游图，有龙舟竞渡，游女踏青，荡秋千，斗百草，种种欢愉的场面，充满了生活的情趣。苏轼《踏青游》："火初晴，绿遍禁池芳草。斗锦绣、火城驰道。踏青游，拾翠惜，袜罗弓小。莲步袅，腰支佩兰轻妙。行过上林春好。"这些脍炙人口的诗词均描述了古代游女春日踏青的欢快情形。游人们寻芳选胜，春景处处宛若图画，游观纵赏，这是古代女子普遍垂爱的一种休闲怡乐活动。

明清两朝，女子踏青更为普及。富有浪漫色彩的踏青春游也成了明清两代文人关注的对象。明代王象春《踏青》："三月踏青下院来，春衫阔袖应时裁。折花都隔山前雨，直到黄昏未得回。"纪晓岚《阅微草堂笔记·槐西杂志》："我尝清明上冢，见游女踏青。"清人《书隐丛说》记载在苏州"妇女至春时入庙，以烧香为名，遍处邀游，成群嬉玩，脂粉狼藉，钿舄零落。高门、蓬户，莫不皆然。"孔尚任《红桥修禊序》中专门描绘扬州人三月三日在

赏春图　姚文瀚　立轴绢本　长 82 厘米　宽 65 厘米　故宫博物院藏　清

月曼清游图卷之一　陈枚　绢本设色　纵 37 厘米　横 31.8 厘米　故宫博物院藏　清

瘦西湖畔的红桥水边踏青祓禊的场景："康熙戊辰春，扬州多雪雨，游人罕出。至三月三日，天始明媚，士女祓禊者，咸泛舟红桥，桥下之水若不胜载焉。予时赴诸君之招，往来逐队。看两陌之芳草桃柳，新鲜弄色，禽鱼蜂蝶，亦有畅遂自得之意。"踏青者，多为青年男女，女子在这一天，融入大自然，尽情享受美好的春光，使心情得到了完美的释放。

三月三也是我国各民族人民的一个重要节日。例如，"三月三"是黎族的远古祖先"黎母"诞生日，是黎族最盛大的民间传统节日，也是黎族青年的美好日子，又称爱情节、谈爱日，黎语称"孚念孚"。平时，青年男女交往的机会很少，这一天，从四面八方会聚在一起的黎族民众，尽情地欢庆，用歌声、舞蹈和竞技活动表达对生活的赞美和对爱情的执着追求，有的青年在活动中互相表达爱情，为日后喜结良缘打下基础。

2. 元宵节——走百病

农历正月十五元宵节又被称为上元节，其来历同样说法不一，但离不开月亮崇拜风俗。古称月亮为"太阴"，与"太阳"相对，以人格化而论，太阳神是男性，而月亮神则为女性。因此，元宵节带有明显的以女性为主体的岁时节庆特征，而"走百病"则是这种岁时节庆期间女性的专属活动，不允许家中成年男子随行。

"走百病"在我国具有非常悠久的历史。起于宋代，明清两代更为盛行。作为一项以妇女为主要参与对象，以祈子、祛病禳灾为特征的"健身活动"，其在各地有着不同的称谓，北京人称为"宵行""走桥"，天津人叫"踏百病"，而南方人称为"走三桥"，另有"游百病""遣百病""除百病""度厄"等称谓。古时每年正月十五，或正月十六之夜，女子们梳妆打扮后，相约结伴，联臂出游。出游的路线都是事先计划好的，从出门到回家，穿街走巷，沿途必须走过三座桥。途中还有一些用于禳病的神秘行为，如抛铜钱逐鬼祟，抛石块镇疫气，在路口扔旧衣服除病害，摔抛瓦砾免灾厄，甚至在地上打滚以脱晦气等。这种主要由女子参与的避灾祛病兼求福的游乐活动，是将游乐与信仰交混的岁时民俗活动。

明朝时期，走百病更为盛行，许多文献和诗词记载了女子"走百病"活动的盛况和细节。明代沈榜《宛署杂记·民风》记述走桥摸钉祛百病曰："正月十六夜，妇女群游祈免灾咎，前令人持一香辟人，名曰：'走百病'，凡有桥之所，三五相率一过，取度厄之意。或云终岁今无病，暗中举手摸城门钉一，摸中者，以为吉兆。"明末刘侗《帝京景物略·春场》也有走百病的记载："（正月）八日至十八日，集东华门外，曰灯市。贵贱相沓，贫富相易贸，人物齐矣。妇女着白绫衫，队而宵行，谓无腰腿诸疾，曰走桥。至城各门，手暗触钉，谓男子祥，曰摸钉儿。"明代王邦畿《走百病行》记载："上元灯夕后一夕，灯光烛光光烁烁。人家女儿白皙皙，踏取春风好消息。风俗传来走百病，夜妆夜服相宜称。女郎行径英雄心，卦头论采不论命。十字街头烟火红，东偏走西西走东。"明代诗人范景文《和北吴歌其七》记载："元宵踏月月如银，士子焚香拜圣人。道遇女郎走百病，南关灯火一时新。""火树明时

走百病　浙江省图书馆藏　清

游行　徐操　高 93 厘米　宽 34 厘米　台北故宫博物院藏　明

夜色骄，蝶飞照见上吴绡。纱笼引向皇城下，女伴相邀共走桥。”明代陆伸《走三桥词》：“细娘吩咐后庭鸡，不到天明莫浪啼。走遍三桥灯已落，却嫌罗袜污春泥。”明末孔宪易《如梦录》记述了开封女子游走百病的盛况：“巨室大家宅眷出游，童仆执灯，侍婢妾媵冉冉追随。徘徊星月之下，盘桓灯辉之中，低言悄语，嬉笑嘤嘤，闪闪烁烁，游走百病，相将过桥，俗云：过桥不腰疼。如此三夜，金吾不禁，任意游乐。”明代周用《走百病》诗云：“都城灯市由来盛，大家小家同节令，诸姨新妇及小姑，相约梳妆走百病。”明代邓原岳诗曰：“邀来女伴转三桥，歌舞丛中落翠翘。归去春闺愁不寐，更无肠断似今宵。”

到了清代，走百病依然盛行，清人褚人获《坚瓠补集卷之四》记载：“京师旧俗，妇女多以元宵夜出游，名走桥。摸正阳门钉以祓除不祥，亦名走百病。”清代张凤羽《招远县志·卷四·风俗》记载：“妇女相伴为秋千戏，又群游郭外及庙宇，谓之走百病，亦曰走桥。”清代潘荣陛和富察敦崇所编写的《帝京岁时纪胜·走桥摸灯》中亦有记载：“元夕妇女群游，祈免灾咎。前一人持香辟人，曰走百病。凡有桥处，三五相率以过，谓之度厄，俗传曰走桥。”清代顾禄《清嘉录·正月》“走三桥”条称：“元夕，妇女相率宵行，以祛疾病，必历三桥而止，谓之‘走三桥’。”

此外，我国东北地区的满族女子也自古流行着一种与其他地区不同的“走百病”形式，满族的“走百病”，又称“轱辘冰”“脱晦气”，是满族自古流传下来的一种兼具健身和娱乐性质的妇女冬季体育民俗活动。每年农历的正月十五，月上东山之后，成群结队的满族妇女在野外的冰上簇拥翻滚，一边动作一边口念：“轱辘轱辘冰，不腰痛不腿痛。轱辘轱辘冰，身上轻一轻。”也有念诵：“轱辘轱辘冰，腰腿都不疼。一走去百病，是个老寿星。”《凤城县志》载：“近河泡者，妇孺驶行冰上，名曰‘走百病’。”吉林的女子更有走沙地，相继滚打，以脱晦气的习俗。

3. 采莲、观莲

观莲节，又名荷花生日，是我国最优美浪漫的节日之一。莲花，又称荷花，在湖荡、池塘、河滨和水田里，处

荷塘消夏图 苏汉臣 立轴纸本 台北故宫博物院藏 宋

观荷 崇祯十三年乌程闵齐伋刻本 德国科隆东亚艺术博物馆藏 明

凌波采莲图 佚名 绢本设色 民间藏 明

月曼清游图（碧池采莲） 陈枚 绢本设色 纵 39 厘米 横 31.8 厘米 故宫博物院藏 清

晚风飘动柳丝丝纳凉　潘振墉　苏州博物馆藏　清

采莲　徐操　纸本设色　故宫博物院藏　清

观莲　费丹旭　民间藏　清

采菱图　包栋　绢本设色　南京博物院藏　清

仕女图（其一） 焦秉贞 绢本设色 纵 30.2 厘米 横 21.3 厘米 故宫博物院藏 清

美人消暑图 宋旭 明

采莲消夏图　佚名　绢本设色　苏语堂藏　清

采莲　任熊　纸本设色　上海博物馆藏　清

采菱图　潘振墉　苏州博物馆藏　清

处可见其生长。观赏荷花自春秋时期已经形成，人们泛舟赏荷采莲，进入一个忘忧弃躁的环境。

4. 七夕——乞巧

早在西周时期，中国的先民就认识了牵牛星和织女星。《诗经·小雅·大东》："维天有汉，监亦有光。跂彼织女，终日七襄。虽则七襄，不成报章。睆彼牵牛，不以服箱。东有启明，西有长庚。有捄天毕，载施之行。"

在民间传说中，织女是灵巧和智慧的象征，她拥有一双巧手，织成了天上的七彩云霞。所以女子们选择在这天晚上向天上的织女星乞求智巧，并预卜自己未来的命运。因此，七夕活动的主要内容也称为"乞巧"，这是古代专属于女子的一种游戏活动。

乞巧风俗的记载始见于西汉，据《西京杂记·七夕穿针开襟楼》记载："汉彩女常以七月七日，穿七孔针于开襟楼，俱以习之。"可见早在西汉时期，宫中就开始流行以穿七孔针为主要内容的乞巧风俗。

在《淮南子》《风俗通义》中出现了"乌鸦填河成桥而渡织女"和"织女七夕当渡河，使鹊为桥"的传说。同时，牛郎织女星的民间传说也被注入节日中。七夕夜晚，女子们要观看"鹊桥之会"，欣赏"乌鹊填河成桥而渡织女"的动人情节。宫廷于此夜还有"穿七孔针"、跳于阗舞的习俗。

到了魏晋时期，乞巧风俗在原来的基础之上，又有了进一步的发展。据晋人周处《风土记》记载："七月初七日，其夜洒扫于庭，露施几筵，设酒脯时果，散香粉于筵上，以祈河鼓织女（《尔雅》曰：河鼓谓之牵牛、织女），言此二星神当会。守夜者咸怀私愿，或云见天汉中有奕奕正白气，有光耀五色，以此为征应。见者便拜而愿乞富乞寿，无子乞子。唯得乞一，不得兼求。三年乃得言之，颇有受其祚者。"这便是七夕守夜祈求福寿子嗣。在这段记载中将富有、长寿、得子并列，可见乞巧节中古代女子的文化心态。

到南北朝时期，又出现了蛛丝乞巧风俗。七孔针大概是专门为七夕而特制的游艺性针具，显然是测试穿针本领的器具。如果七夕时让女子把丝线连续穿过七个孔，就能证明她心灵手巧，从而表示向织女乞讨智巧。可见，古代民间女子乞巧，希望有一双巧手，不但能给生活带来便利，也会受到人们的爱慕，这对她们来说是一种幸福。

南朝梁宗懔《荆楚岁时记》记载得更为详细："七月七日，为牵牛织女聚会之夜。是夕，人家妇女结彩缕，穿七孔针。或以金银鍮石为针，陈瓜果于庭中以乞巧，有喜子网于瓜上，则以为符应。"喜子，又作蟢子，是一种长脚蜘蛛。这是一种以蜘蛛结网于瓜果之上的疏密程度为祈愿的风俗，也即蛛丝乞巧风俗。这种乞巧活动的主要参加者是女子，在南北各地都很流行。

到唐代，七夕乞巧风俗更盛。唐宫为了在七夕举行乞巧活动，还专门在朝廷设立了主管进献七孔针的机构。据《唐六典》卷二十二"少府监·中尚署"条记载：每年"七月七日，进七孔金细针"，以供后宫女子乞巧之用。女子七夕穿针拜月都要开镜打扮得漂漂亮亮的，然后通宵嬉戏。此外，在全国各地民间也都流行乞巧风俗，唐诗中就有许多描写七夕穿针乞巧风俗的诗作，如林杰《乞巧》诗云："七夕今宵看碧霄，牵牛织女渡河桥。家家乞巧望秋月，穿尽红丝几万条。"李商隐《辛未七夕》："恐是仙家好别离，故教迢递作佳期。由来碧落银河畔，可要金风玉露时。清漏渐移相望久，微云未接过来迟。岂能无意酬乌鹊，惟与蜘蛛乞巧丝。"和凝《宫词百首》："阑珊星斗缀珠光，七夕宫嫔乞巧忙。总上穿针楼上去，竞看银汉洒琼浆。"李中《七夕》："星河耿耿正新秋，丝竹千家列彩楼。可惜穿针方有兴，纤纤初月苦难留。"

唐代女子在乞巧活动举行时要开展拜星仪式，包括向月许愿，以及系五色缕、曝书、晒衣等。七夕的乞巧寄托了古代女子对美好幸福生活的一种追求。

现藏于美国纽约大都会艺术博物馆的《乞巧图》，图中绘有30多位女性在不同的房间忙碌，展示了我国盛唐时期女子准备过七夕节日的真实场景。

到了宋代，七夕乞巧这一民俗游戏亦十分盛行，且节日中最主要的角色是女性。宋人孟元老《东京梦华录·七夕》："至初六日、七日晚，贵家多结彩楼于庭，谓

之‘乞巧楼’。铺陈磨喝乐、花瓜、酒炙、笔砚、针线，或儿童裁诗，女郎呈巧，焚香列拜，谓之‘乞巧’。妇女望月穿针，或以小蜘蛛安合子内，次日看之，若网圆正，谓之‘得巧’。”张孝祥《二郎神》:“南国。都会繁盛，依然似昔。聚翠羽明珠三市满，楼观涌、参差金碧。乞巧处、家家追乐事，争要做、丰年七夕。愿明年强健，百姓欢娱，还如今日。”

宋代文学作品中也有大量的词作，吟诵牛郎织女的爱情和七夕之日女子欢愉的场景。欧阳修《渔家傲》:“乞巧楼头云幔卷，浮花催洗严妆面。花上蛛丝寻得遍。颦笑浅，双眸望月牵红线。奕奕天河光不断，有人正在长生殿，暗付金钗清夜半。千秋愿。年年此会长相见。”苏轼《鹊桥仙》:“乘槎归去，成都何在，万里江沱汉漾。与君各赋一篇诗，留织女、鸳鸯机上。还将旧曲，重赓新韵，须信吾侪天放。人生何处不儿嬉，看乞巧、朱楼彩舫。”由此可见，七夕乞巧是民间的女子娱乐游戏，也是女子企盼自己心灵手巧的美好祝愿。

宋末元初，周密创作的杂史《武林旧事·乞巧》记载:“立秋日，都人戴楸叶，饮秋水、赤小豆。七夕节物，多尚果食、茜鸡。及泥孩儿号摩睺罗，有极精巧饰以金珠者，其直不赀。并以蜡印凫雁、水禽之类，浮之水上。妇人女子，至夜对月穿针，饾饤杯盘，饮酒为乐，谓之‘乞巧’。及以小蜘蛛贮盒内，以候结网之疏密，为得巧之多少。小儿女多衣荷叶半臂，手持荷叶，效颦‘摩睺罗’。”元曲中有大量关于祭拜织女以赐巧，月下彩线穿针以斗巧，观蛛丝结网以卜巧等各种乞巧活动的描写。如白朴的杂剧《唐明皇秋夜梧桐雨》第一折:“小小金盆种五生，供养着鹊桥会丹青帧，把一个米来大蜘蛛儿抱定。搀夺尽六宫宠幸，更待怎生般智巧心灵。”杜仁杰的《集贤宾·七夕》中:“今宵两星相会期，正乞巧投机。”王举之《折桂令·七夕》:“剖犬牙瓜分玉果，吐蛛丝巧在银盒。良夜无多，今夜欢娱，明夜如何？”卢挚《沉醉东风·七夕》:“银烛冷秋光画屏，碧天晴夜静闲亭。蛛丝度绣针，龙麝焚金鼎，庆人间七夕佳令。卧看牵牛织女星，月转过梧桐树影。”从以上元曲描写中可知，七夕乞巧也是元代女子普遍参与的节日活动。

到了明清两代，七夕乞巧的形式不断推陈出新，除了穿针乞巧、蜘蛛卜巧之外，更流行丢巧针游戏，称“浮巧针”“丢巧针”。明人刘侗、于奕正《帝京景物略》记述了当时丢巧针游戏:“七月七日之午，丢巧针。妇女曝盎水日中，顷之，水膜生面，绣针投之则浮。看水底针影，有成云物花头鸟兽影者，有成鞋及剪刀水茄影者，谓乞得巧。”

清朝富察敦崇《燕京岁时记》“丢针”条载:“京师闺阁，于七月七日以碗水暴日下，各投小针，浮之水面，徐视水底日影，或散如花，动如云，细如线，粗如椎，因以卜女之巧拙。俗谓之‘丢针儿’。”在广州，还有闺密相约的“七娘会”。《广东新语·事语》“广州时事”条称:“七月初七夕为七娘会，乞巧，沐浴天孙圣水……”汪王泉《羊城竹枝词》唱道:“青溪小妹蓝桥姊，有约今宵乞巧来。”

清顾禄《清嘉录》亦有丢巧针游戏的记述:“七日前

乞巧　佚名　绢本镜心　民间藏　明

乞巧图　佚名　美国纽约大都会艺术博物馆藏　北宋

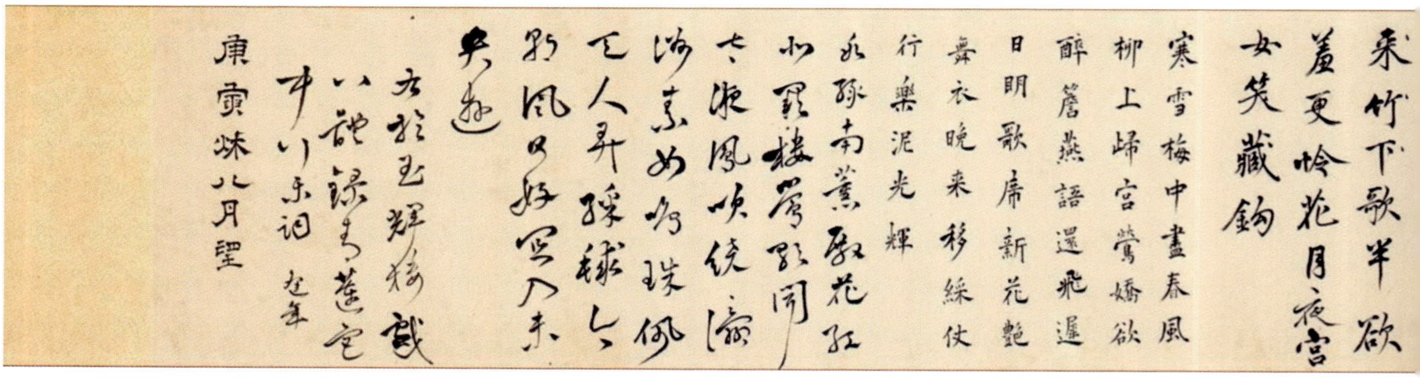

汉宫乞巧图　仇英　绢本设色　横长 377 厘米　台北故宫博物院藏　明

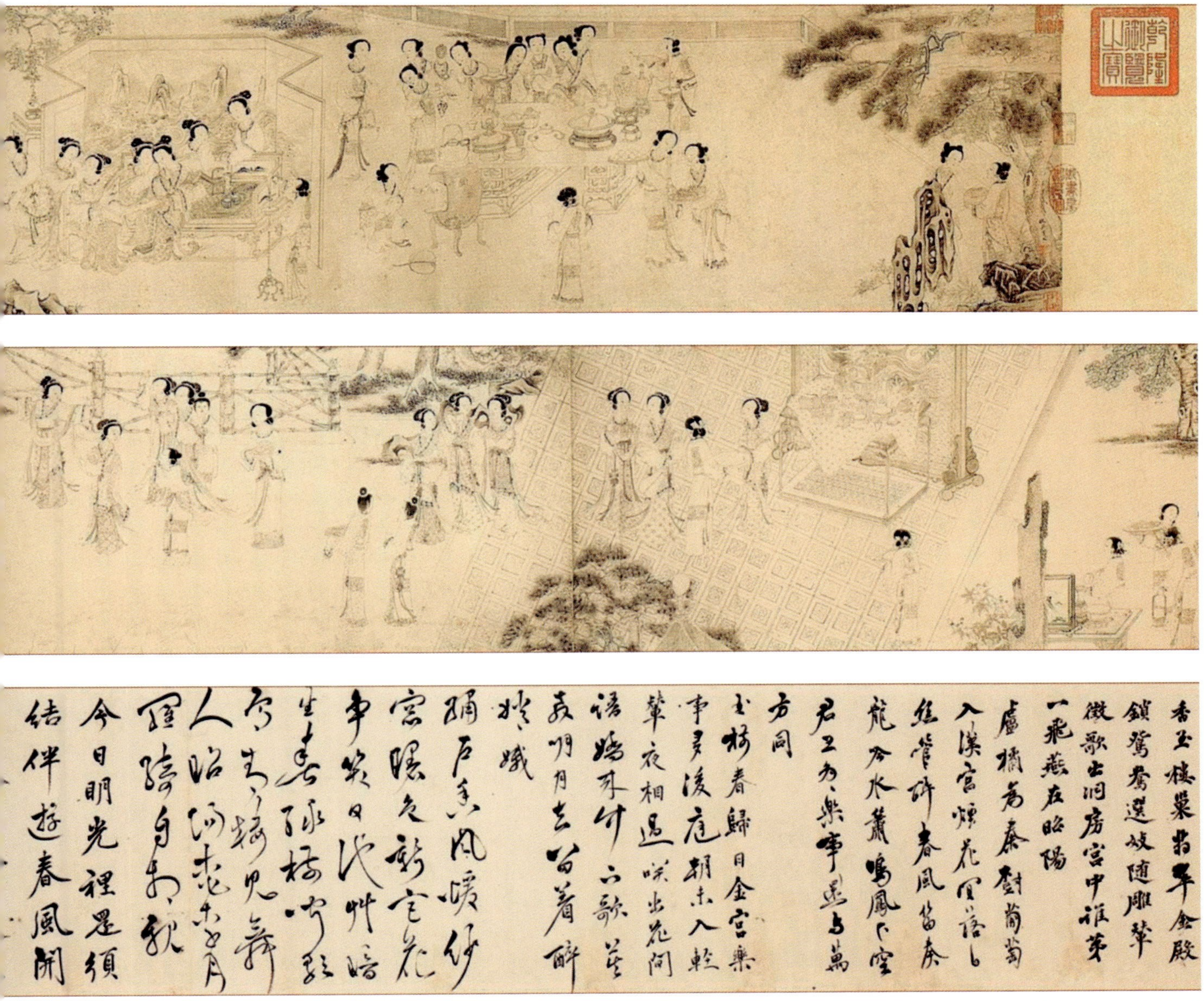

乞巧图 仇英 纸本水墨 纵 27.9 厘米 横 388.3 厘米 台北故宫博物院藏 明

乞巧图 明

乞巧图　郭诩　绢本设色　纵 122 厘米　横 64 厘米　明

乞巧图　潘振镛　纸本设色　故宫博物院藏　清

雍正十二月圆明园行乐图·七月乞巧

郎世宁　绢本设色

纵 188.2 厘米　横 102.2 厘米

故宫博物院藏　清

乞巧图　仇英　纸本水墨
台北故宫博物院藏　明

乾隆御覽之寶

嘉慶御覽之寶

七夕图　姚文瀚　纸本设色　纵 176.5 厘米　横 92.2 厘米　故宫博物院藏　清

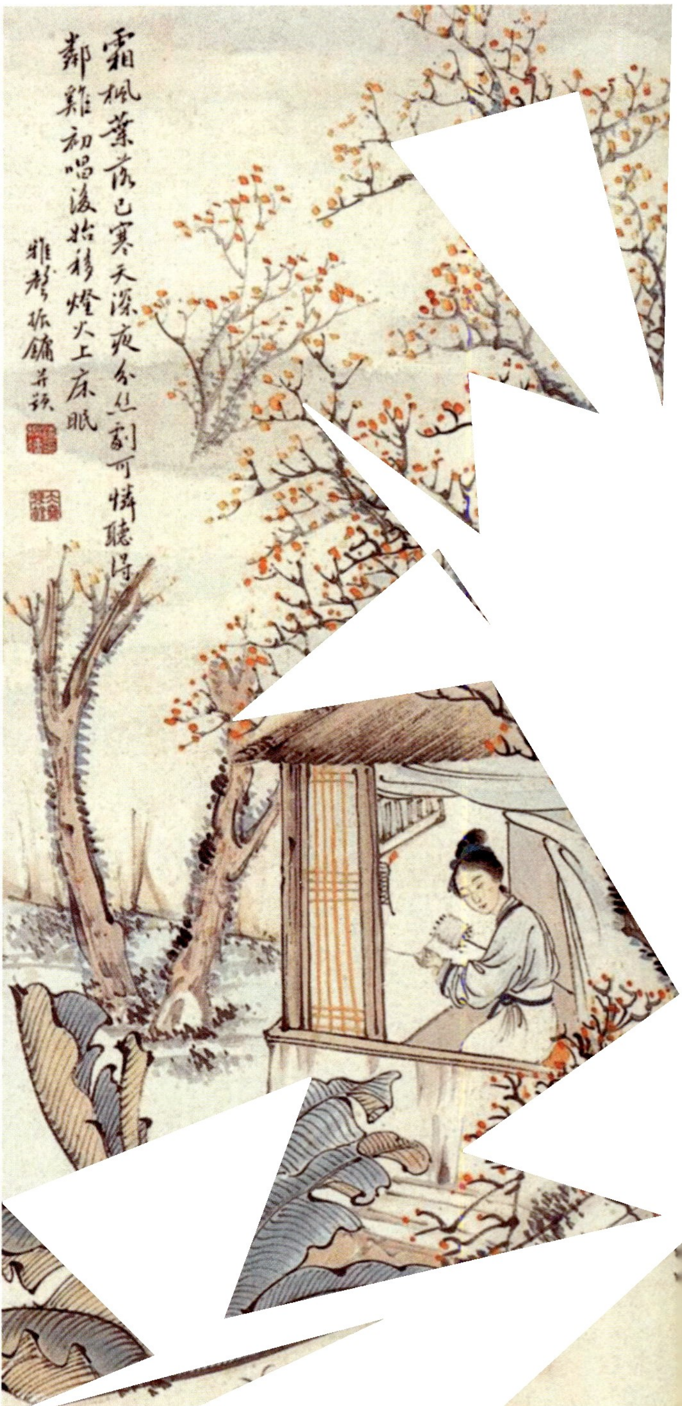

乞巧图　潘振镛　故宫博物院藏　清

牛郎织女七巧会　唐培华　扇面　纸本
纵 17.5 厘米　横 56.5 厘米　台北故宫博物院藏　清

乞巧图　佚名　绢本设色　纵 90 厘米　横 45 厘米　台北故宫博物院藏　清

夕，以杯盛鸳鸯水，掬和露中庭，天明日出晒之，徐俟水膜生面，各拈小针，投之使浮，因视水底针影之所似，以验智鲁，谓之巧。”清代王士禛在其《都门竹枝词》写道：“七夕针楼看水痕，家家小妇拜天孙。明朝得巧抛针线，别买宣窑蟋蟀盆。”清代才女徐暎玉《七夕》：“银汉横斜玉漏催，穿针瓜果饤妆台。一宵要话经年别，那有工夫送巧来。”

数千年来，各种岁时节庆文献和唐诗、宋词、元曲，以其独特的视角，展现了在七夕乞巧这个专门为女子而创立和传承的节日里，古代女子缤纷多姿的欢愉场景。

（二）踏歌、观灯、观月、养鹦鹉

1. 踏歌

踏歌是一种非常古老的群众性自娱自乐的歌舞活动，又名跳歌、打歌、踏舞，是一种“踏地为节，相抱聚蹈”的自娱自乐的集体舞蹈活动。

踏歌的起源，可以上溯到原始社会。原始社会人类为了求得神灵对氏族的庇护，为了庆贺劳动的丰收，从而产生了以踏歌为主的祭祀活动。“踏歌者，连手而歌，踏地以为节。”在祭祀活动中，人们在虔诚狂热中自由舞蹈，这种有节奏的身体肢体运动渗透着浓郁的人本意识。在新疆呼图壁县康家石门子、天山崖壁上，都刻绘有一幅幅表现原始集体踏歌的岩画图像。此外，在宁夏的贺兰山岩画、甘肃嘉峪关的黑山岩画上均绘有远古踏歌的场景。

1973 年，在青海大通上孙家寨属于新石器时代的马家窑

舞蹈纹彩陶盆　青海大通出土　中国国家博物馆藏　新石器时代

文化的墓地中，出土有一件彩绘舞蹈陶盆。盆的内壁上绘有三组舞蹈者的形象，每组五名舞蹈者手拉着手翩翩起舞。舞者的动作整齐划一，舞者的发辫朝一个方向摆动，姿态优美。在甘肃武威、酒泉、会宁、临洮等地的马家窑文化遗址中先后出土了舞蹈彩绘陶盆。这些彩陶盆都绘有"连臂踏歌"的女子群舞场景。它使人们第一次看到了人类自己所画的原始舞蹈场面。

踏歌是春秋战国时期非常盛行的一种民间歌舞，它的特点是用踏步来加强歌拍，反复歌唱一调或以鼓乐伴奏协调。《吕氏春秋》载："昔葛天氏之乐，三人操牛尾，投足以歌八阕。"反映了上古葛天氏时期的乐舞，为三人手持牛尾、踏足为节而歌咏的场面，实际就是踏歌的早期原始呈现，含有祭祀、祈祷的成分。《后汉书·东夷列传》载："常以五月田竟祭鬼神，昼夜酒会，群聚歌舞，舞辄数十人相随踏地为节。十月农功毕，亦复如之。"描述了古代马韩人（今朝鲜半岛一带）在农事祭祀活动中"群聚歌舞""踏地为节"的场景。

魏晋南北朝时期，踏歌在我国南北方都很流行。我国最早的关于踏歌的文字记载是晋代葛洪的《西京杂记》卷三："十月十五日，共入灵女庙，以豚黍乐神，吹笛击筑，歌上灵之曲，既而相与连臂，踏地为节，歌《赤凤凰来》。"这一时期的踏歌主要是一种祭神娱乐活动。

南朝也十分喜好踏歌活动，并以之来愉悦心情。南朝梁武帝曾写有一首《江南弄》曲词："众花杂色满上林，舒芳耀绿垂轻阴。连手蹀躞舞春心。舞春心，临岁腴，中人望，独踟蹰。"在垂柳绿荫之下连臂踏蹀而舞，显然也是踏歌。

《隋书》卷二十二《五行志》载，周宣帝与宫人夜中连臂踏蹀而歌："自知身命促，把烛夜行游。"这里提到的连臂踏蹀就是指踏歌。

到唐代，踏歌活动盛极一时，成为各类节日里的重要娱乐项目，唐代历代皇帝在宫廷中经常组织规模庞大的踏歌活动，不管是在宫廷组织的各种庆祝活动，还是民间举行的娱乐活动，都能见到这种边歌边舞的自娱歌舞方式。每年正月十五都要举行这种盛大的歌舞晚会，元宵踏歌活动已经成为惯例，以群众性民俗舞蹈踏歌，作为节日中的重要节目而广泛流传。表演时，不分男女，成群结队围成圆圈，手牵手，随着歌唱节奏，以脚踏节，边歌边舞，情绪欢乐。

踏歌作为民间流行的自娱性歌舞，歌词朗朗上口、易于传唱，舞姿也简单而易于模仿。歌唱是在同一曲调基础上即兴填词，人们反复吟唱，齐声欢唱，歌声响彻云霄。另一方面，踏歌也被乐工们改造、加工为宫廷乐舞，如隋唐时期的《缭踏歌》《踏金莲》《踏歌辞》《队踏子》《踏春阳》《纥那曲》《竹枝词》等，都是诞生于踏歌的歌舞曲。

除了元宵节，大酺日也是群众性歌舞活动最盛的时候。当时，每遇国家举行大典，如新君登基、太子册立、改年号、征服敌国等喜事，便允许全国百姓饮酒作乐，称为“赐酺”。唐代繁盛时常有“赐酺”，尤其以武则天执政时期最为频繁，唐玄宗执政时期最为奢华。《明皇杂录》载：“唐玄宗在东洛，大酺于五凤楼下。命三百里县令、刺史率其声乐来赴阙者，或谓令较其胜负而赏罚焉。”《唐语林》记载：唐宣宗年间，唐朝军队收复了河湟之地，为庆祝胜利而作新曲《葱岭西》，仕女踏歌为队。据考证，《葱岭西》即是当时新创作的踏歌调。

唐玄宗先天二年（713 年）的灯节踏歌，更是规模宏大。《朝野佥载》记载，先天二年（713 年）的上元节，京

乐舞图　敦煌莫高窟第 156 窟南壁　唐

师安福门外竖起了一个高二十丈的灯笼，上面点燃了五万盏灯头。这时“宫女千数，衣罗绮，曳锦绣，耀珠翠，施香粉”，又挑选了千余少女“于灯轮下踏歌三日夜，欢乐之极，未始有之。”描述了千余佳丽连续三个昼夜的踏歌，场面极其壮观。另有张祜的《正月十五夜灯》记载：“千门开锁万灯明，正月中旬动帝京。三百内人连袖舞，一时天上著词声。”诗中描绘了上元灯节之夜，三百宫女联袂踏歌，无疑使整个长安城都沸腾了。

踏歌图　敦煌莫高窟第156窟　唐

唐代诗人有许多描写踏歌的诗作，如李白那首脍炙人口的送别诗《赠汪伦》：“李白乘舟将欲行，忽闻岸上踏歌声。桃花潭水深千尺，不及汪伦送我情。”顾况在《听山鹧鸪》：“夜宿桃花村，踏歌接天晓。”叙述了诗人夜宿在一个桃花盛开的村庄，被村民们通宵达旦的踏歌娱乐场面深深地感染。李郭《长安少年行》诗中有“歌人踏月起，语燕卷帘飞”，描写了在月夜里，古代女子手挽着手，边舞边歌，直到月落日出。储光羲《蔷薇》：“连袂踏歌从此去，风吹香气逐人归。”罗虬《比红儿诗》：“楼上娇歌袅夜霜，近来休数踏歌娘。”蓝采和《踏歌》：“踏歌踏歌蓝采和，世界能几何。红颜三春树，流年一掷梭。”

唐人小说中也有许多描写踏歌的场面，如戴孚《广异记》记载，诗人裴郎曾“见长筵美馔，歌乐欢洽……群婢连臂踏歌，词曰：柏堂新成乐未央，回来回去绕裴郎”。这个故事就生动地描写了当时流行踏歌的情景。

五代时，踏歌在民间仍然十分普遍。五代徐铉的《寒食成判官垂访因赠》载：“远巷踏歌深夜月，隔墙吹管数枝花。”夜色虽浓，耳边却闻踏歌之声远远传来。

乐舞　敦煌莫高窟第196窟　唐

宋代同样盛行踏歌，也留下了大量的史书及诗词记载。到了宋代，每逢元宵、中秋节都会举行盛大的踏歌活动。《宣和画谱》中记述：“中秋夜，妇女相持踏歌，婆娑月影中。”李光《鹧鸪天》云：“踏舞贪看赤脚娘。送春春去莫悲伤。”刘辰翁《江城梅花引·辛巳洪都上元》记载：“长笑儿童忙踏舞，何曾见，宣德棚，不夜城。”韩元吉《虞美人》曰：“踏歌声转玉钩斜。好是满天风露、一池花。”吴潜《谒金门》：“应想江南樗枥下，踏歌鸡黍社。”刘贵翁《满庭芳》：“谁知道，踏歌朝暮，痴绝待渠归。”宁宗赵扩《踏歌》：“丰年人乐业，垅上踏歌行。”张武子《西湖晚归》:“帖帖平湖印晚天，踏歌游女锦相牵。”李彭老《元夕》:“人影渐稀花露冷，踏歌声度晓云边。”均描写了古代女子踏歌起舞的欢悦情景。

元曲是元代的主要文学形式。元曲对元宵节日踏歌风俗的记录，保存了岁时生活的基本风貌，真实地反映了元代特有的社会风貌。如《斗鹌鹑·元宵》描写了元宵踏歌的情景:“雨顺风调，时丰岁丽。元夜值，风景奇。闹穰穰的迓鼓喧天，明晃晃金莲遍地。[金蕉叶]拼沉醉频斟绿蚁，恣赏玩珠帘挂起。歌舞动欢声笑喜，一任铜壶漏滴。”此外，元代诗人贡师泰也曾对蒙古人的踏歌及其表演形式，做过生动的描述:“舞转星河影，歌腾陆海涛。齐声才起和，顿足复分曹。”这里“齐声才起和，顿足复分曹”其实就是指由一个人领唱领舞，众人应和随舞的集体歌舞形式。

秧歌在清代的发展尤为迅猛，秧歌本为农民插秧耕田时唱的歌曲。后来，清初统治者为巩固封建专制秩序，对民间群体性的歌舞活动采取严厉的防范措施，民间流行的秧歌多次遭禁。然而，风格质朴的秧歌却具有强大的生命力。

在古代中国，少数民族族群也同样喜爱在各种喜庆时刻，以集体自娱的方式表达内心的喜悦，欢快的踏歌遍及全国。时至今日，在我国西南地区的许多少数民族中，仍旧流传着类似踏歌的集体歌舞。云南大理巍山县的巍宝山文龙亭桥墩壁上，保存着乾隆二十四年(1759年)绘制的一幅《松下踏歌图》，再现了清代彝族朝山“芦笙赛祖，毡帽踏歌”的热闹场景，被誉为国宝级壁画。

藏族也是能歌善舞的民族，“锅庄”是普遍流行的群众性自娱舞蹈。锅庄，藏语果卓的变音，即圆圈之意。男女分班拉手走圈舞蹈，轮流唱和，甩袖以应节步。

高山族在清代称为“番”，分布在台湾岛西平原的称为“熟番”，分布在岛中部山地和东部平原以及兰屿上的为“生番”。高山族著名的节日是丰年祭，一般在农历七八月间举行，届时有一定的神仪，然后全体尽情歌舞，往往持续数天。

北方满族人喜尚秧歌。《柳边纪略》卷十一记载:“上元夜，好事者辄扮秧歌。秧歌者以童子扮三四妇女，又三四扮参军，各持尺许两圆木，戛击相对舞。”相比之下，北方秧歌的舞姿更为粗犷，身体摆动幅度更为夸张。如高跷秧歌，又称扎高脚、踩高跷，是古代一种踏跷技艺，至清代与秧歌表演相结合，成为民间颇受欢迎的娱舞项目。

2. 观灯

观灯是元宵夜中的重要景致，自秦汉一直沿袭至今。花灯如海的元夕之夜，人们走出原有生活，涌到市区去观灯游玩，释放自己的心绪，从而构成一幅幅多姿多彩的生活画面，使人们走向更广阔、更热闹的生活空间。

升平乐事图册(元宵节) 佚名 绢本设色 台北故宫博物院藏 清

观灯图　李嵩　绢本设色　横 107.1 厘米　纵 171 厘米　台北故宫博物院藏　南宋

观灯　故宫博物院藏　明

升平乐事图册（观灯图） 佚名 绢本设色 台北故宫博物院藏 清

3. 赏月

唯有我国为月亮设置节日，表达了中华民族祖先崇月、敬月、亲月的美好情怀。自周代开始就有“秋风夕月”的遗俗，尤其是中秋之日，家家亲人团聚赏月，享受天伦之乐，是古人雅俗同好的一件快事。

4. 养鹦鹉

鹦鹉，又称鹦哥，是一种观赏鸟。早在两千余年前就被人豢养在笼中，用来消遣闲情，或娱乐宾客。鹦鹉也一直是贵妇人和闺中玉女的宠物，她们教鹦鹉说话、念诵诗词，这确实是她们的最大乐趣。“碧窗尽日教鹦鹉，念得君王数首诗”是当时调教鹦鹉的真实写照。

5. 斗蟋蟀

蟋蟀，又称秋虫。早在《诗经》中就有记载。蓄养蟋蟀始于唐代，并一直流行至今。古往今来，蟋蟀可算得上是一种最为人们喜爱的昆虫。人们喜爱它，一是鸣吟感人，另是勇猛好斗。

古代帝王后妃们养蟋蟀，特别讲究蟋蟀罐的款色造型。蟋蟀种类很多，其名色主要为贾似道《促织经》所定。

6. 赏花

赏花是古人寒食清明的节日习俗。寒食清明，万物复苏，百花争艳，如梨花、桃花、海棠、杏花、牡丹、芍药、茉莉等。五颜六色千姿百态的花朵给人们强烈的感官刺激，将美丽蓬勃的春光点缀得花团锦簇，这种醉人的环境，抒写了人们的欢悦心情。

庭中赏乐图 佚名 绢本设色 纵 51 厘米 横 40 厘米 美国费城艺术博物馆藏 明

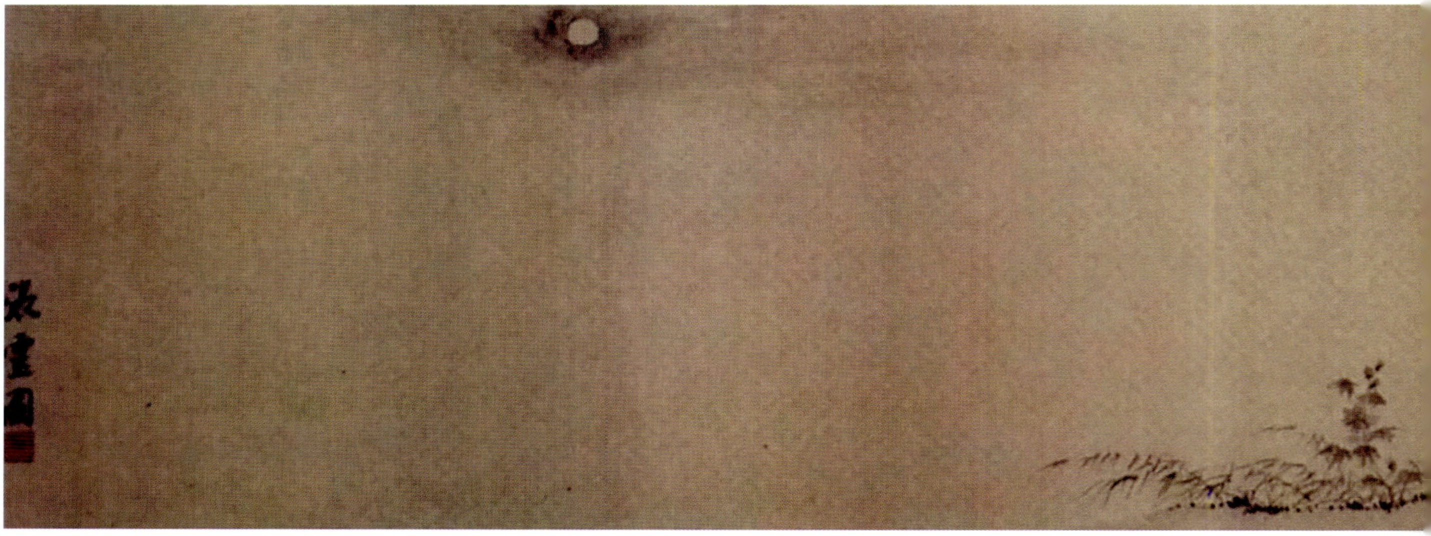

招仙卷（朝仙图） 张灵 纸本设色 纵 29.8 厘米 横 111.5 厘米 故宫博物院藏 明

赏月 费丹旭 绢本设色 浙江省博物馆藏 清

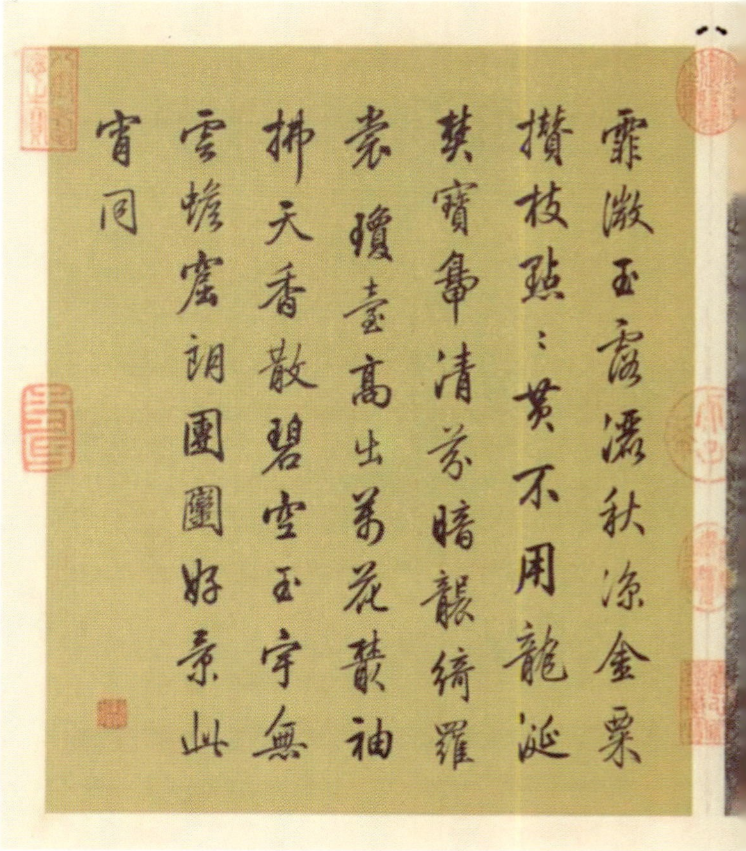

月曼清游图（琼台赏月） 陈枚 绢本设色
纵 37 厘米 横 31.8 厘米 故宫博物院藏 清

汉宫秋月图（局部） 袁耀 绢本设色 故宫博物院藏 清

鸱鸮形马胄饰片

甘肃礼县大堡子山秦墓出土　中国国家博物馆藏　秦

调鹦图　陆探微

绢本设色　纵 36.5 厘米　横 65.5 厘米　南京博物院藏　南朝

持酒杯和鹦鹉俑　陕西历史博物馆藏　唐

鹦鹉仕女图 佚名 绢本设色

纵 50.2 厘米 横 22.9 厘米 美国圣路易斯艺术博物馆藏 明

斜倚熏笼图 陈洪绶

纵 129.6 厘米 横 47.3 厘米 上海博物馆藏 明

观音图　金礼嬴　纸本设色

纵 111.6 厘米　横 44.1 厘米　浙江省博物馆藏　清

调鹦鹉　徐操　纸本设色　民间藏　清

郊外婴戏图（局部）　苏汉臣　绢本设色　台北故宫博物院藏　宋

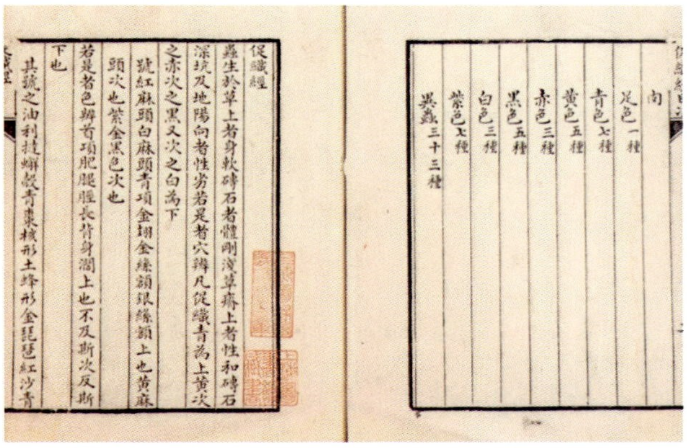

向
足色一種
青色七種
黄色五種
赤色三種
黑色五種
白色三種
紫色七種
異蟲三十三種

促織經
蟲生於草上者身軟磚石者體剛淺草瘠上者性和磚石
深坑及地陽向者性劣若是者穴蹲凡促織青為上黄次
之赤次之黑又次之白為下
號紅麻頭白麻頭青項金翅金絲額銀絲額上也黄麻
頭次也紫金黑色次也
若是者色蝌首項肥腿脛長背身闊上也不及斯次反斯
下也
其號之油利撻蝴殼青棗核形土蜂形金琵琶紅沙青

《促织经》书影　中国国家图书馆藏　南宋

斗蟋蟀　绢本设色　民间藏　清

仕女斗蛐图　崔錯

绢本设色　纵 127 厘米　横 43 厘米　民间藏　清

盥手观花图　佚名　绢本设色　天津博物馆藏　宋

游园仕女图（局部） 佚名 民间藏 元

贵妃晓妆（局部） 仇英 纸本设色

纵 41.1 厘米 横 33.8 厘米 故宫博物院藏 明

嫦娥执桂图 唐寅 绢本设色

纵 135.3 厘米 横 58.4 厘米 美国纽约大都会艺术博物馆藏 明

實父仇英

赏梅图 仇英 绢本设色 台北故宫博物院藏 明

赏花 徐操 纸本设色 北京画院藏 清

月曼清游图（庭院观花） 陈枚 绢本设色 纵 37 厘米 横 31.8 厘米 故宫博物院藏 清

仕女团扇图页（赏花） 孙璜 绢本设色 美国弗利尔艺术馆藏 清

婴戏图轴　苏汉臣

绢本设色　纵 58.7 厘米　横 34 厘米

台北故宫博物院藏　宋

我国地域辽阔，民族众多，除了汉族的女子岁时节庆活动外，许多民族都有专属于女子的岁时节日。例如，姊妹节是苗族所特有的古老的妇女节，又被称为“吃姊妹饭”。苗语为“鲁戛良”，意思是结伴吃饭，是一个专属于妇女的节日。贵州苗族姊妹节被誉为“藏在花蕊里的节日”。据苗族古歌记载，苗族聚居的许多地方都有过姊妹节的习俗。节日期间，以村寨为单位，组织各种活动，主要是妇女们邀约起来聚餐，即“吃姊妹饭”，并招待远近各苗寨前来参加活动的小伙子，一般还会组织跳芦笙、踩鼓、游方和捞鱼打平伙等游戏活动。在节日的这几天里，妇女可以自由自在地参与各种娱乐活动，任何人不得干涉。

再如，历史悠久的转山节又称朝山节，每年农历七月二十五日的转山节，是丽江市宁蒗彝族自治县境内纳西族摩梭人的传统节日。唐代樊绰《蛮书》卷四载:“俗好饮酒歌舞。”元代李京《云南志略·诸夷风俗》载:“正月十五登山祭天，极严洁，男女动数百，各执其手，团旋歌舞以为乐。”摩梭人转山节突出以女性为主体社会形态，朝拜和绕行以女神庙、格姆女神山为中心，体现出摩梭人以女性为主、女神为重的独特母系文化现象。星回节又称火把节，节间“男女齐会，四面绕坐，脍豕肉，饮酒，歌舞杂踏，以趁盛节”。较射、秋千和摔跤是彝族人喜爱的体育娱乐活动。

摩梭人以家庭为单位，泸沽湖畔的村村寨寨、家家户户到圣山格姆女神山拜祭他们心目中的守护神——格姆女神，赞美女神聪慧美丽，祈求女神保佑人畜平安、五谷丰登。朝拜仪式后，人们在女神庙边举行野餐，然后，跳与神共通的狮子舞和表现吉祥如意的牛头马面羊角舞、凤凰舞。同时，举行赛马、荡秋千、对歌、跳甲搓舞等活动。青年男女在转山节期间结交“阿夏”，利用对歌和同跳甲搓舞寻找伴侣。活动结束后，摩梭人举家按顺时针方向环格姆山绕行，祈求女神赐福人间。可见，转山节是极具地方特色和民族特色的传统节日。

藏族的节日文化娱乐生活较为丰富。时令娱乐有“选幼童十余人作条钺斧戏”、翻竿、竞马、赛跑、跌打、舞蹈、摔跤、举重等等。

通过历史文献的记载可以看到，中国古代女子在各种岁时节庆活动中都具有相当的自主性，不但能够参与各类休闲游艺活动，而且还有专属于女性的岁时节庆。可见，古时女子休闲游艺活动具有较大的自主性与空间自由度。

参考文献

1 朱熹 . 诗经:诗经集传 [M]. 上海:上海古籍出版社 ,1987.

2 朱瑞熙，张邦炜，等 . 辽宋西夏金社会生活史 [M]. 北京:中国社会科学出版社，1998.

3 朱大渭，刘驰，等 . 魏晋南北朝社会生活史 [M]. 北京:中国社会科学出版社，2018.

4 韩养民，李志慧，郭兴文，李颖科，等 . 中国民俗史（隋唐卷）[M]. 北京:人民出版社，2008.

5 张衡 . 张衡诗文集校注 [M]. 张震泽，校注 . 上海:上海古籍出版社 ,1986.

6 张勃 . 唐代节日研究 [M]. 北京:中国社会科学出版社，2013.

7 马端临 . 文献通考 [M]. 台北:新兴书局，1958.

8 朱熹，等 . 名公书判清明集 [M]. 中国社会科学院历史研究所，宋辽金元史研究室，点校 . 北京:中华书局，1987.

9 姚瀛艇 . 宋代文化史 [M]. 河南大学出版社，1992.

10 姚平 . 唐代妇女的生命历程 [M]. 上海:上海古籍出版社，2020.

11 姚明辉 . 蒙古志 [M]. 上海:中国图书公司，1907（光绪三十三年铅印本）.

12 杨向东 . 中国古代体育文化史 [M]. 天津:天津人民出版社，2000.

13 徐玉良 . 中国少数民族传统体育史 [M]. 北京:民族出版社，2005.

14 徐晓望 . 中国东南古代社会考察 [M]. 北京:光明日报出版社，2020.

15 王赟馨 . 唐代体育文化研究 [M]. 北京体育大学出版社，2018.

16 王永平 . 游戏、竞技与娱乐:中古社会生活透视 [M]. 北京:中华书局，2010.

17 欧阳询 . 艺文类聚 [M]. 绍楹，校 . 北京:中华书局，1965.

18 孙剑 . 唐代乐舞 [M]. 西安:太白文艺出版社，2018.

19 史卫民 . 元代社会生活史 [M]. 北京:中国社会科学出版社，1996.

20 彭卫，杨振红 . 中国风俗通史·秦汉卷 [M]. 上海:上海文艺出版社，2002.

21 刘安 . 淮南子 [M]. 许慎，注 . 上海:上海古籍出版社 ,2016.

22 林永匡 . 清代社会生活史 [M]. 北京:中国社会科学出版社，2016.

23 萧统 . 昭明文选 [M]. 李善，注 . 北京:中华书局，1977.

24 郎延芝，罗青 . 中国古代杂技 [M]. 济南:山东教育出版社，1992.

25 吉布 . 图解千年导引术 [M]. 西安:陕西师范大学出版社，2007.

26 霍红 . 西部少数民族传统体育的现状与走向 [M]. 成都：四川大学出版社，2007.

27 黄聪 . 宋辽金元时期北方少数民族体育文化研究 [M]. 西安：陕西师范大学出版社，2009.

28 洪湖市地方志编纂委员会 . 洪湖县志 [M]. 武汉：武汉大学出版社 ,1992.

29 司马迁 . 史记 [M]. 北京：中华书局，2009.

30 班固 . 汉书 [M]. 北京：中华书局，2007.

31 郭玉成 . 中国武术史 [M]. 北京：北京高等教育出版社 ,2019.

32 谷世权 . 中国体育史 [M]. 北京：北京体育大学出版社，1997.

33 高世瑜 . 唐代妇女 [M]. 西安：三秦出版社，2011.

34 冯尔康，常建华 . 清人社会生活 [M]. 沈阳：沈阳出版社 ,2001.

35 崔乐泉 . 图说中国古代体育 [M]. 西安：世界图书出版公司，2007.

36 崔乐泉 . 体育史 [M]. 北京：高等教育出版社，2018.

37 陈高华，史卫民 . 元代风俗 [M]. 上海：上海文艺出版社，2017.

38 陈东原 . 中国妇女生活史 [M]. 北京：商务印书馆，2015.

39 陈昌怡，谭华 . 古代体育寻踪 [M]. 北京：人民体育出版社，1990.

40 蔡丰明 . 游戏史 [M]. 上海：上海文艺出版社，2007.

41 郭庆藩 . 庄子集释 [M]. 王孝鱼，点校 . 北京：中华书局，2013.

42 震钧 . 天咫偶闻 [M]. 北京：北京古籍出版社，1982.

43 王谠 . 唐语林 [M]. 上海：上海古籍出版社，1978.

44 魏徵，令狐德棻 . 隋书 [M]. 北京：中华书局，1973.

45 徐珂 . 清稗类钞 [M]. 北京：中华书局，2010.

46 周密 . 齐东野语 [M]. 北京：中华书局，1983.

47 吴自牧 . 梦粱录 [M]. 杭州：浙江人民出版社，1984.

48 孟子 . 孟子译注 [M]. 杨伯峻，注 . 北京：中华书局，2010.

49 王仁裕 . 开元天宝遗事 [M]. 上海：上海古籍出版社，2012.

50 [英] 道森 . 出使蒙古记 [M]. 吕浦，译 . 北京：中国社会科学出版社，1983.

51 熊梦祥 . 析津志辑佚 [M]. 北京：北京古籍出版社，1983.

52 周密 . 武林旧事 [M]. 李小龙，赵锐，评注 . 北京：中华书局，2007.

53 萧子显 . 南齐书 [M]. 北京：中华书局，1972.

54 颜之推 . 颜氏家训 [M]. 檀作文，译注 . 北京：中华书局，2011.

55 巫鸿 . 中国绘画中的“女性空间” [M]. 北京：生活·读书·新知三联书店，2019.

56　陆翙，等 . 邺中记 [M]. 汤球，辑 . 北京：中华书局，1985.

57　陈寿 . 三国志 [M]. 北京：中华书局，2009.

58　潘洪钢 . 历史上南方少数民族与汉族女性社会角色的比较 [J]. 人文论丛 ,2003(00)：419-425.

59　张正民 . 广元凤舟的历史嬗变与人文价值——一项民俗体育活动的文化人类学解读 [J]. 成都体育学院学报 ,2010(10).

60　卢洋 . 人文视阈下洪湖凤舟活动的起源与发展 [J]. 武汉职业技术学院学报 ,2011(03).

61　李梦星 . 唐代上层女性社会地位探析 [J]. 河南科技大学学报（社会科学版），2020(03).

62　周西宽 . 中日古代体育交流谈 [J]. 成都体育学院学报 .1979（01）.

63　吴景山 . 突厥人的体育及音乐歌舞艺术 [J]. 中央民族大学学报，1994(05).

64　陈连朋 , 李焕玉 , 王岗 . 凤舟竞渡探源 [J]. 体育文化导刊 ,2017(05).

65　王丹丹 . 中国古代女训中的女德研究 [D]. 徐州师范大学，2011.

66　董云香 . 先秦节庆文化研究 [D]. 辽宁师范大学 ,2010.

图版目录

1 女史箴图卷 绢本设色 纵 24.8 厘米 横 348.2 厘米 大英博物馆藏 东晋 …… 002
2 虢国夫人游春图（宋摹本） 张萱 绢本设色 纵 51.8 厘米 横 148 厘米 辽宁省博物馆藏 唐 …… 003
3 捣练图（赵佶摹） 张萱 绢本设色 纵 37 厘米 横 147 厘米 美国波士顿艺术博物馆藏 唐 …… 003
4 簪花仕女图 周昉 绢本设色 纵 46 厘米 横 180 厘米 辽宁省博物馆藏 唐 …… 005
5 挥扇仕女图 周昉 绢本设色 纵 33.7 厘米 横 204.8 厘米 故宫博物院藏 唐 …… 005
6 仕女琴棋图卷 佚名 绢本设色 故宫博物院藏 清 …… 005
7 狩猎图卷 仇英 绢本设色 纵 53 厘米 横 261.5 厘米 中华珍宝馆藏 明 …… 007
8 韩熙载夜宴图 顾闳中 绢本设色 纵 28.7 厘米 横 335.5 厘米 故宫博物院藏 五代 …… 009
9 宫中图（南宋摹本） 周文矩 绢本设色 纵 28.3 厘米 横 168.5 厘米 美国克利夫兰艺术博物馆藏 五代 …… 009
10 丽人行 李公麟 绢本设色 纵 33.4 厘米 横 112.63 厘米 台北故宫博物院藏 宋 …… 010
11 十八学士图 佚名 绢本设色 纵 28 厘米 横 437.03 厘米 宋 …… 011
12 千秋绝艳图 佚名 绢本设色 纵 29.5 厘米 横 667.5 厘米 中国国家博物馆藏 明 …… 013
13 仕女图（局部） 杜堇 绢本设色 纵 30.5 厘米 横 168.9 厘米 上海博物馆藏 明 …… 015
14 汉宫春晓图 仇英 绢本设色 纵 30.6 厘米 横 574.1 厘米 台北故宫博物院藏 明 …… 017
15 百美图 唐寅 绢本设色 纵 140 厘米 横 60 厘米 台北故宫博物院藏 明 …… 018
16 宫妃游园图 仇英 绢本设色 美国弗利尔美术馆藏 明 …… 021
17 屏风画 仇珠 绢本设色 故宫博物院藏 明 …… 022
18 仕女屏风画 陈宇 绢本设色 纵 158 厘米 横 45 厘米 清华大学美术学院藏 清 …… 022
19 汉宫春晓图（局部） 吕焕成 绢本设色 香港佳士得拍卖公司藏 清 …… 023
20 纺车图 王居正 绢本彩墨 纵 26.1 厘米 横 69.2 厘米 故宫博物院藏 北宋 …… 027
21 寄锦图 内蒙古赤峰市宝山 2 号墓壁画 辽 …… 028
22 孟蜀宫伎图 唐寅 绢本设色 纵 124.7 厘米 横 63.6 厘米 故宫博物院藏 明 …… 030
23 临仇英写古人词意册 顾洛 苏州博物馆藏 清 …… 031
24 衣襟 甘肃省秦安县出土 天水市博物馆藏 清 …… 034
25 素纱直裾式禅衣 衣长 128 厘米 通袖长 190 厘米 湖南长沙马王堆汉墓出土 湖南博物院藏 汉 …… 035

26 “信期绣”茶黄罗绮绵袍 衣长155厘米 通袖长243厘米 湖南长沙马王堆汉墓出土 湖南博物院藏 汉 ………… 035

27 引路菩萨图 敦煌绢画 大英博物馆藏 五代 ………… 035

28 仕女图 张匡正墓后室北壁壁画 辽 ………… 036

29 妆靓仕女图 苏汉臣 绢本设色 纵25.1厘米 横26.7厘米 美国波士顿艺术博物馆藏 宋 ………… 039

30 仕女读书图 佚名 绢本设色 纵17.1厘米 横19.7厘米 故宫博物院藏 明 ………… 040

31 二乔图 仇英 绢本设色 台北故宫博物院藏 明 ………… 040

32 芭蕉美人图 明 ………… 041

33 理妆图 汪乔 绢本设色 纵100厘米 横58厘米 美国明尼阿波利斯艺术博物馆藏 清 ………… 042

34 仕女书写图 禹之鼎 纸本设色 上海博物馆藏 清 ………… 043

35 月曼清游图(围炉博古) 陈枚 绢本设色 纵37厘米 横31.8厘米 故宫博物院藏 清………… 044

36 赏画 顾洛 绢本 上海博物馆藏 清 ………… 045

37 仕女图八帧 康焘 绢本设色 纵22厘米 横24厘米 民间藏 清………… 046

38 昭君出塞图 倪田 立轴纸本设色 纵105厘米 横51.6厘米 故宫博物院藏 清 ………… 047

39 元女授经图 任熊 天津人民出版社藏 清 ………… 047

40 彩绘出行图夹纻胎漆奁 战国 ………… 048

41 乐舞 陕西礼泉县李勣墓墓室东壁壁画 唐 ………… 049

42 太真上马图 周文矩 绢本设色 纵29.7厘米 横108厘米 民间藏 五代 ………… 051

43 杨贵妃上马图 钱选 纸本设色 纵29.5厘米 横117厘米 美国弗利尔美术馆藏 元 ………… 051

44 舞狮图 苏汉臣 绢本设色 北京故宫博物院藏 宋 ………… 052

45 秋千 仇英 明 ………… 052

46 纺织 仇英 绢本设色 纵30厘米 横51厘米 中国嘉德国际拍卖有限公司藏 明………… 052

47 明妃出行图 仇英 台北故宫博物院藏 明 ………… 052

48 游春 仇英 绢本设色 南京博物院藏 明 ………… 052

49 读书缝衣图 唐寅 美国纽约大都会艺术博物馆藏 明 ………… 053

50 红叶题诗图 唐寅 台北故宫博物院藏 明 ………… 053

51 贵妃上马图 仇英 绢本设色 纵25厘米 横26.3厘米 南京博物院藏 明 ………… 054

52 刺绣 仇英 绢本设色 故宫博物院藏 明 ………… 055

53 仕女垂钓 冷枚 绢本设色 民间藏 清 ………… 056

54 弈棋图 改琦 苏州博物馆藏 清 ………… 056

55 纺线 冯萁 绢本设色 民间藏 清 ………… 057

56 春游　费丹旭　民间藏　清 …… 057
57 豳风图·八月剥枣　吴求　绢本设色　纵 26.5 厘米　横 23.6 厘米　南京博物院藏　清 …… 058
58 游春　仇英　绢本设色　南京博物院藏　明 …… 059
59 随园湖楼请业图　尤诏　汪恭　民间藏　清 …… 059
60 敦煌文献 P.2619　蹴鞠　唐 …… 062
61 启母阙蹴鞠画像石拓本　汉 …… 063
62 蹴鞠铜镜　宋 …… 064
63 蹴鞠图　佚名　绢本设色　民间藏　宋 …… 065
64 蹴鞠图陶枕　长 24.8 厘米　横 22.5 厘米　故宫博物院藏　宋 …… 065
65 女童蹴鞠图　苏汉臣　绢本设色　台北故宫博物院藏　宋 …… 065
66 少女蹴鞠图白瓷枕　河北磁州窑出土　河北博物院藏　金 …… 065
67 蹴鞠图　绢本镜心　纵 133 厘米　横 45 厘米　中国嘉德国际拍卖有限公司藏　明 …… 066
68 蹴鞠图　佚名　绢本设色　民间藏　明 …… 067
69 女子蹴鞠图　佚名　绢本设色　民间藏　明 …… 067
70 女子蹴鞠图　仇英　绢本设色　民间藏　明 …… 068
71 洒线绣蹙金龙百子戏女夹衣图案（局部）　明 …… 068
72 女子蹴鞠　清 …… 068
73 仕女图（局部）　杜堇　绢本设色　上海博物馆藏　明 …… 069
74 仕女蹴鞠　佚名　绢本设色　民间藏　清 …… 070
75 女子蹴鞠图　中国国家图书馆藏　清 …… 070
76 吴姬百媚图　中国国家图书馆藏　清 …… 070
77 打马球（书仪）　敦煌文献 S.5636 …… 071
78 打马球画像砖　汉 …… 071
79 绞胎马球　陕西历史博物馆藏　唐 …… 072
80 打马球铜镜　故宫博物院藏　唐 …… 072
81 打马球的仕女俑　法国巴黎集美博物馆藏　唐 …… 073
82 侍女持球杖图（摹本）　唐 …… 074
83 打马球陶俑　高 8.5 厘米　长 14 厘米　临潼唐墓出土　陕西历史博物馆藏　唐 …… 074
84 彩绘描金击球俑　民间藏　唐 …… 074
85 三彩马球仕女俑　陕西历史博物馆藏　唐 …… 074
86 女子马球俑　新加坡博物馆藏　唐代 …… 075

87　赋彩绘打马球俑　台北故宫博物院藏　唐 …… 075
88　仕女打马球俑　唐 …… 075
89　打马球俑　陕西历史博物馆藏　唐 …… 076
90　加彩马球手女俑　唐 …… 076
91　彩绘陶打马球女俑　唐 …… 076
92　击鞠俑　美国克利夫兰艺术博物馆藏　唐 …… 077
93　彩绘击鞠俑 -1　高 32—36 厘米　中国国家博物馆藏　唐 …… 078
94　彩绘击鞠俑 -2　高 32—36 厘米　中国国家博物馆藏　唐 …… 078
95　打马球仕女俑　河南洛阳王雄延妻魏夫人墓出土　高 36—39 厘米　洛阳市考古研究院藏　唐 …… 079
96　明皇击球图（局部）　李公麟　纵 32.1 厘米　横 230.5 厘米　纸本水墨　辽宁省博物馆藏　宋 …… 080
97　马球图　仇英　台北故宫博物院藏　明 …… 081
98　祭驴文　敦煌文献 S.5637　唐 …… 081
99　长沙窑胡童步打球俑　湖南博物院藏　唐 …… 082
100　步打球砖雕　河南博物院藏　宋 …… 083
101　步打球石刻画　山东岱庙出土　山东博物馆藏　宋 …… 083
102　捶丸画像砖　陕西甘泉县博物馆藏　宋 …… 084
103　仕女捶丸图卷（局部）　杜堇　上海博物馆藏　明 …… 084
104《丸经》书影刻本　明 …… 085
105　蕉阴击球图　佚名　绢本设色　故宫博物院藏　宋 …… 085
106　女子捶丸　佚名　民间藏　清 …… 085
107　尧民击壤图　冯萁　纸本设色　嘉禾拍卖有限公司藏　清 …… 086
108　击壤书印　郑诚　大连图书馆藏　清 …… 087
109　击壤图　吴文征　绢本设色　清 …… 087
110　对射　青海海西蒙古族自治州天峻庐山岩画 …… 087
111　嵌错宴乐攻战青铜壶　成都百花潭中学 10 号墓出土　高 40 厘米　口径 13.4 厘米　腹径 26.5 厘米　足高 2 厘米　成都博物馆藏　战国 …… 088
112　秋射简　居延出土　汉 …… 088
113　仕女狩猎纹八瓣银杯　高 5.4 厘米　口径 9.2 厘米　西安何家村唐代金银器窖藏坑出土　陕西历史博物馆藏　唐 …… 089
114　箭靶图　新疆维吾尔自治区博物馆藏　唐 …… 090
115　威弧获鹿图　佚名　纸本设色　故宫博物院藏　清 …… 091

116 女子狩猎纹瓷盘　直径 20 厘米　底径 12.3 厘米　高 3.3 厘米　日本东京国立博物馆藏　清 …… 091
117 木兰图　佚名　民间藏　清 …… 092
118 狩猎　费丹旭　绢本设色　湖州市博物馆藏　清 …… 092
119 射粉团　绢本设色　故宫博物院藏　清 …… 093
120 彩绘角抵图木篦　纵 7 厘米　横 6 厘米　湖北省江陵县博物馆藏　秦 …… 094
121 铜鼻钮角觝图案印　纵 2 厘米　横 2.4 厘米　故宫博物院藏　西汉 …… 095
122 捽跤　苏汉臣　绢本设色　台北故宫博物院藏　宋 …… 096
123 捽跤　苏汉臣　绢本设色　台北故宫博物院藏　宋 …… 097
124 秋庭戏婴图　陈宗训　绢本设色　故宫博物院藏　宋 …… 098
125 游泳图　西汉 …… 100
126 四季仕女图（局部）仇英　绢本设色　日本大和文华馆藏　明 …… 102
127 戏水图　佚名　纸本设色　中国国家博物馆藏　明 …… 102
128 荷塘戏水图　清 …… 103
129 水球　清 …… 103
130 龙舟夺标图　崔护　程宗元　绢本设色　中国国家博物馆藏　唐 …… 104
131 龙舟竞渡　李昭道　绢本设色　纵 28.5 厘米　横 29.7 厘米　故宫博物院藏　唐 …… 104
132 金明池争标图（局部）张择端　绢本设色　天津博物馆藏　宋 …… 105
133 雍正十二月行乐图·五月竞舟　郎世宁　绢本设色　纵 188.2 厘米　横 102.2 厘米　故宫博物院藏　清 …… 106
134 龙舟夺标图卷（局部）元 …… 107
135 龙舟竞渡图（局部）宋 …… 107
136 龙池竞渡图（局部）元 …… 107
137 龙舟夺标　吴廷晖　绢本设色　台北故宫博物院藏　元 …… 108
138 龙舟竞渡　郑重　绢本设色　纵 129.5 厘米　横 58 厘米　故宫博物院藏　明 …… 108
139 龙舟竞渡图　王振鹏　绢本设色　纵 25 厘米　横 420 厘米　台北故宫博物院藏　元 …… 109
140 清明上河图（局部）仇英　绢本设色　辽宁博物馆藏　明 …… 109
141 龙舟竞渡卷　佚名　绢本设色　故宫博物院藏　清 …… 110
142 女子龙舟　中国国家图书馆藏　清 …… 110
143 龙舟竞渡图折扇面　清 …… 110
144 虎丘龙舟图　沈宗维　绢本设色　苏州博物馆藏　清 …… 110
145 龙舟竞渡瓷盘　民间藏　清 …… 110
146 龙舟竞渡卷（局部）佚名　绢本设色　故宫博物院藏　清 …… 111

147 观龙舟 故宫博物院藏 清 …… 111
148 龙舟竞渡 王概 纸本设色 故宫博物院藏 清 …… 112
149 荷亭弈钓图 周文矩 绢本设色 台北故宫博物院藏 五代 …… 113
150 垂钓 仇英 绢本设色 台北故宫博物院藏 明 …… 114
151 垂钓 仇英 绢本设色 上海博物馆藏 明 …… 114
152 钓鱼仕女图 上海博物馆藏 明 …… 115
153 红楼梦图(局部) 孙温 旅顺博物馆藏 清 …… 115
154 垂钓 故宫博物院藏 清 …… 116
155 玫贵妃春贵人行乐图轴(局部) 清 …… 116
156 垂钓 台北故宫博物院藏 清 …… 116
157 垂钓 顾洛 纸本墨色 上海博物馆藏 清 …… 116
158 垂钓 冷枚 纸本设色 故宫博物院藏 清 …… 117
159 垂钓 顾洛 浙江省博物馆藏 清 …… 117
160 垂钓 钱慧安 绢本设色 上海博物馆藏 清 …… 117
161 四美钓鱼 纵137厘米 横362厘米 中国国家博物馆藏 清 …… 118
162 垂钓 潘振墉 上海博物馆藏 清 …… 118
163 垂钓 潘振墉 苏州博物馆藏 清 …… 118
164 骑马图 广西靖西东山岩画 …… 119
165 马上杂要画像石(拓本) 山东省石刻艺术博物馆藏 汉 …… 119
166 马术图纹罐 宁夏回族自治区博物馆藏 唐 …… 119
167 舞马衔杯纹仿皮囊式银壶 陕西历史博物馆藏 唐 …… 120
168 仕女骑马俑 高44厘米 长40厘米 民间藏 唐 …… 121
169 马戏图卷(局部) 美国纽约大都会艺术博物馆藏 元 …… 122
170 马戏图卷 赵雍 绢本设色 美国纽约大都会艺术博物馆藏 元 …… 123
171 女骑手 宁夏万宝博物馆藏 西夏 …… 123
172 赛马 绢本设色 故宫博物院藏 明 …… 124
173 马术砖雕 郑州博物馆藏 金 …… 124
174 清明上河图(局部) 仇英 明 …… 125
175 仕女赛马图 明 …… 125
176 青花仕女赛马图棒槌瓶 陕西历史博物馆藏 清 …… 125
177 马术 故宫博物院藏 清 …… 126

178 马上伎乐　吕焕成　绢本镜心　纵 23 厘米　横 21 厘米　民间藏　清 …… 127
179 木兰从军　唐寅　美国纽约大都会艺术博物馆藏　明 …… 133
180 女将　任熊　绢本设色　中国美术馆藏　清 …… 133
181 练枪　傅儒　纸本设色　故宫博物院藏　清 …… 134
182 佩剑女巫　广西花山岩画 …… 135
183 公孙大娘舞剑　任颐　纸本设色　上海博物馆藏　清 …… 136
184 花木兰　周文靖　绢本设色　美国弗利尔美术馆藏　明 …… 137
185 三尺龙泉剑文献　敦煌莫高窟文献 P.3821 …… 137
186 舞剑　仇英　纸本设色　美国纽约大都会艺术博物馆藏　明 …… 138
187 铸剑图（局部）　佚名　明 …… 138
188 舞剑　佚名　绢本设色　台北故宫博物院藏　明 …… 138
189 舞剑图　汪中　绢本设色　扬州博物馆藏　明 …… 138
190 持剑图　改琦　绢本设色　上海博物馆藏　清 …… 139
191 舞剑　费丹旭　绢本设色　上海博物馆藏　清 …… 139
192 清娱图　喻兰　纸本设色　砚田书院藏　清 …… 140
193 舞剑　顾见龙　纸本设色　上海博物馆藏　清 …… 140
194 舞剑　钱惠安　纸本设色　上海博物馆藏　清 …… 140
195 习剑　改琦　纸本设色　民间藏　清 …… 140
196 公孙大娘舞剑图　任颐　纸本墨色　纵 41.9 厘米　横 28 厘米　故宫博物院藏　清 …… 141
197 赏剑　吴友如　清 …… 141
198 公孙大娘舞剑图　陈洪绶　绢本设色　明 …… 142
199 持剑　钱慧安　纸本设色　上海博物馆藏　清 …… 142
200 从军　钱慧安　纸本设色　上海博物馆藏　清 …… 142
201 防疫养生甲骨　殷墟出土　河南博物院藏 …… 144
202《呼吸静功妙诀》影印照　敦煌文献 P.3810 写本 …… 144
203 导引图　湖南长沙马王堆一号墓出土　湖南博物院藏　西汉 …… 145
204 彩绘行气入静图陶奁　河南洛阳出土　河南博物院藏　西汉 …… 145
205 帛书五十二病方　高 24 厘米　长 450 厘米　湖南长沙马王堆三号墓出土　湖南博物院藏　西汉 …… 146
206 云气图　永城梁国王陵出土　河南博物院藏　西汉 …… 146
207 切脉图　陕西岐山县周公庙药王洞壁画　唐 …… 146
208 婴儿洗浴图　台北故宫博物院藏　唐 …… 146

209 戏婴图 周昉 纸本设色 美国纽约大都会艺术博物馆藏 宋 …… 147
210 龟咽鹤息气功纹铜镜 河南博物院藏 宋 …… 147
211 五禽戏图谱 摘自席裕康《内外功图说辑要》 …… 148
212 脐密图 莫高窟第 272 窟西壁 北凉 …… 149
213 木雕禅定佛 西汉 …… 149
214 六博局图案 天水市博物馆藏 秦 …… 153
215 六博棋具 湖南博物院藏 西汉 …… 153
216 六博竹简 北京大学藏 西汉 …… 153
217 彩绘陶六博具 美国纽约大都会艺术博物馆藏 西汉 …… 154
218 博局盘 边长 43.2 厘米 高 4 厘米 长沙望城坡鱼阳墓出土 湖南博物院藏 西汉 …… 154
219 新津崖基石刻 六博画像砖 四川博物院藏 汉 …… 154
220 象牙质六博棋子 西汉 …… 155
221 错金银四神博局纹镜 故宫博物院藏 东汉 …… 155
222 樗蒲 选自敦煌文献 P.2418 写卷 …… 156
223 双陆木棋盘 吐鲁番阿斯塔那 206 号古墓出土 新疆维吾尔自治区博物馆藏 唐 …… 157
224 象牙雕双陆棋子 高 1.7 厘米 底径 1.6 厘米 武威弘化公主墓出土 武威市博物馆藏 唐 …… 158
225 内人双陆图 周昉 绢本设色 纵 30.7 厘米 横 64.4 厘米 美国弗利尔美术馆藏 唐 …… 159
226 双陆 敦煌文献 P.3883 唐 …… 159
227 紫檀双陆棋盘与棋子 辽 …… 160
228 紫檀双陆棋盘与棋子 辽 …… 160
229 双陆棋盘 观复博物馆藏 明 …… 160
230 珐琅狮纹双陆棋盘 故宫博物院藏 明 …… 160
231 双陆棋子 高 13.9 厘米 直径 2.9 厘米 故宫博物院藏 清 …… 161
232 双陆图 任熊 绢本设色 纵 27.3 厘米 横 32.8 厘米 故宫博物院藏 清 …… 161
233 碁经 敦煌文献 S.5574 大英博物馆藏 北周 …… 162
234 围棋石盘 西汉 …… 164
235 弈棋仕女图 唐 …… 164
236 弈棋砖雕 砖长 2.4 厘米 宽 2.8 厘米 厚度 0.4 厘米 洛阳博物馆藏 宋 …… 165
237 围棋子 河南洛阳围棋博物馆藏 宋 …… 165
238 白釉黑花仕女对弈图瓷枕 金 …… 165
239 游湖弈棋 赵孟頫 绢本设色 故宫博物院藏 元 …… 166

240 弈棋盒 美国纽约大都会艺术博物馆藏 元 …… 167
241 围棋 仇英 扇页 上海博物馆藏 明 …… 167
242 玉局敲闲 明 …… 168
243 仕女围棋图壁画 明 …… 169
244 弈棋 佚名 绢本设色 湖南博物院藏 明 …… 170
245 汉宫春晓图(局部) 明 …… 170
246 青花琴棋书画仕女图罐 高 34.4 厘米 口径 22.1 厘米 底径 21 厘米 上海博物馆藏 …… 171
247 弈棋 唐寅 故宫博物院藏 明 …… 171
248 弈棋瓷缸 民间藏 明 …… 171
249 弈棋 仇英 台北故宫博物院藏 明 …… 171
250 弈棋 人物纹笔筒 故宫博物院藏 清 …… 172
251 博弈图 民间藏 清 …… 172
252 瓷板画弈棋 民间藏 清 …… 172
253 玉局敲闲 陈宇 绢本设色 纵 158 厘米 横 45 厘米 清华大学美术学院藏 清 …… 173
254 弈棋 潘振镛 纸本设色 上海博物馆藏 清 …… 173
255 弈棋 王儒学 绢本设色 故宫博物院藏 清 …… 174
256 仕女对弈图 冷枚 绢本设色 纵 83.5 厘米 横 23 厘米 故宫博物院藏 清 …… 174
257 自弈 喻兰 砚田书院藏 清 …… 175
258 闲敲棋子图轴 禹之鼎 绢本设色 故宫博物院藏 清 …… 175
259 弈棋图 顾洛 绢本设色 纵 23 厘米 横 29 厘米 浙江省博物馆藏 清 …… 175
260 群芳雅娱图 台北故宫博物院藏 清 …… 175
261 对弈图 陈枚 绢本设色 纵 51 厘米 横 74 厘米 故宫博物院藏 清 …… 176
262 观荷图(局部) 冷枚 绢本设色 纵 132 厘米 横 22 厘米 清 …… 176
263 贵族妇女弈棋图 佚名 纸本设色 民间藏 清 …… 176
264 仕女弈棋图 焦秉贞 绢本设色 故宫博物院藏 清 …… 173
265 对弈图 陈枚 绢本设色 故宫博物院藏 清 …… 177
266 仕女弈棋图 费丹旭 上海博物馆藏 清 …… 177
267 孝钦后弈棋图轴 故宫博物院藏 清 …… 178
268 弈棋图 月漫清游图之十 陈枚 绢本设色 故宫博物院藏 清 …… 179
269 酒散暇游观鱼下棋 孙温 纸本设色 故宫博物院藏 清 …… 180
270 五彩弈棋瓷瓶 江西景德镇出土 清 …… 180

271 弈棋 佚名 高 22 厘米 直径 20 厘米 索古堂藏 清…… 181
272 粉彩仕女图瓶 民间藏 清…… 181
273 对弈图 钱慧安 绢本设色 纵 175 厘米 横 92 厘米 天津人民出版社藏 清…… 181
274 廊下弈棋宫女图 清…… 181
275 下棋图 清…… 182
276 弈棋瓷罐 高 25 厘米 直径 32 厘米 故宫博物院藏 清…… 183
277 象棋 江西安义长埠本村出土 江西省博物馆藏 宋…… 184
278 象棋 美国纽约大都会艺术博物馆藏 明…… 184
279 象牙麻将牌 故宫博物院藏 清…… 186
280 麻将 溥仪曾收藏 清…… 186
281 打牌图 冷枚 立轴绢本 美国波士顿艺术博物馆藏 明…… 187
282 水浒人物图纸牌 清…… 187
283 仕女娱乐图 佚名 绢本设色 纵 196 厘米 横 70 厘米 美国明尼阿波利斯艺术博物馆藏 清…… 188
284 水浒人物图纸牌 清…… 189
285 博戏图 佚名 纸本设色 故宫博物院藏 清…… 189
286 叶子戏 佚名 绢本设色 故宫博物院藏 清…… 189
287 叶子戏仕女图 纵 101 厘米 横 59.5 厘米 中国美术馆藏 清…… 189
288 九月赏菊图（局部） 故宫博物院藏 清…… 192
289 敦煌文献 P.3866 大英博物馆藏 唐…… 194
290 重屏会棋图（临摹） 周文矩 绢本设色 纵 40.2 厘米 横 70.5 厘米 故宫博物院藏 五代…… 194
291 投壶乐 任熊 清…… 195
292 投壶图 台北故宫博物院藏 宋…… 195
293 投壶文献 故宫博物院藏 宋…… 195
294 投壶 高 12 厘米 宽 6.2 厘米 台北故宫博物院藏 明…… 196
295 铜掐丝珐琅贯耳投壶 高 12.3 厘米 宽 6.6 厘米 口径 3.2 厘米 故宫博物院藏 明…… 196
296 仕女投壶图（局部） 佚名 南京博物院藏 清…… 197
297 投壶 余集 纸本设色 浙江省博物馆藏 清…… 198
298 投壶消夏图 包栋 纸本设色 纵 90 厘米 横 21.2 厘米 南京博物院藏 清…… 198
299 投壶 冯超然 故宫博物院藏 清…… 199
300 仕女投壶插屏 明…… 199
301 铜投壶 清…… 199

302 投壶图轴（局部） 清 …… 200
303 投壶 民间藏 清 …… 200
304 仕女清娱图册·投壶 喻兰 故宫博物院藏 清 …… 201
305 玉带钩 西汉 …… 202
306 划拳藏钩画像砖 东汉 …… 202
307 藏钩诗 敦煌文献 S.4474 大英博物馆藏 唐 …… 203
308 百美图中的钩弋夫人形象 明 …… 204
309 斗鸡图 河南英庄出土 河南博物院藏 汉 …… 205
310 斗鸡纹拓片 郑州市天中艺术博物馆藏 汉 …… 205
311 斗鸡图 甘肃酒泉丁家闸五号墓壁画 晋 …… 205
312 斗鸡图 周文矩 纸本设色 故宫博物院藏 五代 …… 206
313 斗鸡图 佚名 纸本墨笔 民间藏 清 …… 206
314 春院斗鸡图 周文矩 绢本设色 台北故宫博物院藏 五代 …… 206
315 彩绘斗鸡碟 直径 14.5 厘米 厚 2 厘米 民间藏 清 …… 206
316 明皇斗鸡图 李嵩 绢本设色 纵 23.5 厘米 横 21 厘米 美国纳尔逊阿特金斯艺术博物馆藏 宋 …… 207
317 斗鸡刺绣 民间藏 清 …… 208
318 斗草 仇英 绢本设色 台北故宫博物院藏 明 …… 211
319 斗草图 陈洪绶 绢本设色 纵 134.3 厘米 横 48 厘米 辽宁省博物馆藏 明 …… 211
320 汉宫春晓图（局部） 清 …… 212
321 汉宫春晓图（局部） 台北故宫博物院藏 明 …… 213
322 仿仇英汉宫春晓图卷（局部） 绢本设色 台北故宫博物院藏 清 …… 213
323 斗草图 佚名 纸本设色 民间藏 清 …… 214
324 秋千 敦煌文献 S.6537 大唐新定吉凶书仪·节候赏物第二 大英博物馆藏 唐 …… 215
325 仕女秋千图 李公麟 绢本设色 纵 51 厘米 横 64 厘米 民间收藏 宋 …… 217
326 秋千 明 …… 218
327 绿地洒线绣仕女秋千经面 故宫博物院藏 明 …… 218
328 秋千 辽宁省博物馆 明 …… 218
329 秋千 仇英 绢本设色 台北故宫博物院藏 明 …… 219
330 四季仕女图（局部） 明 …… 219
331 岁华纪胜图（局部） 台北故宫博物院藏 明 …… 220
332 秋千图 仇英 台北故宫博物院藏 明 …… 221

333 吴月娘春昼秋千　摘自《新刻绣像批评金瓶梅》 明 …… 221
334 秋千图纹漆器　民间藏　清 …… 222
335 古代仕女行乐图·荡秋千（局部） 南京博物院藏　清 …… 223
336 汉宫春晓图（局部） 清 …… 223
337 十二月月令图之二月·秋千　台北故宫博物院藏　清 …… 223
338 月曼清游图册·曲池荡千　陈枚　清 …… 224
339 秋千　焦秉贞　台北故宫博物院藏　清 …… 225
340 内家汉戏秘秋　任熊　纸本设色　故宫博物院藏　清 …… 226
341 仕女硬翅风筝图　宋元磁州窑　故宫博物院藏　清 …… 228
342 春风得意　故宫博物院藏　清 …… 229
343 杨柳青年画　天津博物馆藏　清 …… 229
344 红楼梦图（局部） 孙温　清 …… 230
345 放风筝　清 …… 230
346 放风筝　佚名　纵 15.5 厘米　横 24.3 厘米　台北故宫博物院藏　清 …… 231
347 踢毽子　木版画　清 …… 232
348 踢毽图　吕焕成　纸本设色　杭州博物馆藏　清 …… 232
349 踢毽　民间藏　清 …… 233
350 踢毽图　吕焕成　纸本设色　杭州博物馆藏　清 …… 233
351 踢毽子图　纸本设色　民间藏　清 …… 233
352 婴戏图　绢本镜心　焦秉贞　台北故宫博物院藏　清 …… 233
353 踢毽　故宫博物院藏　清 …… 234
354 汉画像砖　百戏图　东汉 …… 235
355 走钢索　纸本设色　浙江省博物馆藏　明 …… 236
356 女子走绳　仇英　辽宁省博物馆藏　清 …… 236
357 女子走绳　清 …… 236
358 履索表演　清 …… 237
359 杂技　明 …… 238
360 杆上人物　岩画 …… 239
361 百戏图　陕西历史博物馆藏　唐 …… 239
362 百戏顶竿　山西大同南郊仝家湾北魏九号墓北壁画 …… 240
363 橦技图　敦煌莫高窟第 156 窟　唐 …… 241

364 橦技图 敦煌莫高窟第 61 窟 五代 …… 242
365 橦技图（摹本） 敦煌莫高窟第 72 窟 五代 …… 243
366 橦技图 敦煌莫高窟第 454 窟壁画 南壁 宋 …… 244
367 蹬梯子图 摘自《北京民间风俗百图》 清 …… 244
368 双人叠立 岩画 …… 245
369 叠罗汉 中宁县贺兰山南端余脉黄羊山黄羊湾凿刻岩画 …… 245
370 灰陶加彩乐舞杂技俑 汉 …… 246
371 百戏画像砖 汉 …… 246
372 倒立表演 画像石（局部） 汉 …… 247
373 翻跟头画像砖 汉 …… 247
374 翻跟斗 甘肃酒泉丁家闸魏晋五号墓壁画 魏晋 …… 248
375 叠罗汉 莫高窟第 220 窟壁画 唐 …… 248
376 倒立图 唐 …… 248
377 驯狮 唐寅 民间藏 明 …… 249
378 舞狮 焦秉贞 绢本设色 故宫博物院藏 清 …… 250
379 舞狮 美国纽约大都会艺术博物馆藏 明 …… 250
380 狮子戏绣球 故宫博物院藏 清 …… 250
381 舞狮图 苏汉臣 绢本设色 台北故宫博物院藏 宋 …… 251
382 抖空竹 佚名 纸本设色 故宫博物院藏 清 …… 252
383 抖空竹 清 …… 253
384 古代风俗图（局部） 清 …… 254
385 苏州桃花坞套印伞画《十美踢球图》 王荣兴 纵 30 厘米 横 52 厘米 清 …… 255
386 踏球图画像石 汉 …… 256
387 唐代踏球图 …… 256
388 画像石 汉 …… 256
389 仕女扑蝶图 徐崇矩 绢本设色 纵 158.1 厘米 横 66.5 厘米 美国弗利尔美术馆藏 宋 …… 257
390 扑蝶 谢之光 绢本设色 上海博物馆藏 清 …… 258
391 扑蝶仕女图 陈宇 纸本设色 纵 93 厘米 横 30 厘米 故宫博物院藏 清 …… 258
392 扑蝶 故宫博物院藏 清 …… 259
393 扑蝶图 费以耕 绢本设色 纵 91 厘米 横 38.9 厘米 浙江省博物馆藏 清 …… 259
394 扑蝶图 费丹旭 纸本墨笔 浙江省博物馆藏 清 …… 259

395 踩高跷 清 …… 260
396 高跷秧歌图 木版年画 清 …… 261
397 侗族碑刻踩歌堂舞图 清 …… 263
398 苗族舞蹈图 清 …… 264
399 东宁陈氏番俗图(局部) 中国国家博物馆藏 清 …… 265
400 高山族风俗图(局部) 台北故宫博物院藏 清 …… 266
401 舞蹈图 西藏日土岩画 …… 270
402 对舞图 西藏日土岩画 …… 270
403 舞蹈图 嘉峪关黑山岩画 …… 271
404 舞人图 云南沧源岩画 …… 272
405 舞蹈图 新疆呼图壁岩画 …… 272
406 祈祷舞图 广西花山岩画 …… 272
407 舞蹈纹彩陶盆 甘肃会宁出土 新石器时代 …… 273
408 彩陶鼓 整体通长 37 厘米 大头口径 22 厘米 小头口径 12 厘米 甘肃永登出土 甘肃省博物馆藏 马家窑文化 …… 273
409 舞蹈纹彩陶盆 新石器时代 …… 273
410 鸳鸯池 甘肃永昌出土 马家窑文化 …… 274
411 陶埙 吹奏乐器 河南辉县玻璃阁 150 号墓出土 大的高 7.3 厘米 小的高 4.3 厘米 河南博物院藏 …… 274
412 鲁山窑花瓷腰鼓 长 58.9 厘米 鼓面直径 22.2 厘米 故宫博物院藏 …… 274
413 舞蹈纹彩陶罐 青海大通出土 新石器时代 …… 274
414 乐舞双耳罐 马家窑文化 …… 274
415 金链双舞人双龙玉组佩 洛阳金村出土 美国弗利尔美术馆藏 东汉 …… 275
416 乐舞 山东章丘女郎山出土 山东博物馆藏 战国 …… 276
417 吉林省辽宁辑安舞俑冢 汉 …… 276
418 舞俑 汉 …… 276
419 舞蹈 东平壁画 东汉 …… 277
420 舞蹈壁画 西汉 …… 277
421 弹琴 徐州驮蓝山西汉楚王墓出土 徐州博物馆 汉 …… 277
422 舞蹈壁画 新疆克孜尔石窟第 77 窟 西汉 …… 277
423 绕襟衣陶舞俑 徐州驮蓝山西汉楚王墓出土 汉 …… 277
424 胡旋舞 李其琼临摹 敦煌莫高窟第 341 窟 唐 …… 278

425 胡旋舞 敦煌莫高窟第 220 窟 唐 …… 279
426 彩舞人俑一组 河南博物院藏 唐 …… 280
427 乐舞俑 南京博物院藏 唐 …… 280
428 乐舞 唐 …… 280
429 乐舞俑 江西省博物馆藏 唐 …… 280
430 乐舞 敦煌莫高窟第 196 窟 唐 …… 281
431 舞俑 陕西省昭陵博物馆藏 唐 …… 281
432 舞俑 故宫博物院藏 唐 …… 281
433 舞伎 敦煌莫高窟第 12 窟 唐 …… 282
434 乐舞图(柘枝舞) 彩绘俑 四川成都龙泉驿赵廷隐墓出土 成都博物馆藏 后蜀 …… 283
435 唐三彩胡旋舞纹凤首壶 西安大唐西市博物馆藏 唐 …… 283
436 舞蹈图 陕西历史博物馆藏 唐 …… 283
437 舞俑 珠海市博物馆藏 唐 …… 283
438 巾舞壁画 唐 …… 283
439 仕女图 张萱 绢本设色 故宫博物院藏 唐 …… 284
440 仕女歌舞图 周文矩 绢本设色 美国弗利尔美术馆藏 五代 …… 284
441 调婴图 周昉 绢本设色 纵 29.5 厘米 横 142.9 厘米 台北故宫博物院藏 唐 …… 285
442 观舞仕女图(局部) 周文矩 纵 180.9 厘米 横 102.1 厘米 故宫博物院藏 五代 …… 285
443 舞伎 敦煌莫高窟第 100 窟 五代 …… 286
444 合乐图(局部) 周文矩 绢本设色 纵 41.9 厘米 横 184.2 厘米 美国芝加哥美术馆藏 五代 …… 286
445 乐舞 刘松年 故宫博物院藏 南宋 …… 288
446 听阮图 李嵩 绢本设色 纵 177.5 厘米 横 104.5 厘米 台北故宫博物院藏 宋 …… 289
447 歌乐图 佚名 绢本设色 纵 25.5 厘米 横 158.7 厘米 上海博物馆藏 宋 …… 289
448 吹箫 赵孟頫 浙江省博物馆藏 元 …… 289
449 乐舞图 敦煌莫高窟第 465 窟 元 …… 290
450 彩绘飞天 西夏 …… 290
451 乐舞图 敦煌莫高窟第 465 窟 元 …… 290
452 飞天 敦煌莫高窟第 97 窟 西夏 …… 291
453 陶谷赠词图(局部) 唐寅 绢本设色 纵 168.2 厘米 横 102.1 厘米 台北故宫博物院藏 明 …… 292
454 弹琴 谢时臣 绢本设色 民间藏 明 …… 293
455 女乐图 仇珠 绢本设色 纵 145.5 厘米 横 85.5 厘米 故宫博物院藏 明 …… 293

456 宴乐图卷(局部) 仇英 绢本设色 大英博物馆藏 明 …… 294
457 汉宫春晓图卷(局部) 仇英 绢本设色 台北故宫博物院藏 明 …… 294
458 絮才瑟弦小冯舞 清 …… 295
459 千秋绝艳图(局部) 佚名 绢本设色 中国国家博物馆藏 明 …… 295
460 《顾曲斋元人杂剧选》插图 明 …… 295
461 伴奏 仇英 绢本设色 民间收藏 明 …… 296
462 吹箫仕女图 唐寅 绢本设色 纵184.8厘米 横89.5厘米 南京博物院藏 明 …… 296
463 美人图(局部) 余玘 绢本设色 金申私藏 明 …… 296
464 仕女图卷(局部) 杜堇 绢本设色 纵30.5厘米 横168.9厘米 上海博物馆藏 明 …… 297
465 吹奏图 唐寅 绢本设色 台北故宫博物院藏 明 …… 297
466 抚琴 丁观鹏 故宫博物院藏 明 …… 298
467 抚琴图 唐寅 立轴绢本 纵109厘米 横40厘米 明 …… 299
468 乐舞图 崔錯 绢本镜心 纵129厘米 横51厘米 清 …… 299
469 八美图册·弹奏图 陈范 中国嘉德国际拍卖有限公司藏 清 …… 300
470 汉宫春晓图(局部) 丁观鹏 绢本设色 纵34.5厘米 横675.4厘米 台北故宫博物院藏 清 …… 301
471 女子打鼓舞 清 …… 301
472 古代仕女行乐图(局部) 佚名 绢本设色 天津博物馆藏 清 …… 301
473 十宫词图(局部) 冷枚绘 梁诗正书 绢本设色 纵33.1厘米 横29.3厘米 故宫博物院藏 清 …… 302
474 月下吹箫图 费丹旭 纸本立轴 纵136厘米 横56厘米 清华大学美术学院藏 清 …… 302
475 二女对舞图 清 …… 302
476 唐明皇击鼓图(局部) 王素 纸本设色 故宫博物院藏 清 …… 302
477 五彩《鸳鸯绦》故事图棒槌瓶 清 …… 302
478 《红楼梦图咏》插图 改琦 浙江省博物馆藏 清 …… 303
479 桂林秋月图 袁江 绢本设色 横119厘米 纵243厘米 美国弗利尔美术馆藏 清 …… 303
480 宫女游园图 佚名 绢本设色 纵211.1厘米 横101.3厘米 美国克利夫兰艺术博物馆藏 元 …… 308
481 仕女游园图 吴道子 绢本设色 长2.54厘米 宽1.44厘米 民间藏 唐 …… 309
482 仕女游归图轴(局部) 佚名 绢本设色 纵173.4厘米 横105.7厘米 故宫博物院藏 明 …… 309
483 庭院仕女图(四屏) 仇珠 绢本设色 故宫博物院藏 明 …… 310
484 赏春图 姚文瀚 立轴绢本 长82厘米 宽65厘米 故宫博物院藏 清 …… 311
485 月曼清游图卷之一 陈枚 绢本设色 纵37厘米 横31.8厘米 故宫博物院藏 清 …… 312
486 走百病 浙江省图书馆藏 清 …… 313

487 游行 徐操 高 93 厘米 宽 34 厘米 台北故宫博物院藏 明 …… 314
488 荷塘消夏图 苏汉臣 立轴纸本 台北故宫博物院藏 宋 …… 315
489 观荷 崇祯十三年乌程闵齐伋刻本 德国科隆东亚艺术博物馆藏 明 …… 315
490 凌波采莲图 佚名 绢本设色 民间藏 明 …… 315
491 月曼清游图（碧池采莲） 陈枚 绢本设色 纵 39 厘米 横 31.8 厘米 故宫博物院藏 清…… 316
492 晚风飘动柳丝丝纳凉 潘振墉 苏州博物馆藏 清 …… 317
493 采莲 徐操 纸本设色 故宫博物院藏 清 …… 317
494 采菱图 包栋 绢本设色 南京博物院藏 清 …… 318
495 观莲 费丹旭 民间藏 清 …… 318
496 仕女图（其一） 焦秉贞 绢本设色 纵 30.2 厘米 横 21.3 厘米 故宫博物院藏 清…… 319
497 美人消暑图 宋旭 明 …… 319
498 采莲消夏图 佚名 绢本设色 苏语堂藏 清 …… 320
499 采菱图 潘振墉 苏州博物馆藏 清 …… 320
500 采莲 任熊 纸本设色 上海博物馆藏 清 …… 320
501 乞巧图 佚名 美国纽约大都会艺术博物馆藏 北宋 …… 322
502 乞巧 佚名 绢本镜心 民间藏 明 …… 323
503 汉宫乞巧图 仇英 绢本设色 横长 377 厘米 台北故宫博物院藏 明…… 324
504 乞巧图 明 …… 325
505 乞巧图 仇英 纸本水墨 纵 27.9 厘米 横 388.3 厘米 台北故宫博物院藏 明 …… 325
506 乞巧图 郭诩 绢本设色 纵 122 厘米 横 64 厘米 明 …… 326
507 乞巧图 潘振镛 纸本设色 故宫博物院藏 清 …… 326
508 雍正十二月圆明园行乐图·七月乞巧 郎世宁 绢本设色 纵 188.2 厘米 横 102.2 厘米 故宫博物院藏 清 …… 327
509 乞巧图 仇英 纸本水墨 台北故宫博物院藏 明 …… 328
510 七夕图 姚文瀚 纸本设色 纵 176.5 厘米 横 92.2 厘米 故宫博物院藏 清 …… 330
511 乞巧图 潘振镛 故宫博物院藏 清 …… 330
512 乞巧图 佚名 绢本设色 纵 90 厘米 横 45 厘米 台北故宫博物院藏 清…… 331
513 牛郎织女七巧会 唐培华 扇面 纸本 纵 17.5 厘米 横 56.5 厘米 台北故宫博物院藏 清 …… 331
514 舞蹈纹彩陶盆 青海大通出土 中国国家博物馆藏 新石器时代 …… 332
515 乐舞图 敦煌莫高窟第 156 窟南壁 唐…… 333
516 乐舞 敦煌莫高窟第 196 窟 唐 …… 334

517 踏歌图 敦煌莫高窟第 156 窟 唐 …… 334
518 升平乐事图册（元宵节） 佚名 绢本设色 台北故宫博物院藏 清 …… 335
519 观灯图 李嵩 绢本设色 横 107.1 厘米 纵 171 厘米 台北故宫博物院藏 南宋 …… 336
520 观灯 故宫博物院藏 明 …… 337
521 升平乐事图册（观灯图） 佚名 绢本设色 台北故宫博物院藏 清 …… 338
522 庭中赏乐图 佚名 绢本设色 纵 51 厘米 横 40 厘米 美国费城艺术博物馆藏 明 …… 339
523 招仙卷（朝仙图） 张灵 纸本设色 纵 29.8 厘米 横 111.5 厘米 故宫博物院藏 明 …… 340
524 赏月 费丹旭 绢本设色 浙江省博物馆藏 清 …… 340
525 月曼清游图（琼台赏月） 陈枚 绢本设色 纵 37 厘米 横 31.8 厘米 故宫博物院藏 清 …… 340
526 汉宫秋月图（局部） 袁耀 绢本设色 故宫博物院藏 清 …… 341
527 鸱鸮形马青饰片 甘肃礼县大堡子山秦墓出土 中国国家博物馆藏 秦 …… 342
528 调鹦图 陆探微 绢本设色 纵 36.5 厘米 横 65.5 厘米 南京博物院藏 南朝 …… 342
529 持酒杯和鹦鹉俑 陕西历史博物馆藏 唐 …… 342
530 鹦鹉仕女图 佚名 绢本设色 纵 50.2 厘米 横 22.9 厘米 美国圣路易斯艺术博物馆藏 明 …… 343
531 斜倚熏笼图 陈洪绶 纵 129.6 厘米 横 47.3 厘米 上海博物馆藏 明 …… 343
532 观音图 金礼嬴 纸本设色 纵 111.6 厘米 横 44.1 厘米 浙江省博物馆藏 清 …… 344
533 调鹦鹉 徐操 纸本设色 民间藏 清 …… 344
534 郊外婴戏图（局部） 苏汉臣 绢本设色 台北故宫博物院藏 宋 …… 345
535 《促织经》书影 中国国家图书馆藏 南宋 …… 345
536 斗蟋蟀 绢本设色 民间藏 清 …… 345
537 仕女斗蛐图 崔鏏 绢本设色 纵 127 厘米 横 43 厘米 民间藏 清 …… 345
538 盥手观花图 佚名 绢本设色 天津博物馆藏 宋 …… 346
539 游园仕女图（局部） 佚名 民间藏 元 …… 347
540 贵妃晓妆（局部） 仇英 纸本设色 纵 41.1 厘米 横 33.8 厘米 故宫博物院藏 明 …… 347
541 嫦娥执桂图 唐寅 绢本设色 纵 135.3 厘米 横 58.4 厘米 美国纽约大都会艺术博物馆藏 明 …… 347
542 赏梅图 仇英 绢本设色 台北故宫博物院藏 明 …… 348
543 赏花 徐操 纸本设色 北京画院藏 清 …… 349
544 月曼清游图（庭院观花） 陈枚 绢本设色 纵 37 厘米 横 31.8 厘米 故宫博物院藏 清 …… 350
545 仕女团扇图页（赏花） 孙璜 绢本设色 美国弗利尔艺术馆藏 清 …… 351
546 婴戏图轴 苏汉臣 绢本设色 纵 58.7 厘米 横 34 厘米 台北故宫博物院藏 宋 …… 352

后记

七年寒暑，《中国古代女子体育》一书终于定稿，心中有一种释然的感觉。七年光阴虽只是人生一瞬，但是对我们来说却是一个弥足珍贵的学习探索过程。

由于中国拥有数千年不间断的文明史，历朝历代的古籍文献浩若烟海，但涉及女性的历史记载则少之又少，其中关于中国古代女子体育的记载更是凤毛麟角。时至今日，仍尚未有一本较为完整的记述与研究中国古代女子体育的书籍出版现世。本书所做的研究、搜集和整理工作，具有一定的史料价值和学术价值，并为我国古代女子体育的研究拓展出了一片新的视野。

本书的撰写之所以耗时较长，最主要的原因在于我国古代女性体育文献和图片资料的搜寻非常困难。我们只能在堆积如山的文献史料中，孜孜不倦地寻找关于古代女子体育活动的点滴踪迹。为此，我们曾前往中国国家图书馆、台湾图书馆、故宫博物院图书馆，以及部分美术学院图书馆、部分省市图书馆和博物馆，进行了大量搜寻和研究工作，并努力在历朝历代的古籍、民俗史料、岁时节庆记载和诗词歌赋中找寻古代女子体育活动的踪迹，尽可能多地查找准确的文字表述和清晰的图片，以确保材料的真实准确。此外，本书写作难度大的另一个原因，在于古代女子体育研究涉及的学科众多，有历史学、社会学、民俗学、体育学、考古学、图像学等多个交叉学科。加之前人没有专门研究我国古代女性体育的著作及文献存世，可供参考的历史研究成果非常之少，以致研究难度极大。因此，尽管多年来我们全力以赴且殚精竭虑，但由于本书涉及面广，加之学识有限，错漏之处在所难免，敬请有关专家学者批评指正。

最后特此感谢读者出版集团党委委员、董事、副总经理王光辉先生对本书的关注和关心，感谢甘肃教育出版社孙宝岩副社长的耐心细致工作。感谢刘璇、陈荣阳、谢璐、张雨沂、林春、朱腾、罗晓琴、刘芳、周紫薇、刘泽辉等老师和同学在资料查询整理方面的付出。此外，本书部分图片和文献采集来自已经出版的相关著作和图录，由于本书体例所限，无法一一署名，特向原作者表示歉意与衷心感谢。

陈小蓉　李重申

2022 年 8 月 12 日